ISBN 978-0-259-56086-9
PIBN 10643563

1 MONTH OF
FREE
READING

at

www.ForgottenBooks.com

By purchasing this book you are
eligible for one month membership to
ForgottenBooks.com, giving you
unlimited access to our entire
collection of over 700,000 titles via
our web site and mobile apps.

To claim your free month visit:

www.forgottenbooks.com/free643563

English
Français
Deutsche
Italiano
Español
Português

www.forgottenbooks.com

Mythology Photography **Fiction**
Fishing Christianity **Art** Cooking
Essays Buddhism Freemasonry
Medicine **Biology** Music **Ancient**
Egypt Evolution Carpentry Physics
Dance Geology **Mathematics** Fitness
Shakespeare **Folklore** Yoga Marketing
Confidence Immortality Biographies
Poetry **Psychology** Witchcraft
Electronics Chemistry History **Law**
Accounting **Philosophy** Anthropology
Alchemy Drama Quantum Mechanics
Atheism Sexual Health **Ancient History**
Entrepreneurship Languages Sport
Paleontology Needlework Islam
Metaphysics Investment Archaeology
Parenting Statistics Criminology
Motivational

CURIOSITÉS

DE L'HISTOIRE

DES

POPULAIRES

PAR

P. L. JACOB

BIBLIOPHILE

PARIS

4-6 RUE VOLTAIRE, 4-6

1859

CURIOSITÉS

DE

L'HISTOIRE DES

CROYANCES POPULAIRES

AU MOYEN AGE

Châtellerault. — Imp. A. VARIGAULT.

CURIOSITÉS

DE L'HISTOIRE

DES

CROYANCES POPULAIRES

AU MOYEN AGE

PAR

P. L. JACOB

BIBLIOPHILE.

SUPERSTITIONS
ET CROYANCES POPULAIRES
LE JUIF ERRANT
LES BLASPHÉMATEURS
LES DÉMONS DE LA NUIT
LES SORCIERS ET LE SABBAT
LE BŒUF GRAS
LES ORIGINES DU MAL DE NAPLES

PARIS

ADOLPHE DELAHAYS, LIBRAIRE-ÉDITEUR

4-6, RUE VOLTAIRE, 4-6

—

PRÉFACE

Je ne suis ni médecin, ni jurisconsulte, ni
théologien; cependant je traite parfois des questions de théologie, de jurisprudence et de médecine, lorsque ces questions se rattachent à
l'histoire. Le vif désir que j'ai toujours de
trouver la vérité supplée à la science qui me
manque.

Les dissertations que renferme ce volume ont
été déjà publiées à différentes époques; je suis
heureux qu'elles aient attiré l'attention des
meilleurs juges, et je dois être fier d'avoir vu
quelques savants du premier ordre prendre en
considération les idées nouvelles que j'avais
émises sur des sujets qui ne sont pas de ma com-
pétence. C'est ainsi que j'ai classé les superstitions religieuses avec plus de méthode, que ne
l'avait fait avant moi le fameux J.-B. Thiers;
c'est ainsi que je crois avoir révélé le véritable
principe de la sorcellerie, en justifiant autant

que possible l'ancienne législation contre les sorciers ; c'est ainsi que j'ai présenté, sur l'origine du Mal de Naples, un système qui change complétement le rôle funeste qu'on attribuait à l'Amérique depuis la découverte de Christophe Colomb, système enfin qui se pose maintenant avec l'autorité du plus illustre praticien de notre époque, M. le docteur Ricord. Voilà comment l'histoire peut nous conduire à l'étude de toutes les sciences.

CURIOSITÉS

DE

L'HISTOIRE DES MŒURS

AU MOYEN AGE.

SUPERSTITIONS

ET CROYANCES POPULAIRES.

Ce n'est pas seulement au Moyen Age, ce n'est pas seulement en France et en Europe, c'est dans le monde entier, c'est à toutes les époques, qu'on trouve la Superstition mêlée aux croyances religieuses et aux habitudes de la vie privée des peuples. On peut dire, à ce sujet, que la Superstition est la conséquence parasite, mais inévitable, de toute religion, et que, dans certaines âmes

simples, sensibles et faibles, elle devient naturellement plus puissante que la religion elle-même.

Ainsi, la religion chrétienne, avec son mysticisme, ses élans du cœur et son caractère solennel,
prêtait plus que toute autre, et surtout plus que le
paganisme, à cette disposition rêveuse et mélancolique de l'âme humaine; ainsi, le Moyen Age,
cette époque de naïve ignorance et de foi ardente,
a-t-il donné une ample part à l'amour du merveilleux, qui tourmente souvent les esprits supérieurs,
et qui semble être un impérieux besoin de l'homme
attristé et opprimé par la dure nécessité du monde
matériel.

Religion et Superstition étaient en quelque sorte
deux sœurs jumelles, également chéries et hono-
rées, dans ces temps de pieuse et crédule ferveur;
quelquefois même, ces deux sœurs, si distinctes
entre elles par leur origine comme par leurs actes,
se confondaient en une seule qui dominait la pensée
des populations et régnait sans partage dans l'intérieur de la famille, non moins que dans l'exercice
extérieur du culte.

La Superstition, émanée du catholicisme et des
influences de toutes les religions anciennes, avait
formé, pour ainsi dire, l'atmosphère du Moyen Age,
et s'était infiltrée partout dans les idées, dans les
sentiments, dans les mœurs, dans les usages et
dans les institutions.

Sans doute, puisque la Superstition tient à l'essence même des religions, les religions de l'antiquité égyptienne, grecque et romaine, n'étaient

pas à l'abri des croyances et des pratiques superstitieuses, malgré les austères cnseignements de la
philosophie : ces croyances et ces pratiques avaient
de telles racines dans l'opinion et dans l'habitude,
qu'elles se sont, la plupart, conservées et perpétuées jusqu'à nous, en changeant de nom, de forme
et d'objet.

Comme nous, les anciens croyaient aux présages,
aux spectres, aux talismans, aux maléfices, aux
oracles, aux esprits, aux choses surnaturelles;
comme nous, ils attachaient de l'importance, en
bien ou en mal, à certains signes, à certains phénomènes, à certains nombres; comme nous, ils
voyaient et recherchaient sans cesse les rapports
d'intelligence et de communication que ce monde
terrestre et visible paraît entretenir avec un monde
invisible et céleste.

Mais, après avoir signalé, en passant, l'existence
de la Superstition dans les religions des anciens,
nous ne nous occuperons que de sa présence permanente et générale dans la religion chrétienne et
dans la société catholique, au Moyen Age et jusqu'à
la fin de la Renaissance. Sans essayer de rappeler
ici les innombrables préjugés superstitieux qui
s'étaient répandus et accrédités au milieu du vulgaire, en altérant les sources de la science et de la
vérité, nous nous arrêterons seulement sur quelques croyances populaires qui ont marqué plus
spécialement dans l'histoire du catholicisme et qui
se trouvent liées plus intimement à ses dogmes :
ces croyances ont eu, d'ailleurs, un éclat sombre

et terrible qui jette encore de vifs reflets à travers les siècles.

Nous examinerons ensuite les mille et une Superstitions qui regardent les sacrements de l'autel et qui se classent ainsi en sept divisions principales, dont chacune correspond à un des sept sacrements : au Baptème, à la Confirmation, à l'Eucharistie, à la Pénitence, à l'Extrême-onction, à l'Ordre, et au Mariage. Ce sont les conciles et les théologiens qui ont imaginé ce classement méthodique des superstitions et des péchés qu'elles peuvent engendrer.

L'Église, dès son berceau, a fait la guerre à la Superstition, comme à l'ivraie qui étouffe le bon grain. On eut dit que dès lors les Pères et les philosophes chrétiens avaient prévu l'envahissement de cette ivraie dans le champ de la doctrine religieuse, qui ne tarda pas à être presque étouffée sous la mauvaise herbe que la Réformation du seizième siècle s'efforça en vain d'extirper. « La religion est le culte du vrai; la Superstition, celui du faux; » selon Lactance (*De diviná Instit.*, IV, cap. 28). « Toute Superstition est un grand supplice et une très dangereuse infamie pour les hommes »; selon saint Augustin (*Liber de verá religione*, V, cap. 55).

Les conciles et les synodes n'ont cessé, pendant tout le cours du Moyen Age, de mettre au ban de l'Église la Superstition et de la poursuivre impitoyablement dans ses tendances les plus secrètes et les mieux déguisées. Le concile de Paris, tenu en 829, se prononce très-énergiquement contre « des maux très-pernicieux, qui sont assurément des restes du paganisme, tels que la magie, l'astrologie judiciaire, le sortilège, le maléfice ou l'empoisonnement, la divination, les charmes et les conjectures qui se tirent des songes. » Le concile provincial d'Yorck, en 1466, déclare, avec saint Thomas, que toute superstition est une *idolâtrie*. Notre illustre Jean Gerson avait formulé la même opinion, en ces termes : « La Superstition est un vice opposé par excès à l'adoration et à la religion » (*Superstitio est vilium opposilum adorationi et religioni per excessum*).

Mais l'Église, considérant la Superstition comme une œuvre du diable, n'avait pas su fixer elle-même la limite, souvent incertaine et imprescriptible, qui séparait la religion et la Superstition. Voilà pourquoi la Superstition était généralement tolérée et glorifiée, dans les pratiques du culte et même dans les mystères du dogme.

Ici, les croyances superstitieuses étaient une exagération de la foi, un excès de la dévotion : elles avaient alors quelque chose de touchant et de respectable ; là, elles dérivaient de la démonomanie, et elles n'étaient que l'expression d'une crédulité ridicule ou coupable ; ailleurs, elles provenaient d'une tradition erronée et travestie, écho mensonger d'un passé plus ou moins éloigné ; tantôt, elles avaient un caractère futile et indécis ; tantôt, elles se montraient sous une physionomie étrange et remarquable : l'une était une hérésie, une entreprise criminelle contre l'Église et la société ; l'autre n'était qu'une innocente fantaisie, indifférente pour tout le monde, excepté pour la personne qui l'avait à cœur ; tout, dans le monde moral, devenait prétexte à Superstition, et tout, dans le monde physique, offrait un moyen de Superstition. Les sentiments les plus honnêtes, les plus élevés, les plus généreux, se mélangeaient souvent d'un alliage superstitieux, que ne leur enlevait pas même le creuset de la religion.

Les miracles des saints et le culte des reliques donnèrent lieu à plus de Superstitions que le démon lui-même n'aurait su en créer. Ces Superstitions intéressaient également l'Église et les fidèles : ceux-ci y trouvaient de quoi satisfaire leur piété active et insatiable ; l'Église en profitait, pour fortifier sa prépondérance temporelle, pour accroître ses revenus, pour augmenter le nombre des couvents et des fondations pieuses.

Nous n'avons pas l'intention d'attaquer les faux miracles et les fausses reliques, en les désignant comme les Superstitions les moins dangereuses de celles qui s'élevaient de toutes parts dans le domaine de l'Église. La *Légende dorée* de Pierre de Voragine, qui fut, s'il est permis de s'exprimer ainsi, l'évangile de la Superstition au treizième siècle, avait recueilli toutes les fables, toutes les traditions merveilleuses, que le culte des saints et de leurs reliques entretenait dans la chrétienté, comme autant de corollaires des dogmes fondamentaux de la religion ; dès lors, chaque saint, chaque relique, chaque pélérinage devint une source respectable de Superstitions, souvent absurdes et monstrueuses ; dès lors, ces Superstitions s'unirent si étroitement avec les

choses saintes, que la piété la plus clairvoyante
n'était pas capable de démêler les unes des autres.

L'Église prit le parti de fermer les yeux sur ces
excès d'une dévotion grossière et ignorante : elle ouvrit son giron au débordement des Superstitions
qu'elle sanctifiait en les acceptant et quelquefois en
les évoquant la première ; elle y trouvait d'ailleurs
son avantage et elle les considérait comme des ai-
guillons de la foi. Ce furent pourtant ces Superstitions qui fournirent des armes aux hérétiques et aux
réformateurs, contre le christianisme et le catholicisme, depuis les Manichéens et les Albigeois, jusqu'aux Anabaptistes, aux Luthériens et aux Calvi-
nistes.

Les Superstitions dont l'Église repoussait la responsabilité sans pactiser jamais avec elles, c'étaient
celles qui ne lui rapportaient aucun profit ou qui
lui causaient un préjudice. Ainsi, poursuivait-elle
de ses censures et de ses excommunications toute
croyance, toute pratique superstitieuse qui ressemblait à un retour vers le paganisme, à une tendance
vers la démonolâtrie ; elle faisait une guerre implacable aux astrologues, aux devins, aux sorciers, aux
enchanteurs : elle ne se contentait pas de les damner
dans l'autre monde, elle les frappait, dans celui-ci,
avec le bras séculier dont elle disposait toujours à
son gré : elle ne voulait pas que les chrétiens s'ac-
coutumassent à chercher, en dehors de son empire
et de son action, des espérances, des consolations,
des joies, des influences, qui répondissent à cet éternel besoin de croire, de savoir et de sentir, que la

nature a mis en nous ; elle ne voulait pas, en un
mot, que la Superstition exerçât son prestige et ses
charmes séducteurs hors de la sphère des idées religieuses. Voilà pourquoi elle accusait le diable d'ê-
tre l'auteur de toutes les Superstitions qu'elle n'a-
vait pas autorisées en les couvrant d'un voile sacré.

Nous savons positivement quelles étaient ces Superstitions, au septième siècle, par un passage de la
Vie de saint Éloi, évêque de Noyon, écrite en latin
par saint Ouen, archevêque de Rouen (voy. cette Vie
dans le t. V du *Spicilegium* de d'Achery). La plupart
des Superstitions, que condamne le saint évêque, appartenaient encore au paganisme et conservaient
l'empreinte des croyances religieuses de l'antiquité,
tant celles-ci étaient vivaces et profondément enra-
cinées dans les esprits.

Saint Éloi disait à ses ouailles : « Avant tout, je
vous en supplie, n'observez aucune des coutumes
sacriléges des païens ; ne consultez pas les graveurs
de talismans, ni les devins, ni les sorciers, ni les enchanteurs, pour aucune cause ou maladie que ce
soit ;..... ne prenez pas garde aux augures ni aux
éternuements ; ne faites point attention aux chants
des oiseaux, que vous avez pu entendre dans votre
chemin ;.... qu'aucun chrétien ne remarque quel
jour il sortira d'une maison et quel jour il y ren-
trera ;.... que nul ne se préoccupe du premier jour
de la lune ou de ses éclipses ; que nul ne fasse, aux
calendes de janvier, des choses défendues, ridicules,
antiques et déshonnêtes, soit en dansant, soit en te-

nant.table ouverte pendant la nuit, soit en se livrant
aux excès du vin ;... que nul, à la fête de saint
Jean ou à certaines solennités des saints, ne célèbre
les solstices, par des danses, des caroles et des chants
diaboliques; que nul ne pense à invoquer les démons comme Neptune, Pluton, Diane, Minerve ou
le Génie;... que nul ne garde le repos, au jour de
Jupiter, à moins que ce soit en même temps la fête
de quelque saint, ni le mois de mai, ni aucun autre
temps, ni aucun 'autre jour, si ce n'est le jour du
Seigneur; que nul chrétien ne fasse des vœux dans
les temples ou auprès des pierres, des fontaines, des
arbres ou des enclos; que nul n'allume des flambeaux
le long des chemins ou dans les carrefours; que nul
n'attache des billets au cou d'un homme ou de quelque animal; que nul ne fasse des lustrations, ni des
enchantements sur les herbes, ni ne fasse passer ses
troupeaux par le creux d'un arbre ou à travers un
trou fait dans la terre; que nulle femme ne suspende
de l'ambre à son cou et n'en mette dans telle ou telle
teinture ou autre chose, en invoquant Minerve ou
d'autres fausses divinités;..... que personne ne
pousse de grands cris, quand la lune pâlit;... que
personne ne craigne donc qu'il lui arrive quelque
chose, à la nouvelle lune; que personne ne nomme
son maître la lune ou le soleil;... que nul ne croie
au destin, à la fortune ou à un quadrat de géniture,
qu'on appelle vulgairement une naissance;... chaque
fois que vous tomberez dans quelque infirmité, n'al-
lez point trouver les enchanteurs, les devins, les
sorciers et les charlatans, et ne faites point de cé-

rémonies diaboliques, aux fontaines, aux arbres et
aux carrefours des chemins.... » (*Vie de saint Eloi*,
trad. par Ch. Barthélemy. *Paris*, 1847, in-8° liv. II,
ch. 15).

Les chrétiens du septième siècle, comme on le
voit, étaient à demi-païens, et le saint évêque de
Noyon ne faisait que répéter des admonitions que
les conciles avaient adressées déjà bien des fois aux
nouveaux convertis et qui n'eussent pas été inutiles deux ou trois siècles plus tard; car le paganisme se perpétua dans le peuple, par la Superstition, lors même qu'il fut complètement effacé de la
face du monde catholique. Les religions s'éteignent
et disparaissent, les Superstitions populaires ne
meurent jamais.

Ainsi, tout le Moyen Age est plein des réminiscences de la mythologie païenne : elle pénètre parfois jusqu'au cœur de la Bible et des Évangiles, sous
les auspices de quelque docte commentateur ecclésiastique, qui mettra sans façon à contribution les
Métamorphoses d'Ovide, pour ajouter au merveilleux
du récit.

Lorsque Pierre Comestor, fameux théologien du
douzième siècle, en paraphrasant les Écritures, dans
son *Historia scholastica*, trouve les fils de Dieu, en
relation directe avec les filles des hommes, au chapitre VI de la Genèse, il a soin de nous apprendre
que les géants nés de ce commerce étrange sont un
peu de la famille d'Encelade et de Briarée; mais la
Superstition ne s'arrêta pas en si beau chemin, et
cette race surnaturelle devint bientôt, au dire des

plus savants théologiens, celle des incubes et des succubes, démons mâles et femelles, qui continuaient les errements amoureux de leurs premiers parents, et qui faisaient servir à leurs voluptés invisibles les fils et les filles des hommes.

Le déluge de Deucalion et Pyrrha devait aussi ajouter quelques épisodes au déluge de Noé, comme si la tradition était la mère de la Superstition, comme si la Superstition était cachée dans le berceau de toutes les religions. Le serpent Python et les monstres, éclos de la fange de la terre, noyée par les eaux du ciel, avaient passé dans les livres saints des Hébreux, et surtout dans les gloses que les rabbins, ces grands maîtres en Superstition, ne se lassaient pas d'y joindre dans le cadre élastique du Talmud. Les chrétiens n'eurent garde de renoncer à ces monstres, à ces dragons et à ces serpents, qui leur causaient autant d'admiration que de terreur, et qui furent bientôt, aux yeux du peuple, la personnification multiforme de l'Esprit du mal. Le diable n'avait-il pas lui-même choisi la figure du serpent ou du dragon, pour pénétrer dans le Paradis terrestre et tenter Ève? Le Prophète n'avait-il pas attribué au tentateur cette figure symbolique, en annonçant que la femme écraserait un jour sous ses pieds la tête du serpent? On confondit serpent et diable, dans le langage mystique, et l'imagination des prédicateurs, des poëtes, des peintres et des imagiers se mit en frais, durant tout le Moyen Age, pour reproduire le serpent sous les formes les plus fantastiques et avec les couleurs les plus incroyables.

C'est que la Superstition populaire s'emparait volontiers de tout ce qui saisissait les yeux et l'esprit. Il y avait donc des serpents et des monstres partout, dans la légende des saints et dans les œuvres de l'art chrétien, qui étaient comme la représentation figurée de cette légende, traduite de toutes parts en tableaux, en vitraux, en statues, en bas-reliefs, en images naïves et terribles.

Le vulgaire apprenait par là, sans doute, à craindre le diable plus que Dieu, mais il ne se sonciait pas de connaître le vrai sens historique et philosophique de ces affreux serpents, qu'il voyait peints ou sculptés dans les églises, comme attributs de différents saints : il trouvait tout naturel que saint Georges eût tué, en Phénicie, un dragon qui allait dévorer la fille du roi de ce pays-là ; que saint Marcel et saint Germain, armés de la croix, eussent fait la chasse à des serpents ailés, sur le territoire du Parisis ; que saint Romain eût enchaîné avec son étole la Gargouille de Rouen ; que sainte Marthe eût combattu et vaincu la Tarasque de Tarascon. C'était là des croyances si bien établies dans le peuple, que quiconque eût osé rire de la Gargouille, à Rouen, et de la Tarasque, à Tarascon, eût été mis en pièces ou lapidé, en châtiment de son hérésie. N'a-t-on pas célébré, jusqu'à nos jours, par des processions et des cérémonies bizarres, la miraculeuse victoire de saint Romain et de sainte Marthe ?

Le clergé, qui prenait part à ces fêtes populaires, ne savait peut-être pas lui-même que leur origine se rattachait à l'histoire du christianisme, et que ces dragons, terrassés par les saints, symbolisaient la destruction du culte des idoles ou des démons et le triomphe de l'Évangile.

Le serpent avait joué un rôle considérable dans toutes les théogonies païennes, mais la religion de Jésus-Christ lui donna encore plus d'importance, et l'on serait en peine d'énumérer dans combien de situations diverses il s'y montre plus ou moins approprié aux besoins de la circonstance. Il entre de plein droit dans le Blason, avec les chimères, les licornes, les animaux fabuleux, qui étaient sortis comme lui de la Bible et de l'Apocalypse; il se mêle à l'histoire sous les traits de Mélusine de Lusignan ; il inspire les plus merveilleux récits des voyageurs ; il parcourt, d'un bout à l'autre, le domaine de la science et celui de la poésie.

C'est toujours le diable ou la puissance infernale, qui anime le serpent et qui lui prête ce luxe prodigieux de formes et de couleurs que les artistes du Moyen Age excellaient à rendre, comme si l'original eût posé devant eux. On ne saurait oublier, en traitant des arts du dessin, ainsi que des voyages et de l'histoire naturelle au Moyen Age, de rappeler quelle part y prenaient les croyances populaires relatives au serpent et à ses innombrables rejetons problématiques et allégoriques. On peut dire que le serpent, au point de vue religieux, est une des plus fécondes Superstitions qui aient été exploitées par l'Église catholique.

On a fait moins d'usage sans doute des monstres et des animaux chimériques, contemporains du serpent d'Ève et du déluge de Noé; mais ils ont figuré toutefois dans les arts et dans les sciences, soit comme des caprices de la création divine, soit comme des produits étranges de la matière inerte et de l'aveugle Nature. Le diable était aussi responsable de la naissance des monstres bizarres ou hideux, qui descendaient pourtant, en ligne directe, des géants, des pygmées, des cyclopes, des faunes, des satires, des centaures, des harpies, des tritons de l'antiquité.

Les Pères de l'Église les plus vénérables, tels que saint Augustin et saint Isidore, n'avaient point osé nier l'existence de ces monstres que Pline et les anciens naturalistes admettaient complaisamment dans la hiérarchie des êtres vivants. La tradition était d'accord là-dessus avec les Pères de l'Église, sur tous les points du globe, et le peuple acceptait volontiers, en fait de merveilles et de prodiges, les plus invraisemblables, surtout quand on les attribuait à la malice du démon. N'était-il pas très-plausible que l'Esprit du mal créât des êtres à son image, pour les opposer à ceux que Dieu avait créés à la sienne? De là, ces monstrueuses contrefaçons de l'homme, qui, selon Pierre Comestor, avaient apparu sur la terre après le déluge; races difformes et impossibles, que les crédules voyageurs des quinzième et seizième siècles prétendaient avoir encore retrouvées dans les régions nouvelles qu'ils visitaient sous l'empire de leurs Superstitions d'enfance!

La théologie chrétienne ne se faisait pas scrupule d'emprunter au paganisme géants, pygmées, cyclopes, faunes, satires, pour en peupler la terre après le déluge qui aurait bien dû recommencer et noyer cette épouvantable engeance. Le caprice et l'imaginative des docteurs en Sorbonne avaient ajouté, il est vrai, quelques traits nouveaux à la description que Pline s'était amusé à retracer, d'après le témoignage d'auteurs plus anciens; ainsi Dieu, pour varier la forme humaine, aurait créé alors des hommes sans tête, ayant les yeux et la bouche au milieu de la poitrine; des hommes à tête de héron et à cou de serpent; des hommes dont les oreilles descendaient jusqu'à terre; des hommes dont le pied gauche était assez large pour leur servir de parasol; des hommes couverts de poils longs et soyeux; des hermaphrodites et des androgynes qui firent longtemps concurrence à la famille de Noé, à la légitime descendance d'Adam et Ève.

Les artistes et les poètes n'eurent aucune répugnance à introduire dans leurs ouvrages ces créations imaginaires, approuvées en quelque sorte par l'Église, et la Superstition, qui voulait qu'elles eussent existé réellement aux temps anté-diluviens, selon les uns, et à la suite du déluge, selon les autres, la Superstition ne refusa pas d'admettre que leur existence normale s'était perpétuée en Lybie, en Éthiopie, dans l'Inde, dans ces pays inconnus de l'Asie et de l'Afrique où l'on plaçait encore le paradis terrestre.

Il est étonnant que personne, à l'exception de certains héros de légende, ne se soit vanté d'avoir retrouvé le paradis terrestre, quoique de graves

écrivains aient travaillé à constater sa position géo-
graphique : on n'y serait pas allé voir, cependant, si
Benjamin de Tudele, Rubruquis, Jean Carpin, Marco
Polo, ou quelque autre voyageur du treizième siècle,
avaient mis en avant cette prétention exagérée.
Mais, en revanche, plus d'un bon chrétien s'est persuadé, à cette même époque, si féconde en merveilles, qu'on pouvait visiter le purgatoire et entrevoir de loin le vrai paradis, sans cesser d'appartenir
au monde des vivants.

Il n'y avait guères que les sorciers qui eussent
le privilège de descendre dans l'enfer, et ce privi-
lège-là leur coûtait cher, quand ils avaient l'impru-
dente audace de s'en targuer vis-à-vis de l'Inquisition ou de la justice séculière. Le purgatoire, où l'on
croyait pouvoir pénétrer et d'où quelques-uns prétendaient être revenus, était celui de saint Patrice,
et son entrée se trouvait en Irlande, dans une île du
lac de Derg.

Ce purgatoire, imité de l'antre de Trophonius, fameux dans l'histoire du paganisme grec, ne fut dé-
couvert ou imaginé qu'au douzième siècle, et il ac-
quit bientôt une célébrité qui courut d'un bout de
l'Europe à l'autre : les principaux écrivains de ce
temps-là, Mathieu Paris, Jean de Vitry, Vincent de
Beauvais, ne dédaignèrent pas de s'en occuper très-
sérieusement, tandis que la poésie des trouvères et
des minnesingers faisait circuler de bouche en bouche
cette légende sombre et merveilleuse qui devait
bientôt inspirer le Dante. Suivant cette légende, Jésus-Christ avait conduit saint Patrice dans « une

moult grant fosse qui estoist moult obscure par dedans, » et il l'y laissa un jour et une nuit; en sortant de là, le saint était *expurgié de tous les péchiés qu'il fit oncques* : il n'eut rien de plus pressé que de faire bâtir, près de la *fosse*, une *moult* belle église et un couvent de l'ordre de saint Augustin. Après sa mort, la foule vint en pèlerinage; quelques téméraires osèrent pénétrer dans la fosse, et la plupart ne reparurent jamais.

On eut pourtant des nouvelles du purgatoire, par l'entremise d'un chevalier anglais, nommé Owen, qui avait commis de si gros péchés, qu'il résolut de s'en délivrer à l'instar de saint Patrice. Il se prépare donc à descendre dans la fosse : il prie et jeûne pendant quinze jours; il communie, reçoit l'extrême-onction, et fait célébrer ses obsèques; puis, sans cuirasse et sans armes, protégé seulement par la foi et la grâce, accompagné de moines et de prêtres qui chantent les litanies des morts, il se rend à l'ouverture du *trou* et il s'y glisse, en rampant sur les mains et sur les genoux, au milieu des ténèbres. Bientôt une clarté « comme il y en a en ce monde ès jours d'hiver vers les vespres » lui permet de voir qu'il se trouve dans une vaste salle *à coulomnes et à arches*, et que douze *grands* hommes vêtus de robes blanches viennent à lui pour le reconforter : « Ceste salle sera tanstost plaine de deables qui moult cruellement te tourmenteront, luy disent ces fantômes. Garde bien que tu aies le nom de Dieu en ta remembrance ! »

En effet, les démons accourent avec des cris de

joie et de fureur ; ils entourent le chevalier qui résiste à leurs tentations et à leurs menaces ; ils l'enchaînent, ils l'emportent dans les profondeurs du gouffre, jusques « en un plain champ moult long et moult plain de douleurs. Là avoit hommes et femmes de divers âges, qui se gissoient tous nus, trestous estendus à terre le ventre dessous ; qui avoient des clous ardans fichiés parmi les mains et parmi les piés, et y avoit un grant dragon tout ardant qui se seoit sus eulx et leur fichoit les dens tous ardans dedans la chair. »

Owen poursuit sa route et rencontre, toujours escorté par les diables, d'autres supplices plus douloureux, à mesure qu'il approche de l'enfer : il voit une foule d'âmes plongées dans des cuves remplies de métaux fondus. « Or est la vérité que trestous ces gens ensemble si crioient à haulte voix et pleuroient moult angoisseusement. » Bien lui prend d'invoquer le nom du Christ, lorsqu'il s'avance jusqu'aux abords de la *gehenne* infernale et qu'il aperçoit les âmes des damnés, semblables à de grosses étincelles volant à travers les flammes.

Cette invocation l'a délivré des diables, et il peut arriver sans encombre à la porte même du séjour des bienheureux. Ce n'est pas la Jérusalem céleste, c'est le paradis terrestre, celui-là même dont fut chassé le premier homme et qui reçoit maintenant les âmes purifiées au sortir du purgatoire. Ce paradis ne pouvait pas différer de la peinture que nous en fait la Bible, et le bon chevalier n'y remarqua rien de plus que des prés verts délicieux,

des arbres, des fleurs, des herbes, des fruits *de toute
semblance et de toutes délices de beautés*, et de plus,
deux archevêques qui lui indiquèrent de loin le ciel
des élus et l'entrée lumineuse du véritable paradis.
On comprend que le chevalier, à son retour dans
notre monde sublunaire, se soit empressé de raconter toutes ces belles choses qui furent recueillies
comme paroles d'évangile. Le purgatoire de saint
Patrice n'eut pas besoin d'autres lettres de créance
pour être reconnu comme vrai et authentique par
l'Église et par toute la chrétienté. Les moines, qui
en avaient la garde et le revenu, en montraient
bien la porte aux pèlerins que la dévotion et la curiosité amenaient en Irlande; mais le trou restait
fermé et impénétrable, si bien qu'il ne fut donné à
personne de recommencer l'excursion souterraine
du chevalier Owen.

Cependant chaque nation a tenu à honneur de se
faire représenter par un des siens dans les récits,
rédigés en différentes langues, qui nous ont conservé le souvenir des voyages faits au purgatoire de
saint Patrice, tant cette croyance superstitieuse s'é-
tait, en quelque sorte, nationalisée partout dans
l'Europe du Moyen Âge.

Une Superstition non moins célèbre, qui date du
même temps, et qui paraît avoir été rapportée d'O-
rient par les premières croisades, c'est celle du Juif-
Errant, que les habitants des campagnes croyaient
voir dans tous les mendiants étrangers, à longue
barbe blanche, qui passaient d'un air grave et mélancolique, sans s'arrêter, sans lever les yeux, et
sans parler à personne.

Le passage du Juif-Errant, dans la plupart des
pays chrétiens, et dans un grand nombre de villes,
a été constaté par les chroniqueurs, et sa légende,
recueillie dès le treizième siècle par Mathieu Paris,
trouvait peu d'incrédules, à l'époque même de la
Réformation, qui faisait une si implacable guerre
aux croyances superstitieuses. Cette légende fut ra-
contée, en 1228, aux moines de Saint-Alban, par un
archevêque arménien, à son arrivée de la Terre-
Sainte en Angleterre. Cet archevêque, interrogé sur
« le fameux Joseph, dont il est souvent question
parmi les hommes, » déclara très-délibérément qu'il
le connaissait pour l'avoir reçu souvent à sa
table.

Voici l'histoire de ce Joseph. Il se nommait Cartaphilus, et était portier du prétoire de Ponce-Pi-
late, quand Jésus fut entraîné par les Juifs, pour
être crucifié. Jésus s'étant arrêté un instant sur le
seuil du prétoire, Cartaphilus le frappa d'un coup
de poing dans le dos, et lui cria d'un ton moqueur :
« Va donc plus vite, Jésus, va! Pourquoi t'arrêtes-tu? » Jésus se retourna et lui dit avec un visage sévère : « Je vais, et toi tu attendras que je
sois venu! » Or, Cartaphilus, qui n'avait que trente
ans au moment de la Passion, et qui rajeunissait
chaque fois qu'il atteignait sa centième année, attendait toujours, depuis, la venue du Seigneur et
la fin du monde. C'était un homme de sainte conversation et de grande piété, qui parlait peu et avec
réserve, qui se contentait d'une nourriture frugale
et de vêtements modestes, qui pleurait souvent et

qui ne souriait jamais. Du reste, il annonçait le jour
du jugement des âmes, et il recommandait la sienne
à l'indulgence de Dieu.

Cette légende avait de quoi faire impression
sur le peuple, avant même que la Superstition l'eût
surchargée de détails plus singuliers encore. Ce fut
la poétique et rêveuse Allemagne qui caractérisa davantage la grande figure du Juif-Errant. Ainsi, au
seizième siècle, lorsque chaque ville, chaque village s'attribuait l'honneur d'avoir donné l'hospitalité
à cet infortuné portier du prétoire de Pilate, un
évêque allemand, et non plus un archevêque arménien, Paul d'Eitzen, raconte, dans une lettre datée du
29 juin 1564, qu'il a rencontré le Juif-Errant à Hambourg, et qu'il s'est entretenu longtemps avec lui.

Ce Juif ne se nommait plus Cartaphilus, ni Joseph,
mais Ahasverus. C'était un grand homme, qui ne
paraissait pas avoir plus de cinquante ans. Il avait
de longs cheveux, flottant sur les épaules ; il marchait pieds nus ; ses vêtements étranges consistaient
en des chausses amples, en une jupe courte qui lui
descendait jusqu'au genoux, et en un manteau qui
tombait jusqu'à ses talons Il assistait, d'ailleurs, au
sermon, dans une église catholique, tout Juif qu'il
fut, et il se prosternait, en pleurant, en soupirant,
en meurtrissant sa poitrine, toutes les fois que le
prédicateur prononçait le saint nom de Jésus-Christ.
Il tenait les discours les plus édifiants, pourvu qu'on
lui adressât la parole, car il était naturellement si-
lencieux ; il ne riait pas plus en 1564 qu'en 1228, et
il fondait en larmes, dès qu'il entendait jurer et blas-

phémer. Il mangeait et buvait avec une sobriété
exemplaire, et n'acceptait que deux ou trois sous
pour son usage, quand on lui offrait de l'argent. Son
histoire ressemblait beaucoup à celle de Cartaphilus,
si ce n'est qu'il avait repoussé et injurié Jésus portant sa croix, lorsque Jésus s'arrêta pour reprendre
haleine devant la maison, où il se trouvait, lui, avec
sa femme et ses enfants, pour voir passer le *roi des
Juifs* montant au Calvaire. « Je m'arrêterai et reposerai! lui avait dit le Christ indigné; toi, tu chemineras! » En effet, depuis cet arrêt, il avait quitté
sa maison et sa famille, pour errer par le monde et
faire pénitence de sa dureté. Il n'avait revu Jérusalem que quinze siècles après en être sorti : « Il ne
savait ce que Dieu voulait faire de lui, de le retenir
si longtemps en cette misérable vie! »

On comprend l'émotion et la terreur que laissait
dans les esprits cette admirable légende qui person-
nifie en un seul homme tout le peuple de Moïse, et
qui, sous la forme d'une imposante allégorie, re-
trace sa destinée vagabonde depuis le crucifiement
de Jésus. On signala plus d'une fois l'apparition du
Juif-Errant en France, en Allemagne et dans les Pays-
Bas, au seizième siècle, et toujours cette apparition,
qui donna lieu à une foule de livrets et de placards,
fut considérée comme le sinistre pronostic de quelque grande calamité publique. Ainsi, le Juif-Errant
venait-il de se montrer à Strasbourg, à Beauvais, à
Noyon et dans plusieurs autres villes de France,
lorsque Ravaillac assassina Henri IV.

Une Superstition qui pouvait bien avoir la même

origine que celle du Juif-Errant et qui ne fut pas moins populaire au Moyen Age et jusqu'à la fin de la Renaissance, c'est l'existence, dans l'Inde ou dans l'Abyssinie, d'un certain *Prêtre-Jean*, roi et pontife, moitié juif et moitié chrétien, qui, depuis des siècles, gouvernait un vaste empire où la main de Dieu avait rassemblé plus de merveilles que dans le paradis de Mahomet.

Tous les chroniqueurs, tous les voyageurs du treizième siècle, que la tradition du Juif-Errant avait préoccupés, Mathieu Paris, Jacques de Vitry, Jean Carpin, Marco polo, s'étaient donné garde d'oublier le Prêtre-Jean. Les récits que l'on publiait des richesses inouïes de ce personnage et du pays qu'il avait sous sa domination, semblaient bien faits pour exalter l'imagination et la cupidité du pauvre peuple. Ce fut aussi un évêque d'Arménie, qui, en 1145, apporta en Europe les premières nouvelles de ce fabuleux Prêtre-Jean. Depuis, beaucoup de particularités bizarres et fantastiques vinrent de toutes mains s'ajouter à la légende originale et en augmentèrent la vogue.

Pas de voyageur qui, ayant visité l'Afrique ou l'Asie, osât s'inscrire en faux contre cette croyance généralement admise dans la chrétienté; les plus menteurs prétendaient même s'être renseignés sur les lieux et n'étaient pas avares de récits incroyables qu'on accueillait en Europe avec autant de confiance que de crédulité. Cette espèce de pape immortel de l'Orient avait plus d'une fois troublé le sommeil des papes d'Occident, successeurs de saint

Pierre, comme si le schisme devait venír de bien
loin pour attaquer la papauté.

Ce fut peut-être un partisan secret de la Réformation, qui s'avisa d'écrire, en 1507, *à l'empereur de
Rome et au roi de France*, sous le nom du *Prêtre-
Jean.* Dans cette lettre curieuse, rédigée en français
(imprimée sans lieu ni date, in-4º de 12 feuillets,
goth.), le Prêtre-Jean, qui s'intitule *par la grâce de
Dieu roy tout puissant sur tous les rois chrestiens*, fait
une profession de foi assez orthodoxe et invite le
pape Jules II et Louis XII à venir sans façon s'établir
dans ses États, qu'il leur représente comme les plus
beaux et les plus riches du monde. On y trouve, en
effet, une foule de choses qui ne se voient que là et
dans les contes de fées ; c'est là qu'on rencontre la
licorne, le phénix, le griffon, le rock, des bœufs
sauvages à sept cornes, des lions rouges, verts,
noirs et blancs, des *sagittaires* ou centaures, des
hommes à tête de chien, des pygmées qui sont bons
chrétiens et qui ne font la guerre qu'aux oiseaux,
des dragons à sept têtes; c'est là que jaillit la fontaine d'Eau de Jouvence et que l'Arbre de Vie a été
planté exprès pour produire le saint-chrême, qui
sert aux usages des sacrements de l'Église. On n'a-
vait donc pas lieu de s'étonner si cette région bénite était terrible pour les pécheurs, tellement que
celui qui commettait le péché de luxure périssait par
le feu et celui qui osait mentir courait risque de la
hart. Quant au palais du maître de ce singulier pays,
on devine qu'il devait être de cristal avec un toit de
pierres précieuses et des colonnes d'or massif.

Mais ce n'était pas encore le plus extraordinaire : « Une autre grant merveille y a en nostre palais, dit le Prêtre-Jean au pape et au roi de France, c'est as-savoir que nul manger n'y est appareillé fors que en une escuelle, un gril et un tailloir, qui sont pen-dus à ung pillier. Et quand nous sommes à table et nous désirons avoir viandes, elles nous sont appa-reillées par la grâce du Saint-Esprit. » Le pape et le roi de France n'auraient pu en offrir autant à leur heureux correspondant, qui devait être bien fier d'a-voir le Saint-Esprit pour cuisinier.

On comprend que les rois de Portugal, Jean II et Emmanuel, aient envoyé plusieurs expéditions dans l'Inde et en Abyssinie pour s'assurer de la vérité de ces merveilles ; mais ils ne réussirent pas même à découvrir si le Prêtre-Jean régnait en Abyssinie ou en Tartarie.

C'est dans ce dernier pays néanmoins, que les sa-vants, peu superstitieux de leur nature, ont fixé la résidence d'un chef nestorien, nommé *Johannes Presbyter*, qui y aurait fondé·un empire puissant, au milieu du douzième` siècle. De là, cette fiction du Prêtre-Jean, répandue dans le monde chrétien au Moyen Age et souvent mise en œuvre dans les in-ventions des poëtes et des voyageurs.

On avait, sans trop d'efforts, rattaché au Prêtre-Jean et au Juif-Errant le personnage de l'Antechrist, qu'on attendait toujours depuis l'an 1000, et qui ne se pressait pas de paraître sur la terre, pour prélu-der à la fin du monde. On publia, à diverses reprises, que l'Antechrist était né et qu'il ne tarderait pas à

se révéler par des miracles ; on prétendit même que
ce *fils de la perdition* avait commencé son règne apo-
calyptique, en prêchant la guerre et en évoquant la
peste et la famine ; mais si la famine, la peste et la
guerre se mettaient d'intelligence contre les hom
mes, nul n'osait assumer la grave responsabilité du
rôle d'Antechrist ; aussi-bien, le monde ne se prépa-
rait-il pas à finir. Le peuple n'en était pas moins
persuadé que le monde finirait et que l'Antechrist
viendrait auparavant. Les gens d'Église et les moines ne faisaient rien pour combattre cette Superstition qui leur avait été si profitable, toutes les fois
que la crédulité populaire s'était émue de l'arrivée
prochaine de l'Antechrist et de l'imminence du jugement dernier.

Ainsi, dès le quatrième siècle de l'ère chrétienne,
saint Augustin n'accordait plus que quelques années
de répit au genre humain, avant l'accomplissement
des temps. L'époque de la fin du monde fut pourtant remise de siècle en siècle jusqu'au millenaire,
qui, de l'avis des plus doctes et des plus pieux théologiens, était le terme préfix de cette grande catas-
trophe. « Au bout de mille ans, avait dit saint Jean, Satan sortira de sa prison et séduira les peuples qui
sont aux quatre angles de la terre. » Cette prophétie
n'avait jamais soulevé de doute ni de contradiction,
et la lettre même de l'Évangile, où il est écrit que
le Fils de Dieu viendra juger les vivants et les morts,
lui servait de redoutable commentaire.

En présence de ce jugement universel, les chrétiens ne songèrent plus qu'à se mettre en état de

paraître devant Dieu ; ils renoncèrent à tous leurs
biens terrestres et les donnèrent aux églises et aux
couvents ; ils crurent inutile de cultiver la terre et
de se livrer à leurs travaux habituels ; ils quittèrent
leurs champs, leurs boutiques, et leurs maisons,
pour se précipiter autour des autels. Cette année-là,
il y eut des signes menaçants dans le ciel et sur la
terre : éclipses, comètes, météores, débordements
de fleuves, tempêtes, épidémies, stérilité. Un contemporain nous a laissé une peinture terrible de la
désolation qui régnait dans tout l'Occident aux ap-
proches du terme fatal : la Superstition aggravait
encore les maux réels de la misère publique ; on ne
parlait que de miracles effrayants : juifs convertis,
morts ressuscités, vivants frappés de mort subite,
spectres et démons sortant du fond de l'abime. Enfin, la veille du jour où devait s'accomplir l'an 1000,
toute la population en larmes et en prières s'entassa
dans les églises ; on attendait, en frissonnant, le son
des sept trompettes et l'apparition de l'Antechrist ;
mais le soleil ne s'obscurcit pas, les étoiles ne tombèrent pas ; et la nature ne vit pas ses lois interrom-
pues. Ce n'était qu'un retard, disait-on, et l'on comptait avec anxiété les jours, les semaines, les mois :
on ne se rassura qu'au bout de plusieurs années
d'angoisses.

Depuis cette époque mémorable, la fin du monde
semble ajournée, par un effet de la grâce divine, mais
toutefois, à différents intervalles, elle fut de nouveau
annoncée avec plus ou moins d'à-propos, notamment par Arnault de Villeneuve, qui la mettait en

1395. Au commencement du seizième siècle, les luthériens eurent l'étrange idée de voir l'Antechrist
dans le pape de Rome, qu'ils ne désignèrent plus
autrement. L'Allemagne protestante n'hésita donc
pas à croire les sinistres prophéties d'un fameux astrologue, Jean Stoffler, qui voulait que le monde
finît en 1521 par un nouveau déluge. Il y eut un
théologien de Toulouse, nommé Auriol, qui fit construire une arche, par mesure de précaution. L'é-
pouvante générale, que les prédictions de Stoffler
avaient causée, reparut dans les dernières années du
seizième siècle et se prolongea jusqu'en 1610. « Le
bruit de la fin du monde, dit un historien breton (le
chanoine Moreau), alla si avant, qu'il fallut que le roi
Henri IV, lors régnant, par édit exprès, fît défense
d'en parler. » On disait que l'Antechrist était né à
Babylone et que les Juifs se disposaient à le reconnaître pour leur messie. Un démoniaque exorcisé
déclara que cet Antechrist avait vu le jour, aux environs de Paris, en 1600, qu'il avait été baptisé au
sabbat, et que sa mère, juive d'origine, nommée
Blanchefleur, l'avait conçu par l'œuvre de Satan.
Une sorcière prétendit avoir tenu sur ses genoux cet
enfant diabolique, qui avait des griffes au lieu de
pieds, ne portait pas de chaussures et parlait toutes
les langues.

Ce ne fut pas la dernière fois que l'on vit s'émou-
voir les croyances populaires à l'égard de la fin du
monde, et le personnage mystérieux de l'Antechrist,
que les artistes du Moyen Age avaient revêtu des
traits les plus conformes au rôle que lui prête l'A-

pocalypse, est encore présent à l'imagination des bonnes gens de campagne, qui n'ont garde, en le jugeant armé de griffes, de cornes et de queue, de le confondre avec le pape.

Plusieurs écrivains catholiques et protestants, qui n'étaient pas moins superstitieux que le peuple, sans être aussi ignorants que lui, avaient rattaché à l'Antechrist la fable de la papesse Jeanne, que la critique moderne est enfin parvenue à exclure de l'histoire des papes.

Cette fable, néanmoins, grâce à son caractère satirique et romanesque, a trouvé longtemps des défenseurs complaisants, et le savant Vignier lui-même, dans son *Théâtre de l'Ante-Christ*, n'a pas hésité à l'admettre comme authentique, malgré son invraisemblance choquante et les contradictions que lui donne la chronologie. Mais des siècles passeront, avant que la tradition de la Papesse se soit effacée dans l'esprit du vulgaire.

Cette Papesse était-elle en commerce avec le diable, incarné dans le corps d'un chapelain, et a-t-elle mis au monde, pour fruit de ce commerce exécrable, un enfant qui ne serait autre que l'Antechrist? Il résulterait de là, que l'Antechrist, né vers 857, aurait été âgé de cent quarante-trois ans à l'époque de l'an 1000, où il devait apparaître.

Quoi qu'il en soit, Sigebert de Gemblours, qui écrivait sa Chronique au onzième siècle, et qui ne fit peut-être que copier un passage interpolé dans l'ouvrage d'Anastase-le-Bibliothécaire, raconte très-sérieusement qu'un pape, nommé Jean, successeur de Léon IV, en 855, était femme, et que son sexe se trahit par un accouchement qui termina son pontificat et sa vie. Les chroniqueurs et les théologiens hétérodoxes ornèrent à l'envi cette singulière légende, en essayant de la mettre d'accord avec les dates de l'histoire. Jean Bouchet, dans ses *Annales d'Aquitaine*, affirme que la Papesse, enceinte des œuvres d'un *sien valet de chambre secret*, accoucha au milieu d'une procession, entre le Colysée et l'église de Saint-Clément, et il ajoute : « On dit qu'à l'occasion de ce, si est quand on faict un pape, que depuis ledict temps on a accoustumé s'enquérir par un cardinal, s'il a génitoires. » Jean Crespin, dans son *État de l'Église*, envisage, au point de vue calviniste, l'anecdote de la Papesse, et donne des détails plus circonstanciés sur son accouchement, en n'oubliant pas de rapporter que, pour empêcher le retour d'un pareil scandale, les cardinaux « ordonnèrent qu'un diacre manieroit les parties honteuses de celui qui seroit eslu pape, par dedans une chaise percée, afin qu'on senst s'il est masle ou non. »

On a prétendu que cette chaise percée existait encore au Vatican, et l'on a même imaginé d'en faire le dessin, qui paraît être celui d'une chaise curule de sénateur romain. Il est permis pourtant de regarder comme l'Antechrist ce fils de la Papesse et d'un moine, ou d'un démon, si l'on veut bien admettre, avec un célèbre ministre hollandais, qu'au moment où l'enfant sortit du ventre maternel, le diable prononça en l'air ces deux vers sibyllins, qui annonçaient la naissance de l'infernal précurseur du Christ :

Papa pater patrum, Papissæ pandito partum.
Et tibi tunc eadem de corpore quando recedam !

L'accouchement d'un pape en habits pontificaux était bien fait pour annoncer la fin du monde.

Les prophéties et les présages furent, d'ailleurs, les accessoires ordinaires de tous les événements historiques de quelque importance ; ils étaient aussi, dans bien des circonstances, le prélude des moindres événements de la vie privée. Les oracles se taisaient depuis des siècles, dans les ruines des temples païens ; mais on y suppléait par les prophéties écrites des Sibylles et de l'enchanteur Merlin. Les Sibylles, que l'on voit sans cesse représentées dans les sculptures et les vitraux des églises, étaient en odeur de sainteté auprès des chrétiens, pour avoir pressenti la naissance de Jésus, et la sibylle d'Érythrée surtout, pour l'avoir prédite.

Quant à Merlin, barde du cinquième siècle, non moins fameux par ses prodiges que par ses prophéties, il fut adopté par la chevalerie, qui le protégea contre les foudres de l'excommunication, quoiqu'il passât pour fils d'un démon incube et d'une druidesse bretonne. La légende se chargea de corriger ce que son origine avait de peu édifiant, et bientôt ses prophéties, traduites dans toutes les langues, devinrent, jusqu'au seizième siècle, jusqu'à la publication des prophéties de Nostradamus, le seul livre ouvert de la destinée, où l'on trouvait la révélation de tous les grands faits qui devaient s'accomplir dans le monde. Ainsi, Merlin avait non-seulement pénétré les secrets de l'avenir le plus rapproché de lui,

mais encore, à la distance de sept siècles, il entrevit
la Pucelle d'Orléans tuée par un cerf dix-cors (Henri
VI, roi d'Angleterre et de France), qui portait quatre
couronnes sur son front.

Ce n'étaient pourtant pas les seules prophéties
qui eussent cours en Europe, avant celles de Nostradamus. Le recueil, connu sous le titre de *Mirabi-
lis liber*, n'attendit pas, pour être consulté, qu'il fût
imprimé, à la fin du quinzième siècle. Le grand nombre d'éditions qu'on en a faites partout, témoigne assez
de la confiance qu'on lui accordait généralement. Ce
n'était pas là l'espèce de livres, que le clergé mettait
à l'index. L'Église même prit sous sa protection spé-
ciale les prophéties, dites *Révélations*, de sainte Bri-
gitte de Suède, morte en 1373, et le concile de Bâle
les approuva en bonne forme, de sorte qu'elles furent
lues et commentées dans les chaires de théologie.
On les traduisit, on les imprima dans toutes les langues, et l'on y découvrit si souvent la prédiction des
faits accomplis, qu'un traducteur anonyme, en pu-
bliant ces prophéties *merveilleuses* (Lyon, 1536, in-
16), annonça qu'elles avaient été, *jusqu'à présent,
trouvées véritables.*

Mais le succès des prophéties de Michel de Nostradamus surpassa celui de toutes les précédentes.
Catherine de Médicis, et son fils Charles IX, plus
superstitieux l'un et l'autre que le moins éclairé de
leurs sujets, firent la fortune de ces prophéties, en
y recherchant avec soin tout ce qui pouvait se rapporter à eux, et en ne dédaignant pas d'aller rendre
visite à l'astrologue, retiré dans la petite ville de

Salon, en Provence. Les courtisans crurent devoir imiter le roi et la reine-mère, et voulurent avoir leur horoscope.

C'était dans les étoiles et les planètes, dans les révolutions de la lune et du soleil, que Nostradamus avait la prétention de lire les choses futures. Il composa, d'après ces observations astrologiques, une sorte de grimoire inintelligible en quatrains, ayant la mesure et la rime du vers, mais hérissé de mots hybrides et de noms étranges. La première édition de ces quatrains, plus gaulois que français, avait été publiée à Lyon, en 1555; l'auteur y fit des additions successives jusqu'à sa mort, arrivée en 1566. Ce recueil de *Prophéties*, divisé en dix centuries et assez habilement exécuté pour qu'on y rencontrât des applications plus ou moins heureuses à tous les événements qui peuvent se produire dans l'ordre historique et politique, fournit toujours des oracles pour chaque fait mémorable qu'on voulait, après coup, appuyer sur une prédiction.

Nostradamus ne s'était préoccupé, dans son ouvrage, que du sort des rois, des princes et des États; mais il y avait quantité d'astrologues qui dressaient des généthliaques ou horoscopes et interrogeaient les astres pour quiconque avait l'argent à la main. On savait, d'ailleurs, que l'influence des planètes, sous lesquelles un enfant était né, dominait tout le cours de sa vie, et il ne fallait pas être devin de profession pour connaître les pronostics des signes célestes à l'heure de la nativité.

L'Église, toutefois, ne tolérait pas ce genre de Superstition, qui est peut-être aussi vieux que le monde, et qui remonte du moins à l'origine des religions. Quant à la loi, impitoyable pour les sorciers, elle ne gênait nullement l'industrie des devins et des astrologues.

Les devins interprétaient les songes qui, dans tous les siècles et chez tous les peuples, ont été considérés comme des reflets de l'avenir, comme des avertissements divins ou diaboliques, soit qu'ils offrissent, sans voile et sans énigme, les choses qui devaient arriver, soit qu'ils cachassent, sous une enveloppe mystérieuse et sombre, le spectre de la destinée.

Cette Superstition des songes illumine les plus anciennes pages de la Bible, et c'est ordinairement dans le sommeil, que les saints et les patriarches sont en relation avec Dieu et ses anges. L'Église catholique ne pouvait cependant se montrer trop sévère à l'égard d'une croyance qui se fonde sur l'histoire d'Abraham et de Joseph, et qui nous fait entendre la voix divine de la Providence, en liant sans cesse le monde matériel aux mondes invisibles. L'Église s'est presque abstenue, dans une question aussi délicate, et elle a seulement distingué les songes qui viennent du ciel, de ceux qui viennent de l'enfer. « Pendant le sommeil, avait dit Tertullien, ce Père de l'Église à demi-païen, des remèdes sont indiqués, des larcins dévoilés, des trésors découverts. » Mais, en revanche, douze siècles plus tard, saint Thomas n'avait pas craint de déclarer que Satan, qui se tient toute la nuit à notre chevet, » était

le père des songes surnaturels. Souvent l'Église a
proclamé, que c'était Dieu qui se manifestait dans
un songe.

L'histoire est pleine de ces songes fatidiques, qui
ont laissé aux générations un long souvenir d'admiration et de stupeur. Il n'y a pas un fait important
au Moyen Age, qui ne se rattache à un songe, à une
vision, à un présage, à une prédiction. La Renaissance n'a pas été moins crédule sur ce point, quoique plus éclairée que le Moyen Age. Aussi, la plupart des morts tragiques et imprévues étaient-elles
ordinairement annoncées par des songes.

La mort de Henri II, roi de France, blessé dans un
tournoi par le comte de Montgomery (1559), celle
de Henri III, assassiné par Jacques Clément (1589),
celle de Henri IV, assassiné par Ravaillac (1610), eurent des songes prophétiques pour avant-coureurs.
La nuit qui précéda le tournoi où un éclat de lance
rompue entra dans l'œil de Henri II, la reine Catherine de Médicis, couchée auprès de son royal époux,
rêva qu'elle le voyait privé d'un œil. La même nuit,
le maréchal de Montluc, qui était alors en Gascogne,
vit en rêve le roi Henri II « assis sur une chaire,
ayant le visage tout couvert de gouttes de sang, »
et il se réveilla tout en larmes.

Trois jours avant le régicide du jacobin Jacques
Clément, Henri III, qui devait être la victime, vit
en songe les ornements royaux, tels que camisole,
sandales, tuniques, dalmatique, manteau de satin
azuré, la grande et la petite couronne, le sceptre et
la main de justice, l'épée et les éperons dorés, *tout*

ensanglantés et foulés aux pieds par des moines et du menu peuple. Le lendemain, effrayé de ce songe, il se rappela celui qu'il avait fait en janvier 1584, songe précurseur de la Ligue, dans lequel il s'était vu déchiré et mis en pièces par les lions et les bêtes fauves de la ménagerie du Louvre. Il avait fait tuer alors toutes ces bêtes qui devaient lui être si funestes; cette fois, il fit mander le sacristain de l'abbaye de Saint-Denis et lui ordonna de redoubler de vigilance pour la garde des ornements du sacre; mais ces précautions n'ôtèrent pas le couteau des mains du meurtrier.

Peu de jours avant la mort de Henri IV, la reine Marie de Médicis, qui dormait à ses côtés, rêva d'abord que les diamants et les pierreries de la couronne de France se changeaient en perles, « que les interprètes des songes prennent pour des larmes. » Elle s'éveilla en sursaut, fort inquiète de ce rêve; mais, s'étant rendormie, elle poussa un cri qui réveilla le roi : « Les songes ne sont que mensonges ! murmura-t-elle en se signant. — Qu'avez-vous donc songé ? lui demanda son mari. — Je songeais qu'on vous donnait un coup de couteau sur le petit degré du Louvre ! répondit-elle. — Loué soit Dieu que ce n'est qu'un songe ! reprit le roi. » Henri IV n'avait pas encore eu le temps d'oublier ce songe, lorsqu'il fut frappé d'un coup de couteau par Ravaillac, dans la rue de la Féronnerie.

La mort de Henri IV est, au reste, une de celles qui furent précédées et accompagnées de toutes sortes de présages, comme jadis celle de Jules César.

Ces présages, recueillis soigneusement par les historiens contemporains, résument, pour ainsi dire, les différentes Superstitions qui avaient cours à cette époque.

Ce ne furent pas seulement des songes, mais des visions, des phénomènes, des horoscopes, des pronostics, des oracles, des pressentiments.

La reine, pendant la cérémonie de son sacre et couronnement, qui eut lieu à Saint-Denis la veille même de l'assassinat, sentit chanceler la couronne qu'elle portait sur sa tête et y porta la main pour l'empêcher de tomber. Dans cette même cérémonie, elle se sentit saisie d'une profonde tristesse et eut souvent les larmes aux yeux.

La nature entière semblait prendre une voix pour avertir Henri IV. La nuit qu'il couchait à Saint-Denis pour le sacre de la reine, une orfraie vint se poser sur la fenêtre de sa chambre et ne cessa de crier jusqu'au jour. Cette nuit même, la pierre qui fermait le caveau des rois de la maison de Valois, se souleva, et les statues posées sur les sépultures royales versèrent des pleurs. A Paris, l'arbre de mai, planté dans la cour du Louvre, se renversa tout à coup, sans qu'on l'eût touché. D'un bout de la France à l'autre, depuis le commencement de cette funeste année 1610, ce n'étaient que signes précurseurs d'un grand événement, si bien que le peuple avait craint la fin du monde : débordements de rivières et inondations, ordre des saisons interverti, froid et chaleur extrêmes, disettes, éclipses, conjonctions de planètes, tout cela était expliqué par les prédictions qui s'accordaient pour annoncer la mort du roi.

Aussi, Henri IV, malgré sa force d'âme, fut-il préoccupé de ces indices de mort. Quand le médecin Labrosse, savant mathématicien, eut osé dire au duc de Vendôme ; « Si le roi pouvait éviter l'accident dont il est menacé, il vivrait encore trente ans! » Henri IV haussa les épaules, en traitant de *fol* le duc de Vendôme qui le suppliait de se mettre en garde contre l'accident qu'on lui prédisait. « Sire, dit le duc, en ces choses la créance est défendue et non pas la crainte! » Le roi, obsédé d'avis analogues, finit par en subir l'influence et par se laisser aller aux anxiétés du pressentiment. « Vous ne me connaissez pas, dit-il au duc de Guise le matin même de l'événement; quand vous m'aurez perdu, vous me connaîtrez, et ce sera bientôt! » Il répétait souvent qu'on lui avait prédit qu'il mourrait en carosse, qu'il serait tué dans la cinquantième année de son âge, et qu'on l'enterrerait dix jours après le roi Henri III, dont le corps resta, en effet, à Compiègne jusqu'à la mort de son successeur.

On signala, dans toute l'Europe, des visions qui avaient avec cette mort une corrélation évidente. A Douai, un prêtre, qui était à l'agonie, eut trois extases et s'écria, en rendant le dernier soupir: « On tue le plus grand monarque de la terre! » Dans l'abbaye de Saint-Paul, en Picardie, à l'heure même où Ravaillac commettait son crime, une religieuse malade dit solennellement : « Madame, faites prier Dieu pour le roi, car on le tue! »

La vision, que l'on a souvent confondue avec le songe, n'occupe pas moins de place dans l'histoire. Elle était si fréquente au Moyen Age, que les historiens les plus graves, qui en rapportent des exemples mémorables, ne se hasardent jamais à les mettre en doute. Un grand nombre de ces visions sont mêlées aux événements des anciens temps, et font partie intégrante des faits qu'elles colorent d'une teinte de légende et qu'elles frappent au coin du merveilleux.

Entre les visions les plus célèbres, sinon les plus étranges, qui abondent dans les récits des vieux chroniqueurs, il faut citer celle de Childéric, père de Clovis, vision que le bon Frédégaire se plaît à raconter, comme s'il en avait été témoin. La nuit de ses noces avec Bazine, veuve du roi de Thuringe, cette princesse pria Childéric de quitter le lit nuptial et d'aller dans la cour du palais voir ce qui s'y passait : Childéric obéit et voit des léopards, des lions et des licornes. Il retourne, effrayé, près de sa femme qui l'invite à descendre une seconde fois dans la cour : le roi ne voit plus, cette fois, que des ours et des loups ; une troisième fois, il vit des chiens et de petits animaux qui s'entre-dechiraient. Ainsi s'écoula cette nuit de noces. Le lendemain, Bazine, qui était un peu sorcière, expliqua la vision de son mari : les lions, les léopards et les licornes représentaient le règne d'un grand roi qui serait fils de Childéric ; les ours et les loups représentaient les enfants de ce roi ; les chiens, les derniers rois de sa race. Quant aux petits animaux, c'était le peuple, indocile au joug de ses maîtres, soulevé contre ses rois et livré aux passions des grands.

Une autre vision non moins fameuse dans les an-

nales de la dynastie mérovingienne, c'est celle que
nous voyons figurée en pierre de liais, à l'entrée de
la basilique de saint Denis, sur le tombeau de Dagobert, ce roi dont le peuple a gardé la mémoire,
peut-être à cause de cette vision que l'Église avait pro-
clamée vraie et incontestable. A l'heure même où
Dagobert expirait, un pieux ermite, qui habitait une
des îles volcaniques de Lipari, vit surgir, au milieu
de la mer agitée, une barque remplie de diables qui
menaient une âme enchaînée au volcan de Strom-
boli, « un des soupiraux de l'enfer. » L'âme, injuriée
et maltraitée, se débattait et appelait à grands cris
saint Denis, Saint Maurice et saint Martin. Aussitôt,
la foudre éclate, trois jeunes hommes vêtus de blanc
s'élancent à la poursuite des démons, délivrent l'âme
prisonnière et l'emportent avec eux dans le ciel. C'é-
tait l'âme du saint roi Dagobert, qui reçut ainsi un
brevet de paradis et qui faillit être canonisé comme
bienheureux, grâce à la vision d'un ermite de Lipari.

Les visions n'étaient pas toujours, comme celle-ci,
un drame à péripéties, dans lequel le visionnaire,
éveillé ou frappé d'extase, jouait le rôle de specta-
teur ou d'acteur à travers une succession plus ou
moins variée de circonstances extraordinaires. Souvent les visions consistaient en apparitions rapidement effacées, qui s'offraient aux yeux d'une seule
personne ou de plusieurs à la fois. Elles tenaient
alors de la croyance si générale aux spectres, aux
fantômes et aux revenants, croyance que l'Église
n'avait garde de combattre, lorsqu'elle était dégagée

de l'appareil coupable des sciences occultes. Les Superstitions, nées de cette croyance impérissable dans l'esprit de l'homme, varièrent seulement de caractère et de physionomie, suivant les temps et les lieux.

Dans les premiers siècles du christianisme, c'étaient surtout des saints et des saintes, des anges et des chérubins, qu'on voyait apparaître, pour conseiller le bien, pour empêcher le mal. Plus tard, quand la peur de l'enfer eut fait plus de conversions que l'espoir du paradis, quand l'influence de Satan, dans les choses de ce monde transitoire, se fut accrue, pour ainsi dire, avec l'assentiment des plus vénérables canonistes, les apparitions prirent volontiers une couleur infernale et diabolique : on attribua généralement au démon tout ce qui sortait de l'ordre naturel, tout ce qui semblait étrange ou inexplicable, tout ce qui avait enfin un semblant de merveilleux. Les visions, si ordinaires aux imaginations faibles et vives, aux esprits malades ou inquiets, devinrent dès lors l'apanage fantastique de la haute et basse diablerie chrétienne. Or, le peuple n'était pas seul accessible à cette épidémie de crédulité et de terreur; les princes et les rois, les savants et les sages, les prêtres eux-mêmes, faisaient, au besoin, de parfaits visionnaires.

On a rempli des volumes avec les histoires de visions et d'apparitions que fournissent les plus graves écrivains ecclésiastiques et profanes du Moyen Age, sans avoir recours à la *Légende dorée* et aux anciennes légendes de saints, où la Superstition populaire a déposé religieusement ses premiers germes. Parmi les histoires innombrables que rapportent consciencieusement les vieux chroniqueurs, entre autres Grégoire de Tours, Guibert de Nogent, Guillaume le Breton, Mathieu Paris, on serait fort en peine de faire un choix, pour citer les plus extraordinaires, les plus terribles, les plus absurdes.

Un homme d'armes, qui avait voulu enlever à l'église de Nogent le droit de pêche dans la rivière de l'Aigle, fut battu et souffleté par la Sainte-Vierge en personne, si bien qu'il reconnut son tort et demanda l'absolution; un archevêque nommé Laurent, qui était sur le point de se voir expulsé de l'Angleterre, en 616, par le roi saxon Edbald, fut blessé et meurtri de coups, de la propre main de saint Pierre, qui lui apprit de la sorte à ne pas quitter ses ouailles; la mère de Guibert de Nogent était fort incommodée la nuit par un démon incube qui revenait toujours à la charge, malgré la chaste vigilance de la vierge Marie; un serf breton rencontra, un soir, son seigneur mort et enterré depuis peu, qui le força de monter en croupe, et qui le promena ainsi, rompu de fatigue, jusqu'au jour, à travers champs, etc.

C'étaient là des visions dont il restait trace sur le corps des patients, et chacun, d'ailleurs, en les acceptant et tenant pour vraies, pouvait à son tour narrer la sienne, car le diable alors n'était jamais las de se montrer sous les formes les plus diverses, sons les plus innocentes comme sous les plus épouvantables.

Écoutez, par exemple, ce que Torquemada raconte dans son *Hexameron*, recueilli en Espagne au seizième siècle. Un chevalier espagnol devient amoureux d'une nonnain, et lui donne rendez-vous la nuit dans l'église du couvent : il avait fait forger une fausse clé qui devait lui ouvrir la porte de cette église. Minuit sonnait, quand il y entre impatient de retrouver sa belle. Mais l'église est éclairée et tendue de noir: on y dit l'office des morts, devant un catafalque environné de cierges allumés. Tout à coup une procession de moines encapuchonnés défile en chantant le *Dies iræ*. Il se sent glacé d'effroi, et pourtant il s'approche d'un moine et lui demande quel est le défunt dont il voit célébrer les obsèques : c'est le propre nom du chevalier, que prononce le moine qui s'éloigne aussitôt. Le chevalier adresse la même demande à un second moine, puis à un troisième, et il n'obtient pas d'autre réponse : il assistait lui-même à ses funérailles! Saisi de vertige, il sort de l'église et remonte à cheval : deux grands chiens noirs apparaissent et courent à ses côtés. Lorsqu'il arrive dans son château, les deux chiens y pénètrent avec lui et l'étranglent sous les yeux de ses serviteurs qui ne peuvent l'aider que par un signe de croix.

Le savant jurisconsulte Alessandro Alessandri, qui rédigeait son traité *Dierum genialium* en Italie, à la fin du quinzième siècle, rapporte plusieurs visions, sur la foi des témoins oculaires eux-mêmes.

Ici, c'est un honnête moine, nommé Thomas, qui fait route avec un vieillard inconnu, hideux à voir,

vêtu d'une robe longue, et qui accepte l'offre que
lui fait ce vilain homme de le porter pour traverser
un ruisseau ; mais, une fois sur les épaules de son
compagnon de voyage, il s'aperçoit que celui-ci a
des pieds monstrueux armés de griffes : alors il se
recommande à Dieu, et soudain, au fracas du tonnerre, il se trouve jeté par terre, à demi-mort ;
quant au porte-moine, il avait disparu.

Là, c'est un gentilhomme italien, qui, revenant
de l'enterrement d'un ami, s'arrête dans une hôtellerie et se couche accablé de douleur. Mais, quand il
va s'endormir, il voit entrer dans sa chambre son
ami qu'il avait vu mettre en terre le matin même :
il l'appelle, il l'interroge ; l'autre, sans prononcer une
parole, se déshabille et se couche auprès du vivant
qui frissonne et pousse un cri au contact glacé du
mort ; celui-ci le regarde alors d'un air de reproche
et de tristesse, puis sort du lit, se rhabille et quitte
la chambre en gémissant. Alessandro Alessandri, qui
a consigné le fait dans son livre de jurisprudence,
n'avait-il pas eu lui-même des visions ?

Le grand réformateur Mélanchthon, qui combattait philosophiquement les Superstitions du pa-
pisme, n'a-t-il pas aussi porté témoignage de la réalité des apparitions, lorsqu'il raconte que la tante
de son père, devenue veuve, vit un soir son mari
défunt, accompagné d'un fantôme en habit de cordelier, entrer dans la maison, s'asseoir à ses côtés,
lui parler vaguement de prêtres et de messes, et lui
toucher la main qui resta longtemps noire depuis ?

Ordinairement, une vision était regardée comme

un présage de malheur, sinon de mort, car on supposait que l'homme,. au moment de sortir du monde des vivants, se trouvait en communication immédiate avec le monde des esprits, et avait à résister alors plus que jamais aux illusions de l'enfer. De là, cette tradition attachée à plusieurs maisons nobles, dans lesquelles l'apparition d'un spectre annonçait toujours le décès du chef ou d'un des membres de la famille.

Ainsi, quand un Lusignan devait mourir, la fée Mélusine, moitié femme et moitié serpent, apparaissait durant trois nuits consécutives sur le donjon du château de Lusignan en Poitou, et jetait des plaintes lamentables qui ont encore un écho dans l'expression proverbiale de *cri de mélusine*. Quand la maison des Tortelli, à Parme, allait perdre un de ses enfants, on voyait apparaître, dans les grandes salles du château, une petite vieille centenaire, accroupie sous le manteau de la haute cheminée. Quand un chanoine du chapitre de l'église cathédrale de Mersbourg en Saxe avait vécu son temps, trois semaines avant qu'il fût rappelé à Dieu, un tumulte étrange s'élevait dans le chœur à minuit, et une main invisible faisait retentir à coups de poing le banc de celui qui était condamné à mourir : les gardiens de l'église faisaient une marque avec de la craie sur ce banc, pour le reconnaître, et le lendemain, ils avertissaient le chapitre qui apprêtait aussitôt les obsèques et la sépulture, tandis que le chanoine désigné se préparait à la mort.

Certaines visions ou apparitions mieux constatées

encore, que l'on considérait aussi comme des présages éclatants de l'avenir, comme des avertissements du ciel ou des menaces de l'enfer, frappaient
quelquefois de stupeur et de consternation tous les
habitants d'une ville ou d'un royaume. C'était le
prélude inévitable de quelque grand événement qui
ne tardait guères à s'accomplir.

Pierre Boaistuau, François Belleforest et d'autres
naïfs compilateurs du seizième siècle, ont rassemblé six tomes de ces *Histoires prodigieuses* (Paris,
1597-98, 6 tom. in-16, fig.), et pourtant ils sont
loin d'avoir épuisé la matière. Ainsi, n'ont-ils rien
dit de l'horrible tumulte qui se fit dans l'air autour
du Louvre, pendant sept nuits après celle de la
Saint-Barthélemi : on entendait « un concert de voix
criantes, gémissantes et hurlantes, mêlées parmi
d'autres voix furieuses, menaçantes et blasphé-
mantes, le tout pareil à ce qu'on avait ouï la nuit
des massacres » ; mais ils n'ont eu garde de négliger
les prodiges qui accompagnèrent les principales périodes de la réformation de Luther.

En 1500, près de Saverne, ville d'Alsace, on vit
en l'air une tête de taureau gigantesque, entre les
cornes de laquelle brillait une grosse étoile ; la même
année, la ville de Lucerne fut menacée par un dragon de feu, horrible à voir, qui n'avait pas moins
de douze pieds de long, et qui volait de l'Est au
Midi ; en 1514, tout le duché de Wurtemberg eut le
spectacle de trois soleils, offrant chacun l'empreinte
d'une épée rouge de sang ; en 1517, les moines d'une
abbaye de Saxe remarquèrent, la nuit de Noël, une

grande croix rousse qui traversait le ciel; en 1520,
à Vienne, en Autriche, durant plusieurs jours, on
eut trois soleils et trois lunes, avec quantité d'arcs-
en-ciel (rien n'était plus fréquent, à cette époque,
que l'apparition de trois, quatre, et même sept soleils à la fois); en 1530, au moment où se préparait la Ligue de Smalcade, on vit en l'air une troupe
de cavaliers et de paysans armés, une fontaine, une
figure d'homme puisant de l'eau, et un dragon;
en 1532, par toute l'Allemagne, on vit passer en
l'air des bandes de dragons volants, qui n'étaient
pas des grues, puisqu'ils avaient des faces de pour-
ceaux et portaient des couronnes royales; la même
année, près d'Inspruck, on vit en l'air un aigle,
poursuivi par un chameau, un loup et un lion qui
jetaient des flammes; en 1534, les gens de Schweitz
en Suisse virent dans les nuages, en plein midi,
se dérouler une longue suite de tableaux et d'images
allégoriques; en 1538, il y eut à l'horizon, dans divers endroits de la Bavière, un furieux combat
d'hommes flamboyants, tandis que s'élevait, à l'O-
rient, une grande étoile sanglante, d'où pendait un
étendard; en 1541, la Thurgovie s'inquiéta fort de
voir la lune écartelée d'une croix blanche; en 1545,
toute la Silésie fut témoin du brillant spectacle que
présenta le ciel, où combattirent deux armées com-
mandées par un lion et un aigle (ces combats
d'armées aériennes se renouvelaient alors si fréquemment, que les champs de bataille célestes semblaient boire plus de sang que ceux de la terre, et
quelquefois même ce sang tombait en pluie sur le

crâne des curieux); en 1549, des bourgeois de Brunswick ne furent pas peu étonnés de voir, une nuit, trois lunes au-dessus de leurs têtes, avec une infinité d'autres choses plus singulières, un lion et un aigle de feu, le portrait du duc de Saxe, la création d'Ève, etc.

C'était bien pis, lorsque la vision prophétique prenait un corps et devenait un fait matériel; sans parler des pluies de sang, de pierres, de froment, de grenouilles, qui n'avaient pas encore révélé le secret de leur origine, on pouvait souvent toucher du doigt le prodige effrayant qui changeait le cours des lois de la nature et accusait les bizarres fantaisies de sa toute-puissance; la vision n'était plus dans le ciel, mais sur la terre. Voici, par exemple, comment furent annoncées les guerres désastreuses des Polonais contre les Turcs et les Russes : Le 8 septembre 1623, fête de la Nativité de Notre-Dame, on pêcha dans la Vistule, près de Varsovie, un poisson merveilleux, long de 35 pieds, large de quatre coudées, haut et épais de dix, ayant une tête humaine surmontée d'un diadème et de trois triples croix, avec une croix de sang qui sortait de sa bouche, mais n'ayant que deux pieds, l'un d'aigle et l'autre de lion, portant sur son dos une pièce d'artillerie et une provision de boulets, tout hérissé de lances attachées à ses flancs, en guise de nageoires, tout chamarré de devises et d'emblèmes, tels que clés pontificales en sautoir, tête de mort entourée d'un chapelet, épées et pistolets figurés sur son ventre et sur sa queue bifurquée, qui semblait formée de dards et de javelots ardents. Les historiens polonais nous ont conservé une description minutieuse de ce fameux poisson, qui fut *pourtrait d'après le vif*, et qui promettait plus. d'événements terribles que l'avenir n'en put tenir.

Que si quelque savant osait proposer, en tremblant, une solution naturelle de ces phénomènes, en les attribuant à des vapeurs, à des reflets, à des causes toutes physiques, et surtout à l'ignorance, à la crédulité du peuple, mille voix protestaient contre les explications fournies par la science, encore indécise et craintive : « Quant à moy, disait le bonhomme Simon Goulart, dans ses *Histoires admirables et mémorables,* j'estime que la plupart de tels ostentes sont faits et formez par le Seigneur Dieu mesme ou par ses saincts Anges, qui, pour l'amour du genre humain, nous mettent devant les yeux, par le moyen de telles images, une bien expresse représentation et suite des événements. » Goulard était calviniste, et il ne voulait pas donner trop d'importance au rôle du démon dans ces sortes de visions ; il ajoute cependant : « Les diables mettent par fois la main à tels ouvrages. » Le peuple était volontiers de cet avis ; quant à l'Église catholique, qui n'avait aucun intérêt dans la question, elle évitait de se prononcer, et elle laissait chacun interpréter à sa guise les solennels enseignements que ces prodiges célestes ou diaboliques offraient aux hommes.

Nous avons déjà dit que l'Église frappait surtout de ses censures et de ses anathèmes les Superstitions qui touchaient plus particulièrement à l'essence du dogme, à l'esprit et à la forme d'un des sept sacrements de l'autel ; car l'Église, indulgente ou aveugle pour des Superstitions que créait ou protégeait la foi naïve des fidèles, avait compris que les sacrements ne pouvaient admettre aucun mélange superstitieux et idolâtre, sous peine de compromettre le principe même de la religion catholique. Voilà pourquoi les théologiens et les casuistes s'appliquèrent à rechercher et à combattre ces Superstitions subversives de la loi religieuse, et d'autant plus redoutables, qu'elles affectaient de se placer sous la sauvegarde d'un sacrement et de faire cause commune avec lui.

Nous allons passer en revue la plupart de celles qui avaient été classées par l'autorité ecclésiastique au nombre des attentats et des péchés contre les sacrements.

I. Le sacrement du Baptême, le premier, et suivant nne expression consacrée, l'initiateur des six autres sacrements, avait donné lieu à certaines Superstitions, qui furent considérées comme hérétiques, dès la fondation de l'Église.

Du temps de saint Denis d'Alexandrie, c'était une hérésie assez répandue, que de suppléer au baptême par l'eucharistie, qui n'a aucune action contre le péché originel, sans la grâce du baptême. Cette hérésie devait naturellement avoir cours à une époque où l'on baptisait autant d'hommes convertis au christianisme, que d'enfants nés dans le giron de la religion nouvelle ; on cherchait donc à éluder la pénible cérémonie du baptême, qui se faisait par immersion dans une cuve. Par cette raison sans doute, les néophytes, qui arrivaient à la prêtrise, et même à l'épiscopat, avant d'avoir été baptisés, étaient disposés à soutenir que l'ordination remplaçait le baptême, quoique les conciles eussent décidé que rien ne suppléait à ce premier sacrement.

La tendresse ingénieuse des parents dévots imagina de lui faire une sorte de compensation, pour le cas où l'enfant viendrait à mourir en naissant ou dans la sein de sa mère : on vit souvent le mari et la femme, lorsque celle-ci était grosse, invoquer ce qu'on appelait le baptême du Saint-Esprit, en faveur de leur progéniture à naître. On vit aussi, et plus souvent encore, des femmes enceintes approcher et communier à l'intention de leur fruit qu'elles croyaient faire participer avec elles au sang de Jésus-Christ. Cette Superstition se confina chez les Éthiopiens, ainsi que le racontait, au seizième siècle, l'évêque Zagazabo, ambassadeur du roi d'Éthiopie en Portugal. Les âmes des enfants morts sans baptême n'étaient pas sauvées, suivant le sentiment des docteurs de l'Église d'Occident, bien que la mère, pendant sa grossesse, eût reçu l'absolution et même le sacrement de l'eucharistie.

L'eau bénite, qui sert au baptême, fut matière à bien des Superstitions et à bien des défiances superstitieuses. Fallait-il employer l'eau froide ou chaude ? Etait-il permis d'user d'eau amère, salée, fétide, trouble, bourbeuse, colorée par quelque cause naturelle ou accidentelle ? Les conciles et les décré-

tales furent d'accord sur ce point, que la qualité de
l'eau était indifférente, pourvu que cette eau fût
réellement de l'eau. Le bon pape Etienne II avait décidé que le vin, faute d'eau, pouvait être employé
au baptême, et ce, en vertu de l'argument irrésistible que tout vin est plus ou moins mêlé d'eau, mais
l'Église réforma cette décision bachique.

Quant aux baptêmes conférés avec d'autres liqui-
des, tels que des eaux de senteur, des boissons de
grains fermentées, de jus de citron, d'orange ou de
grenade, de l'huile, du lait, de l'urine, ils ont été,
de tout temps, déclarés nuls ou idolâtres ou impies.
On n'admit pas davantage le baptême donné avec
du sable ou de la terre, dans des circonstances graves
où l'eau manquait absolument. Force était d'avoir
de l'eau véritable, et de ne la faire servir à l'usage
du baptême, qu'après l'avoir bénite comme il faut.

On ne saurait croire combien d'interpolations s'é-
taient glissées dans les paroles sacramentelles du
baptême, chacun ayant essayé de les rendre plus efficaces ou de les appliquer mieux à sa propre situa-
tion; mais l'Église rejeta ces variantes inorthodoxes
dans la Superstition du *culte superflu*. On autorisait
les père et mère à baptiser leurs enfants nouveau-
nés en danger de mort, mais non à modifier et à tra-
vestir avec intention la formule du sacrement; cette
intention n'excusait pas le fait, et le nom de la Vierge
ou de quelque saint ajouté aux noms des trois personnes de la Trinité constituait le cas de Superstition,
sinon la nullité du baptême.

Le choix du jour, pour l'administration de ce sa-

crement, avait semblé assez important, pour qu'on
le fixât d'une manière générale dans chaque pays ; on
ne baptisait d'abord qu'à certains jours, notamment
aux principales fêtes; mais plus tard, l'Église d'Occident proclama que tous les jours étaient bons pour
conférer le baptême. Ce fut alors que les préférences
des parents se prononcèrent d'une façon superstitieuse : les uns ne voulaient baptiser l'enfant que
quarante jours après sa naissance, si c'était un mâle,
et quatre-vingts jours après, si c'était une fille; les
autres exigeaient que la mère eût été purifiée ; quelques-uns pensaient que le baptême n'avait pas d'efficacité avant le huitième jour, etc.

La Superstition était bien plus grave dans les premiers siècles de l'Église, lorsque les chrétiens, pour
ne rien perdre des bénéfices de ce sacrement régé-
nérateur, attendaient le plus tard possible et le recevaient quelquefois en même temps que l'extrême-
onction. « C'est se moquer de Dieu, disait à ce sujet
Saint Augustin, que de lui donner les dernières
années de sa vie, après avoir donné les premières
aux démons. »

On ne se contentait pas de baptiser des enfants vivants, on baptisait aussi des enfants morts-nés, des
avortons et des monstres inviables. L'Église avait
beau défendre et mandire ces baptêmes inutiles ou
indignes qui allaient jusqu'à prononcer les paroles
sacramentelles et verser l'eau lustrale sur des morceaux de chair informe et sur les débris du pla-
centa; on trouvait toujours des prêtres prêts à fermer les yeux et à consacrer cette Superstition qu'ex-

cusait l'amour maternel et paternel. Un archevêque
de Lyon (d'Espignac), au milieu du seizième siècle,
constate ce fait, dans le recueil des statuts synodaux
de son diocèse : « Il y a quelques simples femmes,
« lesquelles apportent en l'Église quelques avortons,
« les gardant là quelques jours, pour savoir si mira-
« culeusement leur apparaîtra quelque signe ou dé-
« claration (e sentiment et de vie, voulant, par quel-
« que effusion de sang ou autrement, induire le curé
» ou vicaire de les baptiser. »

  Cette défense de baptiser un enfant mort motivait
celle qui ne permettait pas davantage d'administrer
le baptême sur la main, le pied ou quelqu'autre partie de l'enfant, lorsqu'il commençait à sortir du ventre de la mère.

  Le baptême des animaux morts ou vifs constituait
un fait de Superstition criminelle, et ce n'étaient
guère que les sorciers qui s'en rendaient coupables.
Ils baptisaient ainsi, pour leurs maléfices, chiens,
chats, cochons, et crapauds. On lit, dans le *Rosier
historial*, qu'en 1460 un prêtre de Soissons, d'après
le conseil d'une sorcière, baptisa un crapaud sous le
nom de Jean et lui fit manger une hostie ; après
quoi, il composa, avec la chair de cet étrange néophyte, un poison, à l'aide duquel il fit mourir ses
ennemis. Le bras séculier se chargeait de punir de
pareilles Superstitions.

  Les sorciers faisaient baptiser encore des images
de cire, de terre ou de métal, des livres magiques,
des phylactères et des talismans, par l'entremise d'un
prêtre portant étole, un cierge allumé dans la main

gauche, et dans la droite un aspergés d'herbe de
mille-pertuis. On brûlait impitoyablement les auteurs
et-complices de ces impiétés.

Quant à la cérémonie que le peuple nomme encore le baptême d'une cloche, c'est une simple bénédiction que l'Église a prise sous sa surveillance
pour empêcher le peuple d'y mêler des pratiques
trop superstitieuses. Cette consécration des cloches
ne paraît pas remonter au-delà du quatorzième siècle. On bénissait aussi les maisons, les églises, les
vaisseaux, mais on ne les baptisait pas.

Les Superstitions, qui entouraient la naissance de
l'enfant, précédaient ou suivaient le baptême, furent
innombrables; l'Église en tolérait et en approuvait
quelques-unes, comme les invocations et les dévo-
tions à sainte Marguerite, quoiqu'on ne sache pas
positivement quelle est cette bienheureuse patronne
des femmes en couches; comme la ceinture et le
cierge de cette sainte Marguerite; comme les exorcismes sur les femmes en mal d'enfant; mais elle
blâmait ceux qui trempaient dans l'eau froide les
pieds et les mains du nouveau-né, pour l'empêcher
d'être sensible au froid; qui lui frottaient les lèvres
avec une pièce d'or, pour les lui rendre vermeilles;
qui, avec un fer chaud, imprimaient sur son corps
le signe de la croix; qui prenaient pour parrains et
marraines les premiers pauvres que le hasard amenait au carrefour du chemin ou au seuil de la porte;
qui paraient magnifiquement l'enfant pour le présenter au baptême; qui le conduisaient aux fonts bap-
tismaux avec des instruments de musique et au son

des cloches; qui lui imposaient un nom superstitieux
ou profane ou ridicule ou diabolique; qui lui donnaient plusieurs noms (le pape Alexandre VII en
donna treize à un de ses neveux qu'il baptisa lui-
même); qui lui faisaient administrer, immédiatement
après le baptême, la confirmation et la communion;
qui le portaient sur un autel ou dans un cabaret,
pour le faire racheter à prix d'argent, par ses parrain et marraine; qui se livraient à des festins
déréglés le jour du baptême; qui faisaient boire du
vin bénit à l'enfant baptisé, etc.

Cependant, malgré les prohibitions et menaces de
l'Église, le peuple n'en persévérait pas moins dans
ces pratiques superstitieuses qui semblaient se rattacher à l'acte même du sacrement; il s'imaginait
que, faute d'avoir sonné les cloches, l'enfant baptisé
pouvait devenir sourd ou bien perdre la voix, et que
la santé de cet enfant dépendait surtout des libations
dont serait arrosé son baptême.

Enfin, la purification de la mère, à la suite de ses
couches, ne devait avoir lieu que quarante jours
après sa délivrance; cette purification, empruntée au
judaïsme, se faisait quelquefois par l'entremise de la
sage-femme qui remplaçait l'accouchée, quand celle-
ci était malade ou défunte. Dans ce dernier cas, l'u-
sage de quelques paroisses exigeait que la cérémonie de la purification fût faite sur la bière de la
morte, qui n'aurait pu, autrement, recevoir l'eau
bénite ni entrer, souillée et immonde, en paradis. Du
reste, une femme, avant d'être purifiée, restait oisive
dans son ménage et s'abstenait de toucher aux ali-

ments que son contact eût rendus impurs. C'était là une réminiscence des mœurs judaïques.

II. Le sacrement de la Confirmation, que l'Église appelle la perfection du baptême, et que Calvin regardait comme une Superstition inventée par le diable, ne prêtait pas absolument autant que le baptême aux croyances superstitieuses.

Le chrême, qui est la matière même de la confirmation, se composait d'ingrédients différents chez les Grecs et chez les Latins : l'huile et le baume en faisaient la base, mais on y ajoutait plus ou moins d'aromates et d'herbes odoriférantes : le prêtre consacrait ce mélange, en soufflant dessus, en prononçant les paroles de bénédiction et en se prosternant devant son ouvrage. Aussi, les hérétiques disaient-ils que ce chrême n'était autre qu'un charme et une profanation. Les sorciers s'en servaient pour leurs maléfices.

La Superstition accordait un pouvoir surnaturel à ces saintes huiles, où l'on croyait que la personne du Saint-Esprit était renfermée, comme celle de Jésus-Christ dans l'eucharistie. Tantôt on frottait de chrême un criminel et on lui en faisait boire quelques gouttes, pour le forcer à l'aveu de son crime ; tantôt on oignait de chrême les lèvres d'une femme, pour lui inspirer de l'amour. Quelquefois, dans les conjurations magiques, ce chrême était employé à d'affreuses profanations. On punissait donc très-sévèrement les prêtres qui vendaient ou distribuaient hors du sanctuaire la moindre parcelle des saintes huiles : le concile de Tours, en 812, avait décrété qu'on leur couperait le poignet.

Les autres Superstitions, relatives à la confirmation, étaient moins sérieuses : peu importait, en effet, que le néophyte reçut ou non un présent de ses
parrain et marraine; qu'il fût confirmé à jeun ou
après avoir mangé; qu'il portât, trois jours durant,
le bandeau qui convrait son front marqué du sceau
de la confirmation; qu'il ne se lavât le visage, que
le sixième ou le huitième jour, etc.; mais c'était un
sacrilége, que de réitérer la confirmation; c'était une
Superstition, de ne pas se soumettre à la cérémonie
du soufflet, qui ne date guère que du xive siècle;
de préférer un jour plutôt qu'un autre pour l'administration de ce sacrement, et de se pourvoir de deux
parrains et de deux marraines à l'occasion pour ce
nouveau baptême, dans lequel on pouvait changer
de nom ou prendre du moins un second patron.

Le petit nombre des Superstitions qui concernent
ce sacrement, prouvent que le peuple ne lui reconnaissait qu'une médiocre importance, sur la terre
et dans le ciel.

III. Le sacrement de l'Eucharistie, au contraire, a
été plus que tous les autres, l'objet et la cause d'une
foule de Superstitions que l'Église a toujours pour-
suivies et condamnées avec rigueur; car l'encha-
ristie est le dogme fondamental du christianisme.
Pendant les premiers âges de la religion du Christ,
ce dogme était sans cesse en butte aux attaques des
schismatiques et des hérétiques, qui s'efforçaient
d'y introduire quelque Superstition nouvelle.

Nous n'essayerons pas d'énumérer et de décrire
les plus bizarres, les plus criminelles de ces Superstitions primitives, à l'égard de la matière du pain

eucharistique. On a peine à croire aujourd'hui que, pour composer ce pain des anges, les artotyrites aient pétri de la farine avec du fromage ; les catharistes, de la farine avec de la semence humaine ; les montanistes ou cataphrygiens, de la farine avec le sang d'un enfant, etc. On obviait à ces folies infâmes ou ridicules, en conférant la communion sous les deux espèces.

Les conciles décidèrent plus tard que le corps de Jésus-Christ se trouvait aussi bien dans le pain levé que dans le pain sans levain, dans une petite hostie que dans une grande, dans une hostie sèche que dans une hostie détrempée de vin consacré, enfin dans un fragment d'hostie que dans l'hostie tout entière.

En dépit de ces décisions, la crédulité populaire se préoccupa toujours de la composition, de la forme et de la grandeur des hosties. On peut attribuer à la piété du clergé l'invention de certains miracles qui avaient pour but de rectifier à ce sujet les croyances erronées du peuple. On raconte qu'au quatorzième siècle, un chevalier allemand, nommé Oswald Mulser, pour se distinguer des vilains, ne voulut communier qu'avec une hostie de la plus grande dimension ; mais à peine l'eut-il dans sa bouche, qui devait être fort grande aussi, qu'il sentit le sol s'affaisser sous lui et qu'il tomba dans un trou, comme s'il allait être enseveli vivant : forcé lui fut de lâcher l'hostie, que l'on ramassa teinte de sang, et que l'on montrait encore, il y a cent ans, dans la sacristie de Seveld en Tyrol.

Les dévots ne renoncèrent pas sans peine aux grandes hosties, et ils imaginèrent de les remplacer par plusieurs qu'ils avalaient coup sur coup, dans l'espoir de gagner plus de grâces à la fois : ce raffinement de dévotion superstitieuse était fort goûté dans les couvents de femmes, qui trouvaient des confesseurs pleins de complaisance pour ces pieuses fantaisies.

Les pratiques du culte se sont, d'ailleurs, souvent modifiées selon les lieux et les temps, en sorte que l'Église a fini par repousser et par combattre comme superstitieux et répréhensible ce qu'elle avait admis d'abord comme orthodoxe.

Au septième siècle, on communiait indifféremment avec du lait ou de l'eau même au lieu de vin, avec des grains de raisin au lieu de pain; on enterrait les morts avec une hostie sur la poitrine; on prenait des hosties non consacrées, en guise de remèdes, pour arrêter les vomissements, les hémorrhagies, les convulsions, les coliques et le reste. Ces hosties non consacrées furent employées jusqu'au seizième siècle, pour guérir les fièvres et la jaunisse, pour faire des philtres et des talismans.

Le vin, qui avait servi au sacrifice de la messe, était aussi détourné de son usage saint et appliqué à des superstitions profanes : on le buvait comme une panacée universelle; on le mélangeait avec de l'encre pour écrire et signer des actes politiques et des contrats d'intérêt privé. On croyait par là les rendre indélébiles. C'est ainsi que fut signée la paix conclue, vers 854, entre Charles le Chauve et

Bernard, comte de Toulouse. (*Pace cum sanguine eucharistico firmatâ et obsignatâ,* dit Aribert, historien contemporain.) C'est ainsi que le pape Théodore Ier avait signé l'excommunication de Pyrrhus, chef des Monothélites, dans un concile assemblé à Rome en 648.

Les anciens conciles se sont élevés avec force contre la communion que l'on administrait aux morts; car les morts ne pouvaient ni prendre ni avaler l'hostie. Les lois ont frappé avec une terrible rigueur les sorciers ou les mécréants qui faisaient communier des bêtes. Celles-ci ne se prêtaient pas volontiers à cette impiété; car saint Antoine de Padoue, pour convaincre un hérétique, présenta une hostie à un mulet qui jeûnait depuis trois jours, et le mulet, loin de la saisir, se mit à genoux, baissa la tête et adora le sacrement. Nous avons vu que le crapaud était moins révérencieux, lorsqu'un abominable sorcier le forçait à communier dans une messe magique; c'est que le diable passait alors dans le corps du crapaud.

Jovien Pontano, dans le cinquième livre des Histoires de son temps, raconte une communion plus impie encore par la solennité qu'on lui donna. Les habitants de Suessa, assiégés par le roi de Naples, et manquant d'eau, allaient être forcés de se rendre, Ils amenèrent un âne aux portes de leur église, lui chantèrent un *Requiem,* lui fourrèrent dans la gueule une hostie consacrée, lui donnèrent la bénédiction et l'enterrèrent tout vif devant le porche. A peine cette horrible cérémonie était-elle achevée, que le

ciel s'ouvrit en cataractes et remplit d'eau les puits
et les citernes, ce qui fit que le roi de Naples leva
le siège de la ville. La légende cite pourtant quelques exemples édifiants d'animaux qui ont entendu
la messe et qui se sont agenouillés au moment de l'É-
lévation, sans profaner le sacrement de l'Eucharistie.

Les chrétiens eux-mêmes n'étaient pas aptes à re
cevoir la communion en tous temps : on la refusait
aux femmes qui avaient leurs menstrues, aux enfants qui n'étaient pas baptisés, aux fous et aux
démoniaques.

La posture du communiant ne semblait pas indifférente aux décrétalistes, qui défendaient de communier assis, couché ou debout ; mais ils n'exigeaient pas, comme on l'a cru, que le communiant fermât les yeux, ou tînt ses mains ser-
rées sur sa poitrine, ou dormît quelques heures
avant de s'approcher de la sainte-table, ou avalât
auparavant un morceau de pain bénit ; ils n'empêchaient pas de manger, de boire, de tousser, de cracher, de marcher pieds nus, de travailler, après la
communion, pendant toute la journée.

Quant à se communier soi-même, lorsqu'on n'a-
vait pas qualité pour dire la messe, il fallait, pour
cela, être autorisé par un évêque ou par un pape.
Marie-Stuart, dans sa prison, où on lui refusait l'assistance d'un prêtre, avait des boîtes pleines d'hosties consacrées, que ses partisans lui faisaient passer
en cachette ; mais elle ne communiait qu'une fois
par jour, et avec une seule hostie à chaque communion.

Il n'y avait guères que.les sorciers qui possédas-
sent des hosties et qui en fissent abus hors des églises. Le père Nyder, dans son traité intitulé *Formi-
carii*, raconte qu'un prêtre infâme avait perverti
trois femmes qu'il faisait mettre nues pour leur donner à chacune la communion cinquante fois par
jour. On sait combien d'horribles profanations se commettaient autrefois avec des hosties consacrées, que
les communiants sacrilèges retiraient de leur bouche en cachette pour les faire servir à de coupables desseins.

Tout le Moyen Age a retenti des miracles, par lesquels Jésus-Christ aurait protesté contre ces outrages faits en quelque sorte à sa chair et à son sang.
Le plus célèbre de ces miracles est celui des Billettes.
Un juif, qui habitait la rue des Jardins, à Paris, en
1290, crucifia et martyrisa une hostie, que lui avait
apportée une femme catholique qui sortait de la
sainte-table : l'hostie, toute sanglante, s'envola et se
soutint en l'air, aux yeux de son bourreau, qui fut
mis en pièces par le peuple indigné. On citerait
beaucoup d'autres faits analogues qui ne sont pas
plus authentiques.

Suivant le témoignage de Césaire d'Heisterbach,
un prêtre impudique, qui avait voulu garder une
hostie dans sa bouche pour débaucher une femme
qu'il aimait, sentit tout à coup cette hostie se dila-
ter et grossir de telle façon qu'il fut forcé de la rejeter, avant de quitter l'église : il l'enterra dans un
coin, sous un tas de poussière ; mais le remords lui
ayant fait déclarer son crime, on retrouva, en place

de l'hostie, une petite figure de chair attachée à une croix et toute couverte de sang.

Ces profanations d'hosties n'avaient pas toujours une issue miraculeuse. Thomas Bossius rapporte qu'en 1273, une femme de la Marche d'Ancône, dans l'espoir de se faire aimer de son mari qui ne l'aimait pas, emporta chez elle l'hostie qu'elle avait reçue à l'autel; un paysan, qui s'affligeait de la stérilité de ses abeilles, fit semblant de communier et alla cacher l'hostie dans une de ses ruches; un autre, pour tuer des chenilles qui dévoraient ses légumes, divisa l'hostie en petits morceaux et les sema dans son jardin.

C'étaient là des Superstitions que le diable inspirait et dont il avait sans doute le bénéfice.

L'eucharistie servait de prétexte à des Superstitions moins coupables, auxquelles le clergé, dans les localités peu éclairées, s'associait souvent par ignorance ou par faiblesse. Ici, pendant les ouragans, on ouvrait le tabernacle et l'on promenait le le saint-sacrement autour de l'église; là, on apportait le saint-sacrement, pour arrêter un incendie, une inondation ou quelque autre fléau naturel; souvent on jetait des hosties dans l'eau ou dans les flammes, afin de s'en rendre maître; ailleurs, on prêtait serment sur le saint-ciboire. C'étaient là des pratiques de vaine observance, qui ne diminuaient pas le respect dû au sacrement.

Il n'en était pas de même des processions accompagnées de spectacles profanes, badins ou ridicules, qui contrastaient singulièrement avec la sainteté de l'eucharistie qu'on exposait ainsi, au milieu des mascarades et des bouffonneries. Telle était cette fameuse procession de la Fête-Dieu à Aix, que le bon roi René avait pris soin de régler et d'organiser, en y faisant figurer le *Prince des Amoureux*, le *Roi des Plaideurs*, l'*Abbé des Cabaretiers*, l'*Abbé des Fripiers*, et quantité d'autres personnages allégoriques aussi peu orthodoxes. La Fête-Dieu et l'exposition du saint-sacrement, au Moyen Age, avaient presque partout un entourage parasite de cérémonies, qui rappelaient souvent la pompe des fêtes du paganisme, mais qui ne causaient aucun scandale dans le peuple accoutumé à y prendre part avec une sorte de pieux enthousiasme.

Ces spectacles, ces déguisements, ces danses, que l'on tolérait jusque dans les églises et qui s'y mêlaient, en quelque sorte, au culte, devenaient impies et sacriléges, dès qu'ils semblaient se mettre en antagonisme avec les pratiques de la religion. Ainsi, la Chronique de Nuremberg (*Liber Chronicarum mundi*, par Hartmann Schedel), raconte que, vers l'année 1025, dans un village de l'évêché de Magdebourg, dix-huit hommes et quinze femmes s'étant mis à danser et à chanter dans le cimetière, tandis qu'on célébrait la messe de minuit, à la fête de Noël, le prêtre, qui disait cette messe, les excommunia; en sorte que les pauvres excommuniés continuèrent à chanter et à danser, sans paix ni trêve, durant une année entière; et, pendant le temps de cette étrange pénitence, ils ne reçurent ni pluie, ni rosée; ils n'eurent ni faim, ni fatigue: ils n'usèrent ni

leurs vêtements ni leurs chaussures. Quand l'évêque
de Magdebourg les délivra de l'excommunication,
quelques-uns moururent, d'autres dormirent trente
nuits de suite sans s'éveiller, et plusieurs conser-
vèrent un tremblement nerveux dans tous les membres.

Le sacrifice de la messe, qui avait été réglementé
et fixé dans ses moindres détails par tant de conciles,
fut de tout temps comme une arène ouverte aux
superstitions les plus étranges et les plus criminelles. Ainsi, les sorciers faisaient dire une prétendue
messe du Saint-Esprit sur une peau de bouc arrosée
d'eau bénite, sur un gâteau de pâte cuite ou crue, sur
des mouches cantarides, sur des os de morts, sur une
hostie piquée d'épingles, etc. Il y avait aussi une
messe du sabbat où le diable régnait sans partage.

L'Église avait plus d'indulgence pour certaines
messes superstitieuses qui ont été successivement
retranchées des missels, après avoir eu place dans
la liturgie catholique. Telles furent les messes de
saint Amateur et de saint Vincent, des Quinze Auxi-
liateurs, du Père-Éternel, du Trentain de saint Grégoire; des Cinq Plaies, des Clous, de la Lance, et de
l'image de Notre Seigneur; de la Dent, du Prépuce,
du Nombril et de la Robe sans couture de Jésus-
Christ; du Saint-Suaire et de sainte Véronique; de
la Sainte Larme, des Onze mille Vierges, du Rosaire,
etc. Chacune de ces messes, auxquelles Luther et
Calvin firent une rude guerre, avait son origine
dans quelque Superstition de la légende, et tenait
plus ou moins à l'observance du culte superflu. Nous

examinerons à part avec détail la messe de l'Ane ét celles de la fête des Diacres, des Rois, des Fous et des Innocents, en recueillant les curieux vestiges de ces mœurs et de ces usages du paganisme.

L'Église, qui tolérait le retour périodique de pareilles saturnales, condamnait absolument, sous peine d'excommunication, les *messes sèches*, c'est-à-dire sans consécration et sans communion, et les *messes à plusieurs faces* ou *têtes*, c'est-à-dire celles où l'on recommençait deux, trois et même quatre fois le sacrifice jusqu'à l'offertoire, de manière qu'une seule consécration pût servir à plusieurs messes, et procurât ainsi à l'officiant économie de temps et augmentation de salaire ; cela s'appelait naïvement : *enter des messes*. Quant à la messe sèche, on la nommait aussi *messe navale (nautica)* et *messe de chasse (venatica)*, parce qu'on l'avait faite exprès pour les marins et les chasseurs. La suppression de quelque partie de la liturgie dans l'office de la messe, ou l'introduction de quelque prose, de quelque litanie, de quelque leçon, non approuvée par les canons de l'Église, constituait un cas de Superstition ou de culte superflu.

Les fidèles qui entendaient la messe ou qui achetaient des messes pour leur compte, péchaient souvent par Superstition : les uns menaient leurs chiens et leurs chevaux malades à l'Église, et plus spécialement aux chapelles de Saint-Pierre, de Saint-Hubert et de Saint-Denis, pour leur faire appliquer sur le corps les clefs de ces chapelles ou leur faire dire des évangiles sur la tête ; les autres faisaient dire des

évangiles pour eux-mêmes, tantôt en tenant un cierge
éteint, tantôt en levant le pied droit en l'air, tantôt
en se cachant le menton dans la main droite, tantôt
à certaines heures du soir ou du matin, et cela, pour
se délivrer de la gale ou de la dyssenterie, pour guérir un enfant ou une personne absente, etc.

Dans certaines localités, on mettait sur l'autel, durant la messe, des clous de cheval qui devaient empêcher les chevaux encloués de rester boîteux ; dans
d'autres Églises, le jour de Pâques, on bénissait un
agneau devant l'autel, à l'offertoire ; dans les campagnes, on offrait encore à la messe, il y a peu d'années, du lait, du miel, du cidre, des confitures, des
volailles, du gibier, des fruits ou des légumes. C'é-
tait une réminiscence de l'oblation judaïque ; les
confréries présentaient le pain bénit, environné de
banderolles et d'emblèmes, au son des violons, des
flûtes et des intruments de musique ; les chevaliers
de l'arquebuse faisaient des décharges de mousque-
terie dans l'Église ; ce qui, pour être superstitieux,
n'en était pas moins généralement usité avec l'a-
grément du curé et des marguilliers.

Les Superstitions relatives à certains endroits de
la messe ont été formulées par les casuistes. Voici
quelques-unes de celles qui concernent le *Sanctus*
1º ramasser à terre, pendant le *Sanctus* de la messe,
des rameaux de buis bénit, et les faire infuser dans
de l'eau pour guérir la colique ou le mal d'estomac ;
2º tenir la bouche ouverte, pendant le *Sanctus* de la
messe des morts, pour être préservé de la morsure
des chiens enragés ; 3º porter sur soi le *Sanctus*

écrit sur du parchemin vierge, pour être heureux à la pêche ; 4° mettre deux fétus en croix pendant le *Sanctus*, pour retrouver les choses perdues. Voilà maintenant quelques autres Superstitions non moins singulières qui regardent l'Élévation : dire le *Pater* à rebours pendant l'Élévation, contre le mal de dents ; 2° répéter trois *Ave* entre l'Élévation du Corps et celle du Sang de Jésus-Christ, contre les mauvais rêves et les visions nocturnes ; 3° enterrer trois épingles ou aiguilles pendant l'Élévation, contre le mal de gorge ou le flux de sang ; 4° aussitôt après l'Élévation, se pendre au cou un os de mort, contre la fièvre ; 5° rester assis pendant l'Élévation, pour gagner aux jeux de hasard, etc.

La messe de minuit, la messe des morts, et d'autres messes autorisées par le rituel, avaient chacune leurs superstitions spéciales.

Celles de la messe de minuit sont encore la plupart en vogue chez les gens de campagne. On faisait boire les chevaux et les bestiaux, en revenant de cette messe, pour les guérir ou les préserver de maladies ; on portait sur soi un morceau de pain bénit de la messe de minuit, pour n'être jamais mordu par un chien enragé ; le berger qui se présentait le premier à l'offrande, pendant ladite messe, devait cette année-là avoir les plus beaux agneaux du canton, etc. •

Les messes des morts étaient surtout une source inépuisable de pratiques superstitieuses, non-seulement de la part des fidèles, mais encore de celle des prêtres et des curés. Quelques-uns de ces derniers,

par dévotion ou par tout autre motif, ne disaient
jamais que la messe des morts, comme si un cer-
cneil eût été là derrière eux; quelques bons chrétiens, par anticipation, faisaient dire, à leur profit et
en leur présence, des messes des morts, comme s'ils
fussent déjà dans la bière.

Le nombre des messes qu'on disait autrefois pour
les vrais morts, prêtaient aussi à la superstition,
mais l'Église y trouvait trop d'avantages pour se
montrer bien sévère à cet égard. Sainte Gertrude
n'avait-elle pas conseillé de dire cent cinquante
messes pour les morts et de communier cent cinquante fois à l'intention d'un seul défunt! Peu importait donc que, d'après certaines traditions superstitieuses émanées du paganisme, on fît dire sept
messes des morts; qu'on fît, à ces messes, allumer
sept cierges; qu'on distribuât sept aumônes après
chaque messe; qu'on récitât sept *Pater* et sept
Ave, etc. Mais si, pour faire mourir quelqu'un, on
disait ou faisait dire une messe des morts devant
une image de cire, on encourait la peine de la hart
ou du bûcher; ce qui n'empêcha pas les ligueurs,
en 1589, de placer sur l'autel, dans plusieurs paroisses de Paris, de pareilles images de cire à l'effigie
du roi Henri III, et de piquer ces images avec des
aiguilles, pendant la messe des morts, pour obtenir,
du ciel ou de l'enfer, que ce roi mourût.

Les messes pour les morts ne devaient pas avoir
d'autre objet que de tirer une âme du purgatoire ou
d'abréger l'expiation de ses péchés. C'était donc Superstition que de faire dire ces messes pour les

damnés, excommuniés, hérétiques, relaps et in-baptisés : on trouvait bien difficilement un prêtre qui consentît à dire des messes, les lui payât-on double, pour un homme tué en duel ou mort en fla-grant délit.

Cependant les écrivains ecclésiastiques rapportent une foule d'exemples de damnés qui sont sortis de l'enfer par l'intercession des saints et par les mé-rites de Jésus-Christ. La plus célèbre de ces légendes est celle de l'empereur Trajan, ce grand philosophe païen, que saint Grégoire le Grand eut l'adresse de délivrer du gouffre éternel, en le faisant baptiser après sa mort. Voilà pourquoi l'Église, dans ses of-fices des morts, prie pour les morts en général, et laisse à Dieu le soin d'appliquer ces prières à qui de droit.

Il y avait pourtant des chapelles et des autels pri-vilégiés, où, en souvenir de certain miracle et en vertu de certains brefs, une messe des morts, dite à tel jour et à telle heure, faisait inévitablement sor-tir une âme du purgatoire au moment de l'Éléva-tion. C'est un privilège que conserve encore la cha-pelle souterraine de Sainte-Croix de Jérusalem à Rome. On rapporte, à ce sujet, que le diable se pré-senta en personne plusieurs fois pour acheter des messes au nom de quelque grand scélérat ou de quelque athée abominable mort en état d'excom-munication, et ce, dans la maligne intention de con-trarier le privilège de l'autel et de troubler la cons-cience du prêtre officiant.

On pouvait, d'ailleurs, obtenir des messes pour

quiconque avait été inhumé en terre sainte, avec les cérémonies de l'Église ; car l'Église était censée avoir admis dans son giron tous les morts qu'elle avait honorés de ses prières. Ce fut donc pour éviter le scandale d'une pareille erreur, que le corps d'une méchante sorcière, qu'on avait osé présenter devant l'autel, fut tiré du cercueil et emporté par le diable, sur un cheval fantastique, qui disparut dans les airs. Ceci se passa en Angleterre, vers l'année 1034, selon la Chronique de Nuremberg, qui assure que l'on entendait encore crier la sorcière, à quatre lieues de distance.

Le prêtre était souvent lui-même atteint et convaincu de Superstition, s'il disait plus d'une messe par jour, s'il se faisait payer la même messe par deux ou trois personnes différentes, s'il se servait d'un pain levé et d'un calice de bois, s'il s'endormait pendant le sacrifice, s'il revêtait deux étoles au lieu d'une, s'il portait des ornements faits avec des étoffes employées naguère à des usages profanes, s'il négligeait à dessein de consacrer l'hostie, s'il touchait l'hostie avec des mains impures, s'il avait avalé un verre de vin ou une noix confite avant de monter à l'autel, s'il y montait, l'épée au côté, botté et éperonné ou bien les pieds nus, etc.

Mais il ne devenait pas complice des Superstitions qu'il secondait sans le savoir ; car on lui faisait dire souvent des messes, pour connaître si une personne absente vivait ou était morte, pour obtenir la réussite d'une entreprise ou même d'une action criminelle, pour retrouver un objet perdu ou volé, pour découvrir un voleur, pour avoir les plus beaux troupeaux et les plus belles récoltes, etc.

Enfin, tant de Superstitions incroyables se mêlaient au sacrifice de la messe et au sacrement de l'eucharistie, que certains hérétiques n'avaient pas hésité à en attribuer l'invention au diable. Celui-ci, comme nous l'avons raconté plus haut, se donnait le plaisir de faire dire des messes, mais on n'assure pas qu'il osât y assister : il en demandait aussi aux vivants, tantôt sous la forme d'un homme noir, tantôt sous l'apparence d'un spectre, tantôt en poussant des plaintes et des gémissements comme une âme en peine, tantôt en proférant d'horribles menaces. On n'a jamais su quel intérêt il pouvait avoir dans ces messes extorquées à la crédulité ou à la peur.

IV. Le sacrement de Pénitence, outre quelques Superstitions imperceptibles que l'œil du casuiste exercé savait seul apprécier, en avait fait naître de plus grossières, qui étaient aussi plus répandues dans le peuple.

On croyait à ces miracles, en vertu desquels un mort se confessait d'un péché mortel qui l'empêchait d'entrer en paradis. Selon Bonfinius, trois ans après la bataille de Nicopolis, où l'armée de l'empereur Sigismond fut défaite par les Turcs, on trouva, sur le champ de bataille, une tête coupée qui ouvrait les yeux et qui demandait un confesseur; selon Thomas de Cantipré, un voleur normand, qui avait jeûné tous les mercredis et samedis en l'honneur de la Vierge, fut tué et décapité par ses ennemis sur le sommet d'une montagne, en sorte que sa

tête, en roulant dans la vallée, appelait à grands
cris un confesseur; selon Césaire d'Heisterbach, un
moine de l'ordre de Cîteaux, étant mort en l'ab-
sence de son abbé qui le confessait d'ordinaire, revint exprès, la nuit suivante, chercher sa confession, sans laquelle il serait allé droit en enfer; selon
plusieurs chroniqueurs français du quatorzième
siècle, un chanoine de Notre-Dame de Paris, qu'on
avait inhumé dans le chœur de la cathédrale, fut,
pendant plusieurs nuits consécutives, rejeté hors
de sa sépulture, jusqu'à ce qu'il eut trouvé un confesseur qui le débarrassa d'un péché mortel, avec
lequel il ne pouvait reposer en terre bénite.

Quelquefois c'était le confesseur mort qui venait
en aide à son pénitent vivant : témoin saint Basile,
qui, pendant qu'on le portait en terre, effaça la confession d'une grande pécheresse, écrite dans un papier cacheté et déposée sur son corps; témoin saint
Jean l'Aumônier, qui, ayant reçu une confession, en
donna l'absolution par écrit après sa mort, et se leva
de son tombeau pour remettre un bulletin où cette
absolution était signée de sa main.

L'exemple des plus grands saints n'était pas toujours bon à suivre : si sainte Liduine de Hollande
avait pu confesser les péchés d'un fameux scélérat
et recevoir l'absolution pour le compte de celui-ci,
la mère de saint Pierre le Vénérable fut admonestée
et punie pour avoir confessé, avec ses propres péchés, ceux de son mari défunt; quoique des saints se
fussent confessés à des images et à des reliques, l'É-
glise permettait, en cas de nécessité absolue, la confes-

sion faite à des laïques, mais non à des femmes. C'est ainsi que le sire de Joinville confessa le connétable de Chypre, qui s'attendait à être mis à mort par les Sarrasins. « Je lui donnai, dit-il, telle absolution comme Dieu m'en donnait le pouvoir. »

On ne pouvait jamais abuser du sacrement de la Pénitence. Pierre le Chantre cite un abbé de Longpont qui recommençait chaque jour sa confession générale; le bienheureux André d'Avellino se confessait quatre et cinq fois par jour. Ces confessions incohérentes étaient fort en usage dans les couvents, principalement chez les religieuses, et quelquefois l'abbesse usurpait le droit d'absoudre les péchés.

C'était dans les indulgences que la Superstition jouait le rôle le plus important ; indulgences fausses et supposées, indulgences indiscrètes et ridicules, indulgences vaines et superflues. Cependant, toutes les indulgences étant payées, et souvent fort cher, l'Église avait intérêt à fermer les yeux sur leur abus; le pape et les évêques ne les approuvaient pas toujours; mais, en revanche, ils ne les condamnaient pas souvent.

Ces indulgences étaient attachées à des prières, à des messes, à des neuvaines, à des jeûnes, à des processions, à des pèlerinages, à des offrandes. Elles avaient parfois l'origine la plus burlesque. Telles furent les indulgences de l'Araignée. Un cordelier de la ville du Mans célébrait la sainte messe : une énorme araignée tomba dans le calice; le cordelier avala d'un seul trait l'araignée et le vin consacré. Il n'en mourut pas, et bientôt l'araignée sortit toute

vive de la cuisse du religieux. Le pape Urbain IV
autorisa dès lors la confrérie et les indulgences de
l'Araignée.

Un pape moins superstitieux, Innocent XI, supprima en 1678 une petite partie des indulgences
fausses et apocryphes qui avaient cours dans la
chrétienté. Parmi ces indulgences, on remarque
celles accordées par Jean XXII à ceux qui baisent la
mesure de la plante du pied de la Vierge; celles at-
tribuées à la mesure de la taille de Jésus-Christ;
celles de la confrérie de saint Nicolas, au moyen
desquelles on délivrait tous les jours une âme du
purgatoire, en disant cinq *pater* et cinq *ave*; celles
dites de quatre-vingt-dix mille ans, copiées sur un
vieux tableau qui était dans l'église de Saint-Jean-
de-Latran, etc. Mais il y avait bien d'autres indulgences bizarres ou impertinentes, dont ne parlait pas
le décret d'Innocent XI, telles que celles des Saluta-
tions à tous les membres de Jésus-Christ, celles de
l'Adoration des membres de la sainte Vierge, celles
des Révélations de sainte Brigide, celles de l'Orai-
son de saint Léon, celles du Cordon de saint François, etc.

Ces indulgences ne se bornaient pas à racheter
des années ou des siècles de purgatoire; elles pré-
servaient des tempêtes, des naufrages, des morsures
de serpents ou de chiens enragés, de mort subite,
de la peste. Ces indulgences étaient annexées à certains chapelets, à certaines croix, à certaines médailles, à certains habits, qu'il fallait porter, véritables Superstitions empruntées au paganisme et

conservant encore un caractère manifeste d'idolâtrie.

Les dévots, effrayés de la dureté des peines du purgatoire, ne se montraient pas moins fort empressés de les abréger par des indulgences qui promettaient beaucoup à peu de frais. L'Église décida donc que les curés et les abbés accorderaient seulement l'absolution des péchés confessés; que les archevêques et les évêques donneraient des indulgences seulement pour quarante jours; les cardinaux, seulement pour cent jours, et que les papes ne pourraient, en aucun cas, étendre leurs indulgences au delà de deux mille ans.

C'était bien peu de chose auprès des indulgences que nous fait connaître le livre des stations de Rome, imprimé en 1475 : quand on montrait les clefs de saint Pierre et de saint Paul dans la basilique de Saint-Jean-de-Latran, les Romains gagnaient trois mille ans d'indulgences; les Italiens, six mille; les étrangers, douze mille ; quand on exposait la Véronique dans la basilique de Saint-Pierre, Romains, Italiens et étrangers gagnaient des indulgences semblables aux précédentes; il y avait vingt-huit mille ans d'indulgences, pour celui qui montait dévotement les degrés de Saint-Pierre; sept mille ans, pour celui qui visitait, à Saint-Laurent, la pierre sur laquelle ce saint a été grillé, etc. En somme, la seule fête de saint Mathieu, à Rome, pouvait rapporter à un chrétien actif cent cinquante-neuf mille deux cent quatre-vingt-douze ans et vingt-huit jours d'indulgences, tout au juste. La papauté au Moyen

Age, et longtemps après la Renaissance, n'a pas eu de meilleurs revenus que ceux des reliques et des indulgences.

V. Le sacrement de l'Extrême-Onction offrait moins de prises à la Superstition, à cause des conditions mêmes dans lesquelles on l'administrait. Mais, comme on se servait de l'huile bénite pour conférer ce sacrement, on appliqua cette huile à des usages superstitieux et profanes. Les sorciers ne manquèrent pas de la faire entrer dans leurs conjurations et dans leurs philtres. Quant aux patients qui recevaient ce sacrement, précurseur ordinaire de la mort, leur frayeur s'augmentait encore de quelques vaines Croyances : ils s'imaginaient que les onctions faites aux yeux, aux oreilles, aux mains et aux pieds, auraient pour résultat, dans le cas où ils guériraient, de les rendre sourds, aveugles ou paralytiques; que ces onctions seraient inutiles devant Dien, si on ne leur avait préalablement lavé le visage; que, durant cette cérémonie funèbre, on devait allumer treize cierges, ni plus ni moins, autour de leur lit; qu'après avoir reçu ce sacrement, ils ne pourraient accomplir le devoir conjugal, manger de la chair, marcher pieds nus, etc.

On a lieu de s'étonner que ce sacrement, qui s'entoure d'un appareil si lugubre et si solennel, n'ait pas inspiré plus de Croyances superstitieuses; en voici quelques-unes que l'Église s'efforçait en vain de détruire.

On croyait, presque partout, que l'extrême-onction entraînait la mort inévitablement et empêchait d'ailleurs toute guérison ; on croyait que quiconque l'avait reçue voyait diminuer sa chaleur naturelle, perdait ses cheveux, était plus accessible au péché qu'auparavant, et ne devait pas danser pendant un an, sous peine de mourir ; on croyait encore que les abeilles périssaient à une lieue autour de la maison où se donnait l'extrême-onction.

La terreur qu'inspirait le moment suprême ne permettait pas, sans doute, à la Superstition, d'en pervertir les tristes cérémonies. Mais, dès que le via-tique sortait de l'église, précédé d'un porte-croix et annoncé par le son d'une clochette ou d'une crécelle, on évitait de se trouver sur son passage, on se ren-fermait dans l'intérieur des maisons, pour n'être pas désigné à une mort prochaine, et même pour ne pas mourir à la place du moribond qui allait re-cevoir les derniers sacrements. Si l'on ne pouvait échapper à la rencontre fatale du viatique, on se découvrait, on s'agenouillait avec respect, et l'on s'empressait ensuite d'entrer dans une église, comme pour y implorer le droit d'asile contre la mort.

C'était donc un fait inouï que l'impiété d'une troupe de joyeux compagnons, qui, dansant sur un pont de bois à Utrecht, en 1277, laissèrent passer le Saint-Sacrement sans interrompre leurs danses ; mais le pont se brisa tout à coup, et deux cents per-sonnes furent noyées dans le fleuve, pour avoir ou-blié, dit la Chronique de Nuremberg, de rendre à Dieu l'hommage qui lui est dû.

VI. Les Superstitions qui regardent le sacrement de l'Ordre s'étaient cachées, en quelque sorte, dans

le clergé et n'arrivaient pas jusqu'au peuple. Le
saint chrême, qui servait à l'ordination, était seulement détourné parfois de son usage, comme toutes
les huiles saintes, et employé en magie, en amour
ou en médecine.

On racontait différentes légendes qui défrayaient
la chronique scandaleuse des mauvais chrétiens et
des hérétiques, entre autres la plaisante légende de
la papesse Jeanne, celles de certaines prostituées
qui s'étaient fait sacrer évêques et qui avaient osé
conférer les sacrements. On se scandalisait moins
de voir quelquefois des enfants au maillot or-
donnés prêtres aussitôt que baptisés, et même sacrés
cardinaux ou évêques sous la garantie d'un bref du
pape. Quant aux laïques qui se faisaient passer pour
prêtres et qui en remplissaient les fonctions sans
avoir reçu l'ordination, ils étaient livrés impitoyablement au bras séculier et punis comme idolâtres
et sacrilèges.

VII. Le sacrement du Mariage avait gardé naturellement toutes les Superstitions païennes qui appartenaient aux cérémonies nuptiales de l'antiquité,
et, de plus, il en avait fait naître d'autres qui tenaient plus particulièrement à l'esprit du christianisme.

Les unes précédaient le mariage : l'amour, la curiosité et l'avarice, suivant un casuiste, en étaient
les instigateurs. On avait inventé mille charmes,
mille pratiques, mille artifices superstitieux, pour se
faire aimer : philtres de toute espèce, sortilèges et
invocations magiques, prières, messes, jeûnes, le

tout mélangé de folies et de sottises qui se modifiaient à l'infini selon le pays et les individus.

Voulait-on connaître si un mariage serait prospère en fortune, en amour, en enfants? On avait recours à tous les genres de divination, que l'homme, avide de savoir l'avenir, s'est plu à multiplier et à expérimenter. Les présages étaient observés et interrogés avec soin. Une fille n'avait qu'à remuer avec la main l'eau d'un seau tiré du puits, ou y jeter des œufs cassés sur la tête de quelqu'un, pour voir dans cette eau l'image de l'homme qu'elle épouserait.

Une union ne pouvait être heureuse, si les époux, en allant à l'église, rencontraient sur leur chemin une femme grosse ou échevelée, un moine, un prêtre, un lièvre, un chien, un chat, un borgne, un boiteux, un aveugle, un lézard, un serpent, etc.; si on les retenait par leur robe ou par leur manteau; s'ils entendaient le cri d'un oiseau ou d'un animal de mauvais augure.

En revanche, le mariage était voué au bonheur, s'ils rencontraient une courtisane, un loup, une araignée, un crapaud, etc.; s'ils sortaient de leur logis au bruit du tonnerre, si l'oreille droite leur tintait, s'ils saignaient de la narine droite, etc. On ne finirait pas d'énumérer tous les présages auxquels on donnait un sens heureux ou malheureux dans les préludes du mariage.

Les maléfices et les philtres imaginés pour inspirer de l'amour étaient plus innombrables et plus bizarres encore : on employait, dans leur composition, les substances qui semblaient propres à faire

des talismans ou des breuvages amoureux. On ne se
contentait pas de mettre un anneau de jonc ou de
paille au doigt d'une fille, ni de lui faire forger un
anneau avec un vieux fer de cheval, ni de jeter de
la poudre de pouillot sauvage dans sa boisson, ni de
porter un ruban qu'elle avait porté, ou des rognures
de ses ongles, ou bien une boucle de ses cheveux.
On pulvérisait des os de morts, des reliques, des
perles magiques, des minéraux précieux, des hosties
consacrées, des cierges et des rameaux bénits, et l'on
attribuait à ces poudres la puissance d'allumer un
amour irrésistible dans le cœur le plus froid et le
moins tendre. On ne doutait pas du succès de l'opé-
ration, si l'on avait fait boire de l'eau bénite, du
saint-chrème ou des saintes huiles à la femme qu'on
voulait contraindre à aimer. L'amour et la concupiscence charnelle autorisaient les pratiques les plus
condamnables : c'était là le meilleur produit du dangereux métier de sorcier.

Les fiançailles donnaient lieu à diverses Superstitions plus innocentes : on aspergeait d'eau bénite
les fiancés, quand ils sortaient de l'église, ou bien on
les battait et on les empêchait de sortir, avant qu'ils
eussent payé rançon ; on les emportait de vive force
au cabaret, on les accueillait par des huées et des
charivaris. C'est pourquoi il était défendu aux curés
de célébrer les fiançailles après le coucher du soleil.
Un fiancé augurait mal de son mariage, s'il laissait
tomber son chapeau à terre ; une fiancée, si on lui
touchait la main droite avec la main gauche, et si
quelqu'un lui marchait sur le pied droit.

Le jour de la célébration du mariage n'était pas inutile à choisir, quoique l'Église ne reconnût pas, comme le paganisme , des jours fastes et néfastes. On n'aurait eu garde de se marier à la fête de saint Joseph, qui était honoré par l'Église, mais redouté de tous les maris. On peut supposer que cette fête , placée en plein carême, avait contribué à faire décréter, par les conciles et les synodes, que le carême, de même que les dimanches et les principales fêtes chômées, serait un temps inapte et défendu au mariage. Il y avait cependant autrefois, comme aujourd'hui, des cas d'exception, mais alors la célébration se faisait sans appareil et sans réjouissances. Les jours de jeûne, quatre-temps et vigiles, étaient également antipathiques avec le mariage , parce que, dit le synode de Besançon en 1573, les époux eussent été forcés de coucher seuls : *Debent a maritali thoro abstinere tanquam uxorem non habentes.*

L'Église blâmait les époux qui se mariaient de grand matin, habillés salement ou négligemment, et qui réservaient leurs beaux habits de noces pour le bal ou le festin ; elle ne tolérait pas non plus l'usage de donner de , étrennes ou des présents à la mariée devant l'autel ; elle condamnait plus sévèrement d'autres Superstitions qui avaient pour objet unique d'empêcher le nœud de l'aiguillette, ce plaisant épouvantail de nos pères. Les maris avaient imaginé, contre un si désagréable accident , de mettre du sel dans leur poche ou des sols dans leur chaussure en allant se marier, ou de passer sous le crucifix sans

le saluer, au moment de la bénédiction nuptiale, ou
de pisser trois fois dans l'anneau conjugal en disant
In nomine Patris, ou même de faire acte de mari
avant la célébration du mariage.

L'Église s'était préoccupée, plus qu'elle ne le
devait, du nœud de l'aiguillette, qui était assez fréquent au Moyen Age, par suite de la frayeur qu'on
en avait. On attribuait ce mauvais cas, en général,
à des sortilèges, à des enchantements, à des ma-
lices du démon.

Tous les moyens semblaient bons pour se soustraire
à cette fâcheuse position conjugale. C'est pour cela
qu'on frappait avec des bâtons la tête et la plante
des pieds des mariés, pendant qu'ils étaient agenouillés sous le poële. Le remède pouvait être plus
violent que le mal. D'autres maris se contentaient
de faire bénir deux ou trois anneaux et même
jusqu'à cinq, destinés tous ensemble au doigt an-
nulaire de l'épousée, ou bien ils recommandaient à
celle-ci de laisser tomber l'anneau, quand on le lui
présenterait, ou bien encore ils faisaient célébrer
les épousailles, en cachette, la nuit, dans quelque
chapelle basse et fermée.

Les méchants, de leur côté, avaient bien des
manières de nouer l'aiguillette, et le diable était
toujours le complice secret ou avoué de cette vilaine
action. Le savant Bodin, dans sa *Démonomanie*,
compte plus de cinquante façons d'en venir à un tel
résultat, qui amusait singulièrement les malins de
l'enfer.

Sans rappeler les exemples mémorables que nous

fournit l'histoire (Pierre le Cruel, roi de Castille et
de Léon, empêché, par les charmes de sa concn-
bine Maria Padilla, d'accomplir son mariage avec
Blanche sa femme; Ludovic Sforza empêchant, par
des sortilèges, son neveu, Louis Galeas, duc de
Milan, de cohabiter conjugalement avec la duchesse
Isabelle; Jean, comte de Bohême. frappé d'impuis-
sance la nuit de ses noces, etc.), nous enregistre-
rons ici un arrêt fort ingénieux, rapporté par Bodin
et relatif au nœud de l'aiguillette; « D'autant que
cela estoit fort commun en Poitou, le juge criminel
de Niort, sur la déclaration d'une nouvelle espousée,
qui accusoit sa voisine d'avoir lié son mari, la fit
mettre en prison obscure, l'an 1560, la menaçant
qu'elle ne sortiroit jamais, si elle ne le délioit;
deux jours après, la prisonnière manda aux mariez
qu'ils couchassent ensemble. Aussitost le juge, estant
averty qu'ils estoient déliés, lascha la prisonnière.»

Le procédé le plus ordinaire et le plus facile pour
lier l'aiguillette, était de faire un nœud, soit à une
corde, soit à un ruban, soit à une courroie, soit
même à un cheveu, pendant la cérémonie du mariage, en prononçant à rebours un des versets du
psaume: *Miserere mei*, *Deus*. Il y avait même des
enfants dressés à ce métier malhonnête, et qui en
vivaient.

L'Église, après avoir recherché et décrit avec
soin tout les sortilèges analogues sous le titre de la
décrétale *De frigidis et maleficialis*, anathématisait,
excommuniait les auteurs, agents et instigateurs
de ces Superstitions détestables, non-seulement les

sorciers et magiciens, mais encore quiconque ose-
rait, dans une perverse intention : tourner les mains
en dehors et enlacer les doigts les uns dans les autres, quand l'époux présente l'anneau à l'épouse ;
lier la queue d'uu loup en nommant les mariés ;
attacher certains billets, certains morceaux d'étoffe,
aux habits des époux ; toucher ces époux avec certains bâtons faits d'un certain bois ; leur donner
certains coups dans certaines parties du corps ; prononcer certaines paroles en les regardant ; faire
certains signes avec les mains, les doigts, la bouche, les pieds, etc.

Quant aux remèdes ecclésiastiques offerts aux
pauvres maléficiés, c'étaient des exorcismes, des
messes, des oraisons, des jeûnes, des aumônes.
Tous les conciles, tous les synodes, tous les rituels
ont fulminé l'excommunication contre « les sorciers
et sorcières, charmeurs et charmeresses, tous
ceux et toutes celles qui mettent empêchement en
mariages qui sont à faire ou parfaits. »

Le peuple avait, dans le but de combattre aussi
le nœud de l'aiguillette, adopté une coutume qui
règne encore par toute l'Europe : c'était le chau-
deau, ou bouillon, ou soupe, ou pâté, ou fricassée
de la mariée, qu'on lui apportait processionnelle-
ment, au son des instruments et au bruit des
chansons, pendant la première nuit des noces. Cette
pâtée était destinée à échauffer l'ardeur des époux
et à les empêcher de s'endormir, tandis que le démon
veillait pour leur jouer un de ses tours habituels.

Quant aux Superstitions qui avaient pour but de

dénouer l'aiguillette, elles étaient aussi nombreuses et aussi singulières que celles qui servaient à la nouer. L'Église ne les autorisait pas d'avantage, parce qu'elle n'y avait aucun intérêt. Voici les plus communes : 1° mettre deux chemises à l'envers le jour des noces; 2° placer une bague sous les pieds de l'époux, pendant la cérémonie ; 3° dire trois fois en se signant : *Ribald*, *Nobal* et *Varnobi* ; 4° faire dire, avant la messe de mariage, l'évangile de saint Jean *In principio*; 5° frotter de graisse de loup les montants de la porte du logis nuptial; 6° percer un tonneau de vin blanc et faire couler le premier jet dans l'anneau de mariage ; 7° pisser dans le trou de la serrure de l'église où le mariage a été célébré; 8° prononcer trois fois *Yemon*, avant le lever du soleil; 9° écrire sur un parchemin neuf, dès l'aube : *Avigazirlor*, etc. On comprend que le nœud de l'aiguillette, eût-il été serré par tous les diables, n'était pas capable de résister à de si puissants remèdes. On comprend aussi que les mauvais plaisants ne se lassaient pas d'inventer des recettes analogues à celle-ci : on faisait déshabiller les époux et on les couchait tout nus par terre ; le mari baisait alors l'orteil du pied gauche de sa femme, et la femme, l'orteil du pied gauche de son mari; puis, l'un et l'autre faisait un signe de croix avec ses talons en marmottant une prière. Il y avait encore d'autres cérémonies « sales, vilaines et impures à l'endroit de l'anneau, » entremêlées d'oraisons spéciales, dont la plus célèbre commençait ainsi : « Bénite aiguillette, je te délie ! »

Ce redoutable nœud n'avait rien à faire avec une
autre Superstition assez fréquente dans les couvents
des deux sexes : ici, un moine épousait la sainte
Vierge ou quelque sainte préférée; là, une religieuse, sans plus de façon, épousait Jésus-Christ
ou quelque saint, avec qui elle s'était mise en cohabitation mystique. On apprit que ces illuminés
poussaient parfois les choses jusqu'au contrat
dûment signé par une des parties et par un représentant de la partie absente.

Les impies et les sorciers n'avaient pas voulu
être en reste de Superstition sur le chapitre du
mariage : ils se mariaient donc entre eux, au risque
d'être brûlés, ou bien ils contractaient une alliance
abominable avec le diable ou ses simulacres reconnus, tels que le bouc, la chèvre, le chien et le
porc. Le Sabbat n'était, dit-on, que la consécration
de ces hideux accouplements. Ce fut là le texte de
bien des procès criminels.

Le peuple avait une aversion instinctive pour tous
les mariages mal assortis : il manifestait cette aversion par des charivaris, dans les secondes noces,
où le cortège des mariés était souvent conduit à
l'autel au milieu d'un effroyable concert de clochettes,
de poëles et de chaudrons, à moins que cette musique dérisoire, renforcée de cris et de huées, ne fût
réservée pour la nuit même du mariage.

L'Église prenait en vain la défense des veufs et
des veuves qui convolaient ensemble en secondes
noces ; le charivari bravait les excommunications, « marchant en larves et masques, jetant

poisons, breuvages vilains et dangereux devant les portes des secondement mariés, excitant fumées puantes, sonnant tabourins, faisant toutes choses vilaines et sales qui se peut penser, jusques à tant qu'ils aient des mariés tiré certaines sommes d'argent comme par force. » Tels sont les termes d'une ordonnance synodale de l'archevêché de Lyon en 1577.

Nous n'avons pas rapporté toutes les Superstitions auxquelles l'Église faisait la guerre avec plus ou moins d'énergie et de persévérance selon les temps et selon les hommes. Il existait encore une innombrable quantité de Superstitions locales qui avaient sans doute une origine commune de paganisme, mais qui s'attaquaient moins directement aux principes du dogme catholique.

Ces Superstitions, qu'on peut distinguer des autres, en les appelant profanes, se mêlaient à tous les actes de la vie privée et se perpétuaient par la simple tradition du foyer domestique. Elles avaient plus de racines et d'éléments dans les campagnes que dans les villes, et elles formaient une espèce de religion occulte que le peuple pratiquait avec un aveugle respect. Comment le clergé, souvent crédule et ignorant non moins que ses ouailles, aurait-il pu rechercher et combattre une à une les mille Superstitions qui enveloppaient la société chrétienne et qui se déroulaient autour de l'homme depuis son berceau jusqu'à sa tombe? Voilà pourquoi la plupart de ces Superstitions, nées dans les religions antiques, ont traversé le moyen Age et la Renais-

sance, sans rien perdre de leur caractère primitif :
païen ou chrétien, le peuple est également superstitieux, par instinct, par goût et par habitude.

Il faudrait donc découvrir, dans les mœurs religieuses de l'Antiquité, le germe des Superstition;
populaires du Moyen Age, principalement de celles
qui ne faisaient pas intervenir le personnage du
diable, et qui conservaient ainsi leur cachet païen
ou judaïque; en voici quelques-unes que l'on peut
juger, à première vue, antérieures au christianisme.

On mettait une pièce de monnaie dans la main
droite du mort, avant de l'ensevelir, pour qu'il fût
mieux reçu dans l'autre monde ; on n'achetait pas
à prix d'argent les abeilles, mais on les échangeait,
pour qu'elles prospérassent dans la ruche; on faisait sortir de l'étable les veaux, à reculons, en les
séparant de leurs mères; on ne voulait pas manger
de la chair d'un animal qui n'aurait pas été tué
avec le fer; on jetait des cordes nouées de plusieurs
nœuds, sur la fosse d'un trépassé; on couvrait
d'un voile noir les ruches à miel, à la mort de leur
maître, afin que les mouches ne mourussent pas
aussi; on ne commençait à labourer, qu'après avoir
trois fois, autour de la charrue, promené du pain
et de l'avoine, avec un cierge allumé; on choisissait
un fou, un enfant ou un idiot, pour semer du persil
qui, autrement, eût porté malheur au semeur; on
enterrait un cheval, un bœuf ou tout autre animal
mort, les pieds en l'air, à l'entrée d'une écurie,
pour empêcher la mortalité de s'y introduire; on

dressait des croix et des poteaux dans les champs,
en prononçant certaines formules, pour protéger les
moissons, etc.

D'autres Superstitions, au contraire, non moins
innocentes que les précédentes, avaient évidemment
un cachet chrétien qui témoignait de leur origine :
on mettait des branches de buis bénit sur le four-
rage, pour le préserver des insectes; on évitait de
jeter au feu les coquilles d'œuf, de peur de faire brûler une seconde fois saint Laurent; on croyait que
les remèdes pris par un malade après la confession
et la communion, n'avaient plus d'efficacité; on
n'osait coudre, filer, ni travailler, dans la chambre
d'un mort; on ne laissait aucun vase plein d'eau
dans une maison où était un cadavre, pour que son
âme n'allât pas s'y baigner; on faisait une croix à la
cheminée, pour empêcher les poules de s'égarer, etc.

L'inventaire des Superstitions religieuses serait
plus long que celui des vérités de la science et de
la morale.

C'était surtout pour se guérir des maladies, pour
se préserver de maux et de malheurs à venir, pour
s'attribuer toutes les variétés de bonheur désira-
bles, que le peuple se livrait plus volontiers aux
erreurs et aux pratiques de la Superstition. La souffrance physique et morale, la peur, l'avarice, l'é-
goïsme enfin, se traduisaient de mille manières,
en croyances et en actes plus insensés que coupables; car tout le monde ne faisait point appel aux
sciences occultes qui avaient alors des inconvénients
plus sérieux que l'excommunication.

Les talismans, par exemple, étaient, à certaines exceptions près, tolérés ou approuvés par l'Église : on portait sur soi des versets de la Bible ou de l'Évangile, des prières, des grains bénits, des chapelets, des scapulaires, des médailles, des reliques. Il y avait aussi des talismans astrologiques et magiques. Quant aux herbes, aux pierres, aux poils d'animaux, qui servaient à faire des préservatifs, l'Église n'en reconnaissait pas la vertu, et refusait de sanctionner leur usage par des prières et des cérémonies. Elle était plus indulgente que la Faculté de médecine, à l'égard d'autres Superstitions de vaine observance qui avaient également pour but de guérir diverses maladies ou d'en garantir.

Voici un échantillon de ces étranges Superstitions que l'on retrouverait encore dans les mœurs des campagnes. I. Contre la fièvre : ne manger ni chair ni œufs, à Pâques et aux fêtes solennelles; dérober un chou dans un jardin voisin et le mettre sécher à la crémaillère; porter en amulette un os de mort; enfermer dans un sachet une grenouille verte et l'attacher au cou du malade; manger la première paquerette que l'on rencontre; recevoir la bénédiction, le même dimanche, à trois paroisses différentes; chercher, en disant son chapelet, une tige de bouillon blanc et la jeter aux vents; passer à travers la fente d'un arbre; boire dans un seau d'eau, après qu'un cheval y aura bu; passer entre la croix et la bannière de la paroisse pendant une procession; boire de l'eau bénite, la veille de Pâques ou de la Pentecôte; s'entortiller le bras ou le cou avec les ourlets d'un linceul; boire trois fois, dans un pot neuf, de l'eau puisée à trois puits et mêlée ensemble; etc. II. Contre la peur : ficher des épingles dans le soulier d'un mort; porter sur soi une dent ou un œil de loup; monter sur un ours. III. Contre le rhumatisme : faire frapper trois coups d'un marteau de moulin par le meunier ou la meunière en disant : *In nomine Patris*, etc. IV. Contre l'épilepsie ou mal caduc : attacher un clou de crucifix au bras de l'épileptique; lui faire porter un anneau d'argent ou une médaille, avec les noms des trois Rois : Gaspar. Melchior, Balthazar. V. Contre les verrues : les frotter avec de la bourre ou avec du genêt; envelopper des pois chiches ou des cailloux dans un linge et le jeter derrière soi dans un chemin. VI. Contre le mal de dents : les toucher avec une dent de mort; planter un clou dans une muraille; demander trois aumônes en l'honneur de saint Laurent. VII. Contre l'hémorrhagie : saigner du nez sur des fétus de paille en croix; mettre dans le dos une clé forée. VIII. Contre les douleurs de l'accouchement : faire mettre à l'accouchée les chausses de son mari; lier avec sa ceinture la cloche de l'église en la faisant sonner trois fois. IX. Contre la pleurésie : courir çà et là dans une église. X. Contre le mal de gorge · attacher une branche de prunier dans la cheminée; appliquer un soc de charrue au creux de l'estomac. XI. Contre la gale : se rouler tout nu dans un champ d'avoine; arracher une poignée d'avoine en grappe et la laisser sécher sur une haie. XII. Contre la toux : cracher dans la gueule d'une grenouille vivante. XIII. Contre les engelures : plonger ses mains dans le fumier, le premier jour de mai. XIV. Contre les chancres : souffler à jeun, trois fois de suite, pendant neuf jours, dans la bouche du malade. XV. Contre les maux d'oreilles : les toucher avec une main de squelette. XVI. Contre le mal de tête : se lier les tempes avec une corde de pendu, etc.

Les médecins avaient plus d'intérêt que les prêtres à combattre ces Superstitions, et c'est à peine s'ils permettaient au roi de France d'empiéter sur les droits de la Faculté et de guérir les écrouelles en les touchant, antique privilège des successeurs de Clovis qui, le premier en avait fait usage, après avoir été sacré avec l'huile [de la Sainte-Ampoule, que le Saint-Esprit, sous la figure d'un pigeon, daigna, lui-même, apporter du ciel. Selon le médecin Dulaurens, qui a écrit l'histoire de ce merveilleux privilège de nos rois, Henri IV guérissait plus de 1500 malades par an. Les rois d'Angleterre, qui n'avaient rien de commun avec la Sainte-Ampoule, ne guérissaient que le mal caduc.

L'Église, qui trouvait bon que le roi d'Angleterre guérît le mal caduc, et le roi de France les écrouelles, offrait à tontes les maladies une foule de remèdes analogues, que le pouvoir de l'imagination pouvait rendre efficaces en certaines circonstances. Elle multipliait, dans ce but, les fêtes des saints et, en même temps, leurs reliques, qui motivaient tant de processions, de pèlerinages, de vœux et d'offrandes. Ces reliques étaient souvent très-bizarres, très-malhonnêtes, comme le han de saint Joseph en bouteille (à Courchiverny, près de Blois), les cornes de Moïse (à Rome), le lait de la Vierge, etc., mais, néanmoins, toutes avaient le mérite de guérir les bons chrétiens.

Voilà pourquoi on ne regardait guère à l'origine de ces reliques qui, selon les besoins de la circonstance, se propageaient d'une manière inquiétante : ainsi, saint Georges n'avait pas moins de trente corps, tous également honorés, dans la chrétienté; sainte Julienne comptait vingt corps, vingt-six têtes et une infinité de bras et de jambes; saint Leger, cinq corps, dix têtes et douze mains; saint Jean Baptiste, dix têtes et onze index; saint Jérôme, deux corps et quatre têtes seulement, mais soixante-trois doigts ! saint Pancrace, trente corps et plus de six cents ossements divers, etc. Un saint, qui n'aurait eu qu'un corps, une tête, deux bras et deux jambes dans les reliquaires du monde catholique, eût été assez mal vu, et ne se fût pas permis beaucoup de guérisons miraculeuses.

Ces guérisons étaient, d'ailleurs, partagées entre les saints qui s'en attribuaient le monopole; souvent même, le saint avait été inventé exprès pour la maladie, et lorsque, par exemple, au commencement du seizième siècle, le mal vénérien apparut, il trouva, on ne sait où, un saint Fontin, pour le prendre sous ses auspices, et en disputer la direction suprême, au patron de la peste, saint Job.

Il y avait donc un nom de saint accolé au nom de chaque maladie. On invoquait saint Aignan et saint Saintin, pour la teigne; saint Andrieux, saint Antoine, saint Firmin, saint Germain, saint Messent, saint Verain, sainte Geneviève, pour l'érysipèle ou le scorbut; sainte Appoline et saint Médard, pour le mal de dents; saint Avertin, saint Leu, saint Loup, saint Jean, saint Mathieu, saint Nazaire, saint Valentin et saint Victor, pour l'épilepsie; saint Christophe, saint Eloi et saint Julien, pour le mal de gorge; sainte Claire, pour le mal d'yeux; saint Eutrope, pour l'hydropisie; saint Genou, pour la goutte; saint Ladre, pour la lèpre; saint Main, pour la rogne; saint Mathurin, pour la folie; sainte Pétronille, pour la fièvre; saint Quentin, pour la toux; saint Roch et saint Sébastien, pour la peste; saint René, pour les maux de reins.

C'était là, il faut l'avouer, une concurrence permanente contre les médecins qui n'osaient s'en plaindre tout haut, et qui mettaient, de bonne grâce, leur pharmacopée sous l'invocation de ces bienheureux thérapeutistes. Passe encore si l'on s'était borné à demander de la pluie à sainte Geneviève, et des enfants à saint Grélichon ou à saint Guignolet!

La Superstition était partout, dans les palais comme dans les cabanes, dans les villes comme dans les champs, en France et dans tous les pays de l'Europe: elle participait à tous les actes et même à tous les sentiments de la vie religieuse et privée. Elle embrassait, comme le serpent, l'arbre de la science, et elle en dévorait les fruits, jusqu'à ce que la Vérité eût mis fin à son règne, en écrasant sous ses pieds la tête du monstre qui s'était réfugié pendant tant de siècles au fond des ténèbres du Moyen-Age.

BIBLIOGRAPHIE.

TH. BROWNE. Essais sur les Erreurs populaires, trad. de l'anglais (par l'abbé Souchay). *Paris*, 1733, 2 vol. in-12.

J. BARTH. SALGUES. Des Erreurs et des Préjugés répandus dans les divers rangs de la société. *Paris,* 1819, 3 vol. in-8.

La première édit. de 1810 est en un volume; la seconde de 1811, en deux.

.GRATIEN DE SEMUR. Traité des Erreurs et des Préjugés. *Paris*, 1843, in-12.

Il existe, dans les Revues et les journaux, un grand nombre de notices sur les Croyances et usages superstitieux des provinces de chaque pays.

LUDOV. LALANNE. Curiosités des Traditions, des Mœurs et des Légendes. *Paris*, 1847, in-12.

J. BERGER DE XIVREY. Traditions tératologiques, ou Récits de l'Antiquité et du Moyen Age sur quelq. points de la fable, du merveilleux et de l'histoire naturelle. *Paris*, 1836, in-8.

FERD. DENIS. Le Monde enchanté: Cosmographie et histoire naturelle fantastique du Moyen Age. *Paris,* 1843, in-32.

On y trouve la légende du P*urgatoire de saint-Patrice*, d'après un manuscrit du quinzième siècle, et la lettre du Prestre Jehan.

ARN. SORBIN Tractatus de Monstris. *Paris*, 1570, in-16.

Trad en franç. par Fr. de Belleforest, dans les *Hist. prodigieuses.*

FR. HEDELIN. Des Satyres, Brutes, Monstres et Démons ; de leur nature et adoration. *Paris, Becon*, 1627, in-8.

Voy. d'autres traités sur les Monstres, par Bart. Weinrichius (1595), Grafenberg (1609), Fort. Liceto (1634), etc.

Voy. sur les Dragons, plusieurs notices dans les *Mém. de l'Acad. Celt.*, par F. Cam. Duchemin, Éloy Johanneau, Lerouge, etc.

A. J. ET. LEROUGE. Notice sur le Trou du *Purgatoire* de S. Patrice. Voy. cette Not. au t. VI des *Mém. de l'Acad Celt.*

B. G. (GUST. BRUNET). Notice histor. et bibliogr. sur la légende du Juif-Errant. *Paris*, 1845, in-8 de 19 p.

Discours véritable d'un Juif-Errant, lequel maintient en parolles probables avoir esté présent à voir crucifier Jésus-Christ, et est demeuré en vie. *Bordeaux*, 1609, in-6 de 16 p.

Voy. aussi une pièce analogue, du même temps : *Relation d'un Gentilhomme arrivé de Jérusalem, dans laquelle on apprend où est le malheureux qui donna un soufflet à Jésus-Christ.*

Voy. les dissertat. publ. en Allem., par Droscher (1668), Frentzel,
sous le pseud. de G. Thilo (1668), et Schmied, sous celui de Ch. Schulz
(1689).

P Vict. Cayet. De la venue de l'Antechrist, comment et en
en quel temps il viendra; de la consommation du monde, et
du second avènement de N S. J.-C. *Paris*, 1602, in-8.

Voy. aussi l'*Attest. de la nativité de l'Antechrist*, par les *Chevaliers
de Malte* (Par , 1623, in-8), l'*Advert. à tous chresliens sur le grand
et espouv. avènement de l'Antechrist*, par de Perrières Varin (4ᵉ édit.
Par., 1609, in-8), *De l'Antechrist et de ses marques*, par J. Perrier, cte.

De ritus et moribus Indorum, Presbiter Johannes potens.
S. n. et s. a. (*Eistadt, Reiser,* circa 1480), in-4 de 8 ff.

Plusieurs fois réimpr. Imité en vers, par Giuliano Dati : *la Gran ma-
gnificentia del Prete Janni* (Florenciæ, circa 1485), in-4 de 4 ff à 2 col.

Prestre Jehan à l'Empereur de Rome et au Roy de France.
S. n. et s. a. (vers 1500), in-4 de 12 ff. goth.

Réimpr. sous le titre de : *Nouvelles de la terre de Prestre Jehan.*

(J Lenfant). Histoire de la *Papesse* Jeanne, tirée des Dissertat. latines de Spanheim *La Haye*, 1736, 2 vol. in-12, fig.

Voy., outre l Dict. histor. de B yle, les issert. de Léon. Allatius
(*Confutatio fabulæ de Johanna papissa*, Colon-Agrip., 1f45, in-8), de
Blondel (*De Joanna papissa*, Amstel., 1657, in-8), de Sam. Marésius
(*Joanna papissa restituta*, Groningæ, 1658, in 4), de Jos. Garampi
(*Dissert. ad Joannæ papissæ fabellam*. Romæ, 1749, in-4).

Rob. du Triez. Les Ruses , finesses et impostures des Esprits malins. *Cambray, Nic. Lombart*, 1563, in-4.

Jac. de Clusa (Junterburck). Tractatus de Apparitionibus
animarum. *Burgdorf.*, 1475, in-fol. de 26 ff.

Réimpr. plusieurs fois au ninzième siècle.

L. Lavateri, de Spectris, Lemuribus, et magnis atque
insolitis Fragoribus, etc. *Genevæ, Crispinus*, 1570, in-8, fig.

Souvent réimpr. et trad. en franç. (p r Jean Crespin ?) *Trois Livres
des Apparitions des Esprits. Fantosmes, et Accidents merveilleux qui
précèdent la mort de quelq. personn. renommez* (Genève, 1571, i -8).

Noel Taillepied. Traité de l'Apparition des Esprits, à
sçavoir des âmes séparées, fantosmes, etc. *Rouen*, 1602, in-12.

P. Leloyer. Discours et histoires des Spectres, ou Apparitions et Visions d'Esprits, anges et démons. *Paris*, 1605, in-4.

La première édit., *Angers*, 1586, in-4, ne contient que quatre livres.
Voy. les Traités lat. sur les Spectres, par P. Thyræus (1599), Sig.

Scherertzius (1621), Fr. Torreblanca (1625), H. Grosius (1650), etc..

Alp. Costadau· Traité hist· et crit. des princip· Signes dont nous nous servons pour manifester nos pensées. Sec. part. Signes superst· et diaboliques· *Lyon*, 1720, 4 vol· in-12, fig·

Aug. Calmet· Traité sur les Apparitions des Esprits et sur les Vampires ou Revenants· *Paris*, 1751, 2 vol· in-12.

Lenglet Dufresnoy· Traite nistor· et dogm· sur les Apparitions, les Visions et les Révélations· *Paris*, 1751, 2 vol· in-12

Lenglet Dufresnoy a réimpr., dans son *Rec. de dissert. anc. et nouv. sur les Apparitions, les Visions, les Songes.*(Paris, 1752, 4 vol. in-12), des relations publ. à part aux seizième et dix-septième siècles.

Apomazar (Achmet)· Des Significations et événements des Songes, tourné du grec en lat· par Leunclavius, et mis en franç· (par Denys Duval)· *Paris,* 1581, in-8·

Voy. l'ouvr. grec d'Artemidorus *De Somniorum interpretatione)*, souvent réimpr., et trad en franç. par Ch. Fonta ne (*Lyon*, J. de Tournes, 1546, in-8). L'édit. de *Rouen*, 1584, in-16, est suiv. du *Livre d'Aug. Niphe, des divinations et des augures,* trad. par A. Dumou in.

Jean Levesque de Burigny· Mémoire sur la Superstition des peuples à l'égard des Songes· Voy· ce Mém· dans le t. XXXVIII des *Mém.de l'Acad. des Inscr.*

P. Boaistuau, Cl· de Tesserand, Fr· de Belleforest, Rodr· Hoyer et J· de Marconville· Histoires prodigieuses· *Paris,* ve de Guill· Cavellat, 1597-98, 6 tom· in-16, fig· s b·

Réimpr. plus. fois. La 1re édit. ne contient qu'un extrait des auteurs grecs et latins, par Boaistuau *(Par.. A. Brière*, 1560, in-4, fig).

J. de Marconville· Recueil d'aucuns cas merveilleux advenus de nos ans, et d'aucunes choses estranges et monstrueuses advenues ès siècles passez· *Paris, Dallier.* 1563, in-8.

Le Recueil du même auteur, imprimé sous un titre analogue dans la 6e partie des *Hist. prodigieuses,* est tout à fait différent de celui-ci.

Voy. aussi le *Trésor d'histoires admirables et mémorables de nostre temps,* recueill. par Sim. Goulart (*Genève*, 1620, 4 v.l. in-8).

Theoph. Raynaudi Tractatio de Stigmatismo sacro et proano, divino, humano, dæmoniaco· *Lugd.*, 1654, in-8·

Van· Dale Dissertationes de origine et progressu idolatriæ et Superstitionum, *Amstel.*, 1696, in-4

P. Lebrun· Histoire crit. des Pratiques superstitieuses qui ont séduit les peuples et embarrassé les savants. (Augm et contin par Belot et Granet)· *Paris*, 1732-36, 4 vol. in-12, fig.

(J. Fr. Bernard). Superstitions anciennes et modernes, et Préjugés vulgaires qui ont induit les peuples à des usages contraires à la religion. *Amsterdam,* 1733-36, 2 vol. in-fol., fig.

J.-B. Thiers. Traité des Superstitions qui regardent les sacrements, 4ᵉ édit. augm. *Paris,* 1741, 4 vol. in-12.

Jac. de Voragine. Aurea Legenda alias Historia Longobardica vocitata. *Impressa Parisiis, per Uld. Gering, Mart. Crantz et Mich. Friburger,* 1475, in-fol. à 2 col.

> Réimp. plus de cent fois et trad. en ital., en angl.,en allem.,en bohém., à la fin du quinzième siècle. La vieille traduction franç. de Jean de Vigney ou Vigny a été souvent réimpr. avec des variantes. M. Gust. Brunet en a publ. une nouvelle, mais en abrégeant l'original (*Par.* 1844, 2 vol. in-12). La première édit. de la *Légende dorée,* trad. par J. de Vigny *(Lyon, Barth. Buyer,* 1477, in-fol.), est suivie de la *Légende des Saincts nouveaulx,* extraite du *Speculum historiale* de Vincent de Beauvais.

Jean Calvin. Traicté des Reliques ou avertissement très-utile du grand profit qui reviendroit à la chrestienté s'il se faisoit inventaire de tous les corps saints et reliques qui sont tant en Italie qu'en France. *Genève, J. Gérard,* 1543, in-8.

> L'édit. de *Genève,* 1599, contient un autre Traité des Reliques, trad. du lat. de G. Chenuicius, et l'Invent. des reliq. de Rome, trad. de l'ital.

Jac.-Aug.-Sim. Collin de Plancy. Dictionnaire critique des Reliques et des Images. *Paris,* 1821-22, 3 vol. in-8.

(H. Griffet). Hist. des Hosties miracul. *Brux.,* 1770, in-8.

> Voy. les Traités histor. et dogmat. des Indulgences, par Isid. Valserano (1585), par Hub. Meurier (1587), de J. Capet (1597), de Laur. Reyner (1636), de Domin. Viva (1699), de Nic. Forestier (1702), etc.

LA LÉGENDE

DU

JUIF-ERRANT.

Il est ordinairement impossible de découvrir l'origine véritable d'une légende populaire, et même de préciser l'époque où elle a commencé de courir par le monde. On peut la comparer presque toujours à une épidémie, dont les causes secrètes échappent aux recherches de la science, et qui n'en a pas moins une existence reconnue, des effets manifestes et une marche occulte qu'on ne saurait ni prévoir ni arrêter.

Ainsi, la légende du Juif-Errant, qui fut l'entretien de tout le Moyen Age et qui circule encore parmi le peuple des campagnes dans la plupart des contrées de l'Europe, est sans doute bien antérieure au treizième siècle, quoiqu'on n'en trouve pas trace auparavant dans les chroniques. Depuis cette époque seulement, on constate de loin en loin la croyance

générale qui l'avait admise comme un fait avéré,
surtout en Allemagne, où les esprits, naturellement
rêveurs et mystiques, étaient plus portés à la Superstition et à la foi aveugle, qui font la fortune
des légendes populaires.

Cette légende fameuse a sans doute pris sa source
dans une belle et imposante allégorie, imaginée par
quelque prédicateur, ou plutôt par quelque poète
qui a personnifié la nation juive sous les traits du
Juif-Errant. Les Juifs avaient demandé à Pilate la
mort de Jésus-Christ, en disant : « Que son sang
retombe sur nous et sur nos enfants! » Les Juifs
avaient crucifié le Fils de Dieu, en l'insultant à sa
dernière heure; leur châtiment avait été prédit par
Jésus lui même, qui donnait des larmes à Jérusalem condamnée à périr : ils furent, après la destruction de cette ville par Titus, expulsés de leur patrie
et dispersés dans l'empire romain.

Dès lors, on a vu s'accomplir cette étrange destinée d'un peuple, qui survit à sa dispersion, et qui
conserve, au milieu des autres peuples, sa nationa-
lité, son caractère, ses lois et sa religion, malgré
les persécutions continuelles qu'on lui fait partout
subir. Outragé, spolié, chassé, il ne se décourage
jamais; il change d'asile avec résignation; avec opiniâtreté, il revient sans cesse dans les mêmes beux;
il brave de nouveau les dangers auxquels il avait
à peine échappé; il affecte d'être pauvre, pour s'en-
richir impunément; il se cache pour se soustraire
aux avanies et aux supplices; il ne veut pas abdi-
quer pourtant sa physionomie et son costume, parce

qu'il persiste à rester juif, jusqu'à la venue du Messie, qu'il attend avec confiance. Tel a été le sort des Juifs jusqu'à nos jours; telle est aussi la triste condition du Juif-Errant, selon la légende.

On peut dire que l'arrêt du ciel, qui frappa les Juifs, en expiation du déicide, et qui les laissa traîner d'un bout du monde à l'autre leur déplorable individualité, que n'ont jamais absorbée ni même effacée les nations étrangères à travers lesquelles ils errent éternellement, on peut dire que cet arrêt terrible se trouve admirablement symbolisé dans l'histoire du Juif-Errant.

Avant le treizième siècle, cette histoire était déjà fort accréditée chez tous les peuples chrétiens : les croisés l'avaient peut-être rapportée de la Palestine, ou plutôt elle se rattachait aux solennelles traditions de l'an 1000, qui, d'après une fausse interprétation d'un passage de l'Évangile, avait été l'effroi de l'Église catholique.

L'an 1000 devait être marqué par la Fin du monde, la venue de l'Antechrist et le Jugement dernier; l'Antechrist ne vint pas, le monde ne finît point, en dépit des signes menaçants qui semblaient annoncer sa fin : inondations, lamines, pestes, éclipses de lune et de soleil; mais, comme sans doute les fourbes ne manquèrent pas alors, pour exploiter la terreur universelle en jouant le rôle de l'Antechrist et en ramassant beaucoup d'aumônes à ce titre, on supposa sans doute que ces prétendus Antechrists, qui avaient apparu çà et là, n'étaient autres que le Juif-Errant, qui ne pouvait séjourner au même en-

droit, et qui se transportait d'Orient en Occident
avec la rapidité du vent et de l'éclair.

Dès lors, les imaginations furent frappées de la
singulière et merveilleuse histoire que l'on racontait sur ce pauvre Juif, qui recueillit une partie de
la haine qu'on avait pour les Juifs en général.

Les doctes théologiens s'emparèrent de cette histoire, que répétaient à l'envi toutes les voix naïves
du peuple, et ils la firent concorder autant que possible avec les textes évangéliques. Quelques-uns
essayèrent de prouver que le Juif-Errant était Mal-
chus, à qui saint Pierre coupa l'oreille dans le jardin des Olives; ceux-ci n'hésitèrent pas à soutenir
que c'était le Mauvais Larron qui accomplissait ainsi
sa punition de par le monde, tandis que le bon Larron restait assis à la droite de Jésus-Christ dans la
Jérusalem céleste; ceux-là avancèrent, avec moins
d'assurance, que ce pouvait être Pilate lui-même;
mais le peuple préféra s'en tenir à ce qu'il savait
du Juif-Errant, et ne voulut rien changer à la légende qu'il lui avait faite, dans son ignorante et pieuse
ferveur.

Cependant, le Juif-Errant ne s'étant pas montré
en Europe depuis l'an 1000, il fallut bien supposer
qu'on le voyait quelque part; on pensa naturellement qu'il devait se plaire davantage en Orient, et
qu'il errait plus volontiers dans les rues de Jérusalem que dans celles de Paris, de Rome ou de
Londres.

On interrogea donc les gens qui revenaient de la
Terre-Sainte; on leur demanda s'ils n'y avaient pas

rencontré le Juif-Errant : les uns répondirent non,
les autres, oui ; car les voyageurs, fussent-ils croisés
ou pèlerins, n'étaient pas moins enclins, dans ce
temps-là, à faire des contes, mais ils y croyaient
eux-mêmes les premiers, en les faisant.

Ce ne fut qu'en 1228 qu'on eut, de la bouche d'un
témoin respectable, certains détails précis sur ce
singulier personnage, dont l'existence n'était révo-
quée en doute par personne. Un archevêque de la
Grande-Arménie, qui vint en Angleterre pour visiter les reliques et les lieux saints, s'arrêta au célèbre monastère de saint-Alban, y fut reçu avec
beaucoup d'égards et de respect : « On l'interrogea
sur le fameux Joseph, dont il est souvent question
parmi les hommes, lequel était présent à l'époque
de la passion du Sauveur, lui a parlé, et est encore
un témoignage de la foi chrétienne. »

L'archevêque répondit, dans sa langue armé-
nienne, que pas un des moines ne comprenait ; mais
un chevalier d'Antioche, qui faisait partie de sa
suite, se hâta de traduire en français sa réponse, et
narra la légende de Joseph, en présence de l'abbé
et des religieux. Cette légende, recueillie dans le
couvent même, peu d'années après, par Matthieu
Paris qui y était moine, est rapportée tout au long
dans sa grande Histoire *(Historia major, sive rerum
Anglicarum historia)*. Nous traduisons littéralement
le latin barbare du vieux chroniqueur, qu'on peut
considérer comme le premier document historique
où il soit question du Juif-Errant.

« Lorsque Jésus fut amené du jardin des Olives au

prétoire de Pilate pour y être jugé, Pilate, ne trou-
vant pas qu'il fût coupable, dit aux Juifs qui l'accusaient : « Prenez-le et jugez-le, selon votre loi? »
Mais les Juifs redoublant leurs cris, Pilate mit en
liberté le voleur Barrabas, et leur livra Jésus pour
être crucifié. Les Juifs traînèrent Jésus hors de la
salle du prétoire, et quand il tomba sur le seuil,
Cartaphilus, qui était portier du prétoire, le poussa
insolemment, en le frappant du poing dans le dos,
et en lui disant avec un rire moqueur : « Va donc
plus vite, Jésus, va! Pourquoi t'arrêtes-tu? » Et
Jésus, tournant vers lui un visage sévère, répartit :
« Je vais, et, toi, tu attendras jusqu'à ce que je re-
vienne! » Or, suivant la parole du Seigneur, Cartaphilus attend encore la venue de Jésus-Christ. Il
avait environ trente ans à l'époque de la Passion,
et toujours, chaque fois qu'il atteint le terme de
cent ans, il est saisi d'une étrange infirmité qui
semble incurable et qui se termine par une léthar-
gie, à la suite de laquelle il redevient aussi jeune
qu'il l'était au moment de la Passion. Cependant,
après la mort du Christ, Cartaphilus se fit chrétien,
fut baptisé par l'apôtre Ananie, et prit le nom de
Joseph. Aujourd'hui, ce Joseph habite d'ordinaire
l'une ou l'autre Arménie et les différentes contrées
de l'Orient; c'est un homme de sainte conversation
et de grande piété, parlant peu et avec circonspec-
tion, tellement qu'il n'ouvre pas la bouche, à moins
d'en être prié par les évêques et les religieuses personnes avec lesquelles il passe sa vie : alors il parle
des choses d'autrefois, il s'entretient volontiers de

la passion et de la résurrection du Fils de Dieu ; il
raconte toutes les particularités de cette résurrection, d'après le témoignage de ceux qui ressusci-
tèrent avec le Christ et qui apparurent à plusieurs
en divers lieux; il raconte aussi comment les apôtres
se séparèrent pour aller prêcher l'Évangile ; et il dit
tout cela, sans jamais sourire, sans légèreté de paroles, sans aucune apparence de rancune ni de
blâme; car, plongé dans les larmes et rempli de la
crainte du Seigneur, il attend, sans cesse que Jésus-
Christ vienne dans sa gloire juger les vivants et les
morts, et il tremble de le trouver encore irrité contre
lui à l'heure du dernier jugement. On accourt, en
foule, des parties du monde les plus éloignées, pour
voir et pour entendre ce saint homme : si ce sont
des personnes recommandables qui l'interrogent, il
satisfait brièvement à leurs questions; mais il re-
fuse tous les présents qui lui sont offerts, et il se
contente d'une nourriture frugale et d'un modeste
vêtement. Cartaphilus place son espoir de salut éternel dans l'ignorance où il était à l'égard du Fils de
Dieu, qui fit cette prière à son père : « Mon Père,
pardonnez-leur, parce qu'ils ne savent ce qu'ils
font ! » Il se rappelle que saint Paul pêcha comme lui,
et mérita sa grâce aussi bien que saint Pierre, qui
avait renié son Maître par faiblesse ou plutôt par
peur. Il se flatte donc d'obtenir également l'indulgence divine, et il se complaît dans cette espérance
qui l'empêche d'attenter à ses jours. »

L'archevêque arménien, qui faisait ce merveilleux
récit aux bons moines de Saint-Alban, ajouta qu'il

connaissait personnellement Cartaphilus, et qu'il l'avait même admis à sa table, peu de temps avant d'entreprendre un voyage en Occident.

Le doute n'était plus possible, après un pareil témoignage de la part d'un prélat aussi vénérable, qu'on ne pouvait soupçonner de mensonge ni même d'erreur. La légende du Juif-Errant passa dès lors de bouche en bouche, telle que les moines de Saint-Alban l'avaient recueillie, telle que l'avait consignée dans sa chronique Matthieu Paris, qui rapporte, sous l'année 1252, que d'autres Arméniens, qui arrivèrent à cette époque en Angleterre, assuraient hautement que Joseph vivait encore. Quoi qu'il en soit, la légende traversa la mer, se répandit en France, puis dans les Pays-Bas, puis en Allemagne, où elle paraît avoir rencontré plus de foi et plus de sympathie que partout ailleurs, sans doute parce que les Juifs y étaient plus nombreux que dans le reste de l'Europe.

Cependant un seul historien contemporain de Matthieu Paris a fait mention de Cartaphilus et de son châtiment; c'est Philippe Mouskes, évêque de Tournay, mort en 1282 : dans sa *Chronique rimée* (voy. l'édition publiée, par le baron de Reiffenberg, à Bruxelles, en 1838), il ne fait que traduire la grande Histoire du moine de Saint-Alban, quand il parle de *l'Archeveskes qui vinl deça la mer et fu d'Arménie*, ainsi que du Juif-Errant :

> Al cief de C ans le voit-on
> Rajovenir en cel roïon,

Et ne morra pas voirement
Jusques au jour del Jugement.

Il est étonnant que tous les écrivains du Moyen
Age, romanciers, voyageurs, historiens, philosophes,
commentateurs de la Bible, à l'exception de Matthieu Paris et de Philippe Mouskes, soient restés
muets au sujet du *fameux Joseph*, qui avait tant
préoccupé la curiosité des chrétiens occidentaux pendant les croisades. Les odieuses persécutions exer-
cées contre les Juifs par toute la chrétienté, ne paraissent avoir évoqué nulle part la grande figure
symbolique du Juif-Errant.

C'est seulement trois siècles après la publication
de cette légende en Angleterre et en Flandre, que
nous la retrouvons d'une manière certaine en Allemagne, sans autre métamorphose que celle du
nom de *Cartaphilus*, devenu par corruption *Ahasverus*.

Voici une lettre datée du 29 juin 1564, qui prou-
verait que le Juif-Errant vivait et se montrait encore à cette époque. Cette lettre, écrite en allemand
par quelque bon catholique de Hambourg, circula
d'abord manuscrite, et fut imprimée bientôt avec
ce texte de l'Évangile en suscription : « En vérité,
je vous le dis, il n'y en a ici aucuns qui ne goûte-
ront pas la mort, jusqu'à ce qu'ils voient venir le
Fils de l'homme en son royaume. »

La traduction française de cette curieuse lettre,
qui parut plus tard à Leyde, est assez peu connue
pour que nous la reproduisions ici textuellement.

« Monsieur, n'ayant rién de nouveau à écrire, je
vous ferai part d'une histoire étrange que j'ai ap-
prise il y a quelques années. Paul d'Eitzen, docteur
en théologie et évêque de Scheleszving, homme de
bonne foi et recommandable pour les écrits qu'il a
mis en lumière depuis qu'il fut élu évêque par le
duc Adolphe de Holstein, m'a quelquefois raconté,
et à quelques autres, qu'étudiant à Witemberg, en
hiver, l'an 1542, il alla voir ses parents à Hambourg; que le prochain dimanche, au sermon, il vit,
vis-à-vis de la chaire du prédicateur, un grand
homme ayant de longs cheveux qui pendaient sur
les épaules, et pieds nus, lequel oyait le sermon avec
telle dévotion qu'on ne le voyait pas remuer le
moins du monde, sinon lorsque le prédicateur nommait Jésus-Christ, qu'il s'inclinait et frappait sa
poitrine et soupirait fort : il n'avait autres habits,
en ce temps-là d'hiver, que des chausses à la marine, qui lui allaient jusque sur les pieds, une jupe
qui lui allait sur les genoux, et un manteau jusqu'aux pieds. Il semblait, à le voir, âgé de cinquante
ans. Ayant vu ses gestes et habits étranges, Paul
d'Eitzen s'enquit qui il était : il sut qu'il avait été
là quelques semaines de l'hiver, et lui dit qu'il était
Juif de nation, nommé Ahasverus, cordonnier de
son métier ; qu'il avait été présent à la mort de Jésus-Christ, et, depuis ce temps là, toujours demeuré
en vie, pendant lequel temps il avait été en plusieurs pays ; et, pour confirmation de son dire, rap-
portait plusieurs particularités et circonstances de
ce qui se passa lorsque Jésus-Christ fut pris, mené

devant Pilate et Hérode, et puis crucifié, autres que
celles dont les historiens et évangélistes font mention; aussi, des changements advenus ès parties
orientales depuis la mort de Jésus-Christ; comme,
aussi, des apôtres, où chacun d'eux a vécu et souf-
fert martyre : de toutes lesquelles choses il parlait
pertinemment. Paul d'Eitzen, s'émerveillant encore
plus du discours que de la façon étrange du Juif,
chercha plus particulière occasion de parler à lui.
Finalement, l'ayant accosté, le Juif lui raconta que,
du temps de Jésus-Christ, il demeurait en Jérusalem et qu'il persécutait Jésus-Christ, l'estimant un
abuseur, l'ayant ouï tenir pour tel aux grands
prêtres et scribes, et, n'en ayant plus particulière
connaissance, fit tout ce qu'il put pour l'extermi-
ner; que finalement il fut un de ceux qui le me-
nèrent devant le grand-prêtre, et crièrent qu'on le
crucifiât, et demandèrent qu'on le pendît plutôt que
Barrabas, et firent tant qu'il fut condamné à mort;
que, la sentence donnée, il s'en courut aussitôt en
sa maison par-devant laquelle Jésus-Christ devait
passer, et le dit à toute sa famille, afin qu'ils le
vissent aussi, et, prenant en son bras un de ses petits enfants qu'il avait, se mit à sa porte pour le
lui montrer. Notre-Seigneur Jésus-Christ, passant,
chargé de sa croix, s'appuya contre la maison du
Juif, lequel, montrant son zèle, courut à lui et le
repoussa avec injures, lui montrant le lieu du supplice où il devait aller. Lors Jésus-Christ le regarda
ferme et lui dit ces mots : « Je m'arrêterai et reposerai, et tu chemineras! » Aussitôt le Juif mit son

enfant à terre et ne put s'arrêter en sa maison. Il
suivit et vit mettre à mort Jésus-Christ. Cela fait,
il lui fut impossible de retourner en sa maison à
Jérusalem, et ne revit plus sa femme ni ses enfants.
Depuis ce temps-là, il avait toujours été errant en
pays étrangers; sinon environ cent ans, il fut en son
pays et trouva Jérusalem ruinée, de sorte qu'il ne
reconnaissait rien par la ville. Or, il ne savait ce que
Dieu voulait faire de lui, de le retenir si longtemps
en cette misérable vie, et s'il le voulait pout-être
réserver jusqu'au jour du Jugement, pour servir de
témoin de la mort et passion de Jésus-Christ, pour
toujours convaincre les infidèles et athéistes. De sa
part, il désirait qu'il plût à Dieu de l'appeler. Outre
cela, Paul d'Eitzen et le recteur de l'École de Hambourg, homme docte et bien versé ès histoires, con-
férèrent avec lui de ce qui s'est passé en Orient depuis la mort de Jésus-Christ jusqu'à présent, dont
il les satisfit; de sorte qu'ils en étaient émerveillés.
Il était homme taciturne et retiré, et ne parlait pas,
si on ne l'interrogeait; quand on le conviait, il
y allait, et buvait et mangeait peu; si on lui baillait
quelque argent, il ne prenait pas plus de deux ou
trois sous, et tout à l'heure les donnait aux pauvres,
disant qu'il n'en avait que faire pour lors et que
Dieu aurait soin de lui. Tout le temps qu'il fut à
Hambourg, on ne le vit point rire; en quelque pays
qu'il allàt, il parlait le vulgaire, car il parle saxon,
comme s'il eût été natif de Saxe. Plusieurs hommes
de divers pays allèrent à Hambourg, pour le voir; et
en furent faits divers jugements; le plus commun

fut qu'il avait un esprit familier. Paul d'Eitzen ne
fut pas de cette opinion, d'autant que non-seulement il oyait et discourait volontiers de la parole de
Dieu ; mais, aussi, ne pouvait endurer un blas-
phème ; et, s'il oyait jurer, il montrait un zèle avec
dépit et pleurs, disant : « O misérable homme, mi-
« sérable créature ! comment oses-tu ainsi prendre
« en vain le nom de Dieu et en abuser ? Si tu avais
« vu avec combien d'amertumes et de douleurs
« Notre-Seigneur a enduré pour toi et moi, tu aime-
« rais mieux souffrir pour sa gloire, que de blas-
« phémer son nom ! » Voilà ce que j'ai appris de
Paul d'Eitzen et de plusieurs autres personnages
dignes de foi, à Hambourg, avec autres circonstances. »

Cette lettre, dont rien ne constate l'authenticité,
rappelle la plupart des circonstances du récit de
l'archevêque arménien du treizième siècle. Elle remit en vogue la légende du Juif-Errant, que l'on se
figura voir passer dans tous les mendiants vagabonds qui demandaient l'aumône en récitant des
prières et en psalmodiant des cantiques.

L'an 1575, Christophe Elsinger et Jacobus, en-
voyés par le duc de Holstein à Madrid, pour y ré-
clamer le payement des gens de guerre que leur
maître avait amenés au service du duc d'Albe, en
1571, trouvèrent sur leur route le Juif-Errant, qui
parlait bon espagnol, et qui se fit connaître pour ce
qu'il était.

A quelques années de là, le Juif-Errant, celui-ci
ou un autre, entrait à Strasbourg, se présentait aux

magistrats, et leur déclarait qu'il avait passé par leur cité deux cents ans auparavant, ce qui fut vérifié dans les registres de la ville. Ce Juif-là parlait si bien allemand, qu'il dût expliquer cette particularité suspecte, en disant que, suivant la permission de Dieu, il entendait et parlait la langue locale, dès qu'il avait le pied dans un pays. Il ne demeura pas longtemps à Strasbourg, et il exprima le regret de n'y pouvoir plus revenir, puisque son pèlerinage serait terminé, quand il aurait parcouru les Indes occidentales, et que le Jugement dernier ne manquerait pas d'arriver.

Cependant le pauvre Juif-Errant était encore en France, quoiqu'il en eût, dans le cours de l'année 1604. Deux gentilshommes, gascons probablement, qui se rendaient à la cour de Henri IV, y annoncèrent la venue du Juif, ou Cartaphilus, ou Joseph, ou Ahasverus, qu'ils avaient rencontré en chemin et avec lequel ils s'étaient entretenus de la Passion de Jésus-Christ.

Cette nouvelle courut aussitôt d'un bout du royaume à l'autre.

Au mois d'octobre suivant, le savant jurisconsulte Pierre Louvet, qui venait d'ouïr la messe à l'église Notre-Dame-de-la-Basse-Œuvre de Beauvais, aperçut auprès des tours de l'Évêché un vieillard, « environné de plusieurs petits enfants auxquels il faisait des remontrances, parlant de la Passion de Notre-Seigneur. On disait bien que c'était le Juif-Errant, mais néanmoins on ne s'arrêtait pas beaucoup à lui, tant parce qu'il était simplement vêtu,

qu'à cause qu'on l'estimait un conteur de fables,
n'étant pas croyable qu'il fût au monde depuis ce
temps-là. »

Le docte Louvet, comme il le rapporte avec can-
deur dans son *Histoire de la ville et cité de Beauvais*
(Rouen, 1614, in-8°), n'osa pas s'approcher de ce
mendiant et le questionner, de peur d'être taxé
d'aveugle crédulité; et le Juif-Errant, qui ne faisait
pas fortune à Beauvais, après une quête dans les
maisons, se mit à exploiter les villages voisins, où
il intéressa davantage la curiosité et la charité publique.

Il ne tarda pas à disparaître, et l'on imprima différentes relations, plus ou moins fantastiques, de
son passage dans plusieurs provinces de France.

Comme son apparition avait coïncidé avec des
tempêtes et des tourbillons de vents qui abattirent
des clochers, brisèrent des arbres et dévastèrent les
champs, on en conclut que le Juif-Errant était voi-
turé d'un lieu à l'autre par les ouragans, et l'on for-
mula ce proverbe, encore en usage aujourd'hui à
l'occasion de ces coups de vent terribles qui s'é-
lèvent soudain au milieu d'un atmosphère tran-
quille et par un beau jour d'été, qui remplissent
l'air de nuages de poussière et qui poussent d'effroyables sifflements, après lesquels la Nature ébran-
lée reprend sur-le-champ son calme et sa sérénité :
C'est le Juif-Errant qui passe! disent, en se signant,
les paysans de Bretagne et de Picardie.

La venue du Juif-Errant en 1604 produisit, outre
ce proverbe, une complainte historique qui était

chantée sur le vieil air des *Dames d'honneur*, dans les veillées villageoises et dans les foires de campagne, jusqu'à ce qu'elle fût rajeunie, vers le milieu du siècle, par un poëte de carrefour, qui n'a pas signé son œuvre, afin d'en laisser tout l'honneur à son devancier anonyme.

Le bruit courait çà et là par la France,
Depuis six mois, qu'on avait espérance
Bientôt de voir un Juif qui est errant
Parmi le monde, pleurant et soupirant.

Comme de fait, en la rase campagne,
Deux gentilshommes, au pays de Champagne,
Le rencontrèrent tout seul et cheminant,
Non pas vêtu comme on est maintenant.

De grandes chausses il porte à la marine,
Et une jupe comme à la florentine,
Un manteau long jusqu'en terre traînant;
Comme un autre homme, il est, au demeurant.

Ce que voyant, lors ils l'interrogèrent
D'où il venait, et ils lui demandèrent
Sa nation, le métier qu'il menait;
Mais cependant toujours il cheminait.

« Je suis, dit-il, Juif de ma naissance
Et l'un de ceux qui par leur arrogance
Crucifièrent le Sauveur des humains,
Lorsque Pilate en lava ses deux mains. »

Il dit aussi qu'il a bien souvenance,
Quand Jésus-Christ à tort reçut sentence,
Et qu'il le vit de sa croix bien chargé
Et qu'à sa porte il s'était déchargé.

Lors le Juif, par courroux, le repousse,
L'injuriant, et plusieurs fois le pousse,
En lui montrant le supplice apprêté
Pour mettre à mort sa grande majesté.

Notre-Seigneur bien ferme le regarde,
En lui disant : « A ceci prends bien garde ·
Je reposerai et tu chemineras!
Partant, regarde ce que tu feras ! »

Tout aussitôt le Juif met à terre
Son petit fils et s'encourt à grand'erre;
Mais il ne sut jamais en sa maison
Mettre les pieds, en aucune saison.

Hierusalem, le lieu de sa naissance,
Femme et enfants, ne fut en sa puissance
Jamais de voir, ni pas un sien parent;
Et, par le monde, s'en va errant.

De son métier, cordonnier il dit être;
Et, à le voir, il semble tout champêtre.
Il boit et mange avec sobriété,
Et est honnête selon la pauvreté.

Longtemps il fut au pays d'Arabie,
Et aux déserts de la triste Lybie,
Et à la Chine, en l'Asie Mineur,
Jadis l'Eden et du monde l'honneur.

Comme et semblable, en la stérile Afrique,
Au mont Liban, au royaume Persique,
Et au pays de l'odoreux Levant,
Toujours il va son chemin poursuivant.

Naguère étant à la haute Allemagne,
En Saxonie, puis s'en va en Espagne,
Pour s'en aller les Anglais visiter,
En notre France puis après habiter.

Pour être à bout de son pèlerinage
Et accomplir son désiré voyage,
Il n'a plus rien qu'un tiers de l'Occident.
Et quelques îles, pour aller; Dieu aidant.

Tout cela fait, le jugement attendre
Il faut de Dieu, et repentant se rendre.
Afin, dit-il, qu'entre les réprouvés,
Par nos mérites, nous ne soyons trouvés.

« Je fais, dit-il, ici-bas pénitence ;
Touché je suis de vraie repentance ;
Je ne fais rien que d'aller tracassant
De pays en autre, demandant au passant.

« Quand l'univers je regarde et contemple,
Je crois que Dieu me fait servir d'exemple,
Pour témoigner sa mort et sa Passion,
En attendant sa résurrection. »

Cette complainte, qui mérite d'être conservée comme un précieux monument de poésie populaire, a fait place depuis à celle que l'on chante encore dans les foires et marchés, et qui est certainement antérieure au passage du Juif-Errant à Bruxelles, le 22 avril 1774. Mais la complainte primitive, que le docte Louvet n'a pas dédaigné de recueillir et de faire réimprimer dans ses livres, figure pour la première fois à la fin d'un opuscule (16 pages in-8), publié à Bordeaux en 1609, sous le titre : *Discours véritable d'un Juif errant, lequel maintient avec paroles probables avoir esté présent à voir crucifier Jésus-Christ, et est demeuré en vie.* Cet opuscule, qui fut réimprimé plusieurs fois, se vendait dans les rues de Paris, où Pierre de l'Estoile l'acheta comme une *fadaise* curieuse. Le Juif-Errant aurait pû l'acheter aussi, puisqu'elle ne coûtait que *deux sols.*

Les mêmes faits sont établis dans une Lettre écrite

en allemand sous le nom imaginaire de *Chrysosto-
mus Dudulæus* de Westphalie, et adressée en 1618 à
un habitant de Reffel, lettre souvent réimprimée
à cette époque comme une de ces feuilles volantes
que les merciers ambulants portaient dans leurs
balles et vendaient sur les places. Dans cette même
Lettre, il est dit que nombre de gens de qualité
avaient vu le Juif en Angleterre, en France, en
Italie, en Suède, en Perse et ailleurs. En 1599, selon
Chysostomus Dudulæus, il était à Vienne en Autriche et il se dirigeait vers la Pologne et la Russie.
En 1601, on l'avait rencontré à Lubeck, et, vers
l'année 1613, il s'était montré quelques instants
à Cracovie et à Moscou : là, on lui avait parlé,
mais on n'avait pas obtenu qu'il prît un peu de
nourrriture.

En effet, comme il le dit en passant ou repas-
sant à Lubeck, le 14 janvier 1603, suivant une note
du jurisconsulte Colert, il n'avait ni bu, ni mangé,
ni dormi, depuis seize siècles. Néanmoins, il crut
pouvoir s'arrêter une heure, pour assister au sermon.
Il disparaît pendant plus de trente ans et ne revient
en Allemagne qu'en 1633 : il se fait voir à Hambourg, pour la seconde ou troisième fois, mais il se
presse d'en sortir, en gémissant de ne trouver que
des Juifs dans cette ville chrétienne. Plus tard,
en 1642, il n'ira pas jusqu'à Hambourg, et il recevra,
dans les rues de Leipsick, autant d'aumônes qu'on
voudra lui en donner. Il ne laisse dans cette ville
que le souvenir d'un vilain mendiant.

C'est sans doute à un de ses voyages bien antérieurs dans les vallées de l'Elbe, que se rapporte une tradition qui y subsiste encore. Sur une des cimes les plus élevées des montagnes saxonnes, sur le Matterberg, aujourd'hui couronné de frimas, il y eut jadis une ville florissante, dont le Juif-Errant prophétisa en ces termes la destruction : « La première fois que je viens ici, j'y trouve une ville; la seconde fois que j'y viendrai, je n'y rencontrerai que des bois; et, à une troisième visite, je n'y apercevrai que neige et blocs de glace. »

Le Juif-Errant était bien à Leipsick, en 1642, au dire de témoins oculaires, et pourtant, des personnes pieuses qui revenaient de Palestine en 1641 et 1643 avaient su, de très-bonne source, que le Juif-Errant ne s'était jamais éloigné de Jérusalem et qu'il y était toujours prisonnier sous la garde des Turcs. (Voy. *Causeries et méditations*, par M. Magnin, t. I, p. 105.) Le malheureux Juif, enfermé dans un souterrain profond, n'avait pas d'autre recréation que de marcher sans cesse en long et en large entre quatre murs, sans rien dire, en se frappant la poitrine et en touchant la muraille avec sa main décharnée. Il portait encore son ancien costume romain, qui ne paraissait pas trop usé pour avoir été porté pendant plus de seize cents ans. Cette incroyable tradition était venue d'Orient dès le règne de Henri IV, et le savant Pierre Louvet, qui l'entendit conter à la cour de la reine Marguerite de Valois, n'oublia pas de lui donner place dans son Histoire de Beauvais, sans toutefois en garantir l'authenticité. On avait publié à Turin, dès les premières années du

dix-septième siècle, un petit opuscule qui semble
traduit de l'italien et qui a pour titre : *Relation d'un
gentilhomme arrivé de Jérusalem , dans laquelle on
apprend où est le malheureux qui donna le soufflet
à Jésus-Christ , et la pénitence qu'il y fait.*

En tous cas, ce n'est pas ce malheureux-là que
deux bourgeois de Bruxelles rencontrèrent, en 1640,
dans la forêt de Soignes : « Il était couvert d'un
costume extrêmement délabré et taillé d'après des
modes fort antiques, dit le savant Gustave Brunet,
de Bordeaux, dans sa *Notice historique et biblio-
graphique sur la légende du Juif-Errant* (Paris,
Techener, 1845, in-8 de 19 pages); il entra avec
eux dans une auberge ; il y but , mais sans vouloir
s'asseoir ; il leur raconta son histoire , leur dit qu'il
se nommait Isaac Laquedem , et les quitta, les laissant grandement effrayés. »

Ces deux bourgeois furent peut-être les auteurs
d'une brochure ayant pour titre : *Histoire admirable
du Juif-Errant,* qui parut en Belgique vers cette
époque et dont les éditions originales n'existent
plus, mais qui n'a pas cessé d'être réimprimée depuis,
tous les ans, avec des additions et des variantes,
soit à Rouen , soit à Épinal, soit à Troyes, etc. Elle
fut incorporée alors dans la célèbre *Bibliothèque
bleue.* Nous ne croyons pas devoir l'analyser ici :
les merveilleuses aventures qu'elle contient ne
s'accordent pas trop avec la légende primitive;
c'est l'œuvre d'un romancier, qui a fait des frais
d'imaginative en décrivant les voyages de son héros
dans les quatre parties du monde. Mais elle est suivie

d'un *cantique* , qui se réimprime encore aujourd'hui avec la brochure , dont le titre a été complété ainsi : *Histoire admirable du Juif-Errant , lequel depuis l'an 33 jusqu'à l'heure présente ne fait que marcher : contenant sa tribu , sa punition , les aventures admirables qu'il a eues dans tous les endroits du monde.* M. Charles Nisard , dans son précieux ouvrage sur les livres populaires et la littérature du colportage depuis le quinzième siècle , n'a eu garde de laisser de côté l'*Histoire admirable du Juif-Errant* (t. I, p 553 et suiv.), et il en a cité autant qu'il en faut pour la faire bien connaître ; il a seulement passé sous silence le *cantique* , qui n'est qu'une faible et pâle réminiscence de la première complainte ; le voici , sur l'air de *saint Eustache* :

> Grand Dieu du ciel et de tout l'univers,
> Quand finiront mes tourments et mes peines,
> Qu'en cheminant les campagnes et déserts,
> Une grande lassitude me gêne!
>
> A bon droit on me nomme Juif-Errant.
> Car je marche jour et nuit sans retraite,
> Sur terre et sur mer semblablement,
> Sans qu'aucun lieu jamais je ne m'arrête.
>
> Ces jours derniers, étant près de Poitiers,
> Une des plus grandes villes de France,
> Un homme accourut pour me parler,
> Voyant mon habit et aussi ma contenance.
>
> Je lui ai dit : « Je ne puis m'arrêter,
> Pour vous parler, car le chemin me presse;
> Mais, en passant, je puis vous assurer
> Que je suis ce Juif qui chemine sans cesse. »

Dans Jérusalem, j'étais un cordonnier;
Lorsque Jésus voulait d'amour sincère
Sur ma boutique un peu se reposer,
Portant sa croix sur le mont du Calvaire;

Je lui ai dit : « Retire-toi d'ici ! »
Jésus me dit, voyant mon humeur fière :
« Jusqu'au Jugement tu chemineras,
Et moi je reposerai dans ma gloire. »

Alors je pris tranchet soudain :
Le mettant ma ceinture, je lève,
Cinq sols, un bâton en la main,
Sors de chez moi sans aucune trêve.

Depuis ce temps-là, je suis en tourment,
En tournaillant cette machine ronde,
Sans y pouvoir trouver soulagement
D'aucune nation qui soit au monde.

Buvant, mangeant, je suis debout;
Je ne puis me reposer à nulle place;
Si j'eus connu le Sauveur, comme vous,
Je ne serais point dans cette disgrâce.

Si j'avais su que, pour mon sauvement,
Etre fouetté et couronné d'épines,
A conduire à la mort honteusement,
J'aurais adoré sa présence divine.

Hélas! hélas! où avais-je les yeux,
De faire une action si téméraire,
Que de chasser ainsi le Roi des cieux,
En lui tenant ce propos de colère,

Tous les chrétiens qui sont en ces bas lieux,
Qui ne songent point à leur salut faire,
Faisant mépris des effets du grand Dieu,
Sentiront un jour sa juste colère.

Amendez-vous, pécheurs, amendez-vous!
Songez à l'état de vos consciences:
Afin d'apaiser de Dieu le courroux,
Disposez-vous à faire pénitence!

L'apparition du Juif-Errant dans la forêt de Soignes, en 1640, avait fait beaucoup de bruit en
Europe, et l'on s'attendait à le voir reparaître successivement dans les villes d'Allemagne qu'il affec-
tionnait, puisqu'on l'y avait revu deux et trois fois
depuis le commencement du siècle ; mais il ne se
montra qu'à Leipsick en 1642, comme nous l'avons
dit, et, nulle part ailleurs, son passage ne fut
signalé pendant le reste du siècle, quoique les écoliers des universités germaniques s'apprêtassent à
lui faire fête et à lui verser à boire. On s'entretenait souvent du bon Juif sur les bancs des écoles,
et plus d'une fois, son histoire servit de texte à des
dissertations et à des thèses qui empruntaient du
sujet même un piquant attrait de singularité. Martin
Droscher fit imprimer : *De duobus testibus vivis Pas-
sionis Christi* (Ienœ, 1668, in-4º) ; J. Frentzel, sous
le pseudonyme de *G. Thilo*, publia, la même année :
De Judœo immortali (Witembergæ, 1668, in-4º) ;
Martin Schmied, sous le pseudonime de *Ch. Schultz*,
mit au jour, en 1689, une dissertation qui eut cinq
ou six éditions : *Dissertatio historica de Judœo non
mortali* (Regiom., 1689, 1693, 1698, 1711, in-4º).
« Le plus singulier de ces ouvrages, dit M. Gustave
Brunet, c'est celui de Droscher ; cet érudit, regardant le fait comme incontestable, prétend établir
qu'Ahasverus et Cartaphilus sont deux personnages

distincts et séparés; il combat de son mieux pour l'existence de deux Juifs-Errants.

Mais ces savantes di-sertations n'invitèrent pas l'un et l'autre Juif-Errant à se manifester, dans notre hémisphère, avant la seconde moitié du dix-huitième siècle : il voyagait sans doute en Amérique ou dans quelque sixième partie du monde à nous encore inconnue. C'est en 1774, le 22 avril, à six heures du soir (la date est très-exactement enregistrée sur plusieurs millions d'images gravées en bois et coloriées), que le Juif-Errant passa par Bruxelles *en Brabant*. Le récit de son passage dans cette ville ne se trouve authentiquement consigné que dans la Complainte *nouvelle*, qui fut mise en vogue, lors de cette apparition mémorable, la dernière qui ait préoccupé l'Europe. Les *Bourgeois de la ville* qui n'avaient jamais eu l'avantage de voir *un homme si barbu*, esquissèrent probablement son portrait d'après nature, portrait que les imagiers d'Épinal, de Metz, de Montbelliard, de Nancy et de Troyes ont reproduit, avec d'incroyables variantes, en tête de cette complainte *nouvelle*, que nous savons tous par cœur, nous autres vieilles gens, pour l'avoir entendue cent fois dans notre enfance, et qui a définitivement détrôné l'ancienne Complainte et l'ancien Cantique; la voici, revue, corrigée, et non augmentée :

Est-il rien sur la terre,
Qui soit plus surprenant,
Que la grande misère
Du pauvre Juif-Errant?
Que son sort malheureux
Paraît triste et fâcheux!

Un jour, près de la ville
De Bruxelles en Brabant,
Des bourgeois fort dociles
L'accostèr' en passant :
Jamais ils n'avaient vu
Un homme si barbu.

Son habit tout difforme
Et très-mal arrangé,
Leur fit croir' que cet homme
Était fort étranger,
Portant comme ouvrier,
Devant lui, tablier.

Lui dïrent : « Bonjour, maître !
De grâce accordez-nous
La satisfaction d'être
Un moment avec vous.
Ne nous refusez pas,
Tardez un peu vos pas ?

— Messieurs, je vous proteste
Que j'ai bien du malheur :
Jamais je ne m'arrête,
Ni ici, ni ailleurs ;
Par beau ou mauvais temps,
Je marche incessamment.

— Entrez dans cette auberge,
Vénérable vieillard ?
D'un pot de bière fraîche,
Vous prendrez votre part ;
Nous vous régalerons
Le mieux que nous pourrons.

— J'accepterais de boire
Deux coups avecque vous ;
Mais je ne puis m'asseoir,
Je dois rester debout.
Je suis, en vérité,
Confus de vos bontés.

— De savoir votre âge,
Nous serions curieux;
A voir votre visage,
Vous paraissez fort vieux,
Vous avez bien cent ans,
Vous montrez bien autant ?

— La vieillesse me gêne :
J'ai bien dix-sept cents ans ;
Chose sûre et certaine,
Je passe encor' trente ans ;
J'avais douze ans passés,
Quand Jésus-Christ est né.

— N'êtes-vous point cet homme
De qui l'on parle tant,
Que l'Écriture nomme
Isaac, Juif-Errant?
De grâce, dites-nous
Si c'est sûrement vous?

— Isaac Laquedem,
Pour nom me fut donné;
Né à Jérusalem,
Ville bien renommée
Oui, c'est moi, mes enfants,
Qui suis le Juif-Errant.

. « Juste ciel ! que ma ronde
Est pénible pour moi !
Je fais le tour du monde
Pour la cinquième fois :
Chacun meurt à son tour,
Et, moi, je vis toujours !

» Je traverse les mers,
Rivières et ruisseaux,
Les forêts, les déserts,
Montagnes et coteaux,
Les plaines et vallons :
Tous chemins me sont bons.

« J'ai vu, dedans l'Europe,
Ainsi que dans l'Asie,
Des batailles et des chocs
Qui coûtaient bien des vies :
Je les ai traversés,
Sans y être blessé.

« J'ai vu, dans l'Amérique,
C'est une vérité,
Ainsi que dans l'Afrique,
Grande mortalité :
La mort ne me peut rien,
Je m'en aperçois bien.

« Je n'ai point de ressource
En maison, ni en bien ;
J'ai cinq sous dans ma bourse,
Voilà tout mon moyen :
En tous lieux, en tout temps,
J'en ai toujours autant.

— Nons pensions comme un songe
Le récit de vos maux ;
Nous traitions de mensonge
Tous vos plus grands travaux !..
Aujourd'hui nous voyons
Que nous nous méprenions.

« Vous étiez donc coupable
De quelque grand péché,
Pour que Dieu, tout aimable
Vous eût tant affligé ?
Dites-nous l'occasion
De cette punition ?

— C'est ma cruelle audace
Qui cause mon malheur ;
Si mon crime s'efface,
J'aurai bien du bonheur !
J'ai traité mon Sauveur
Avec trop de rigueur.

« Sur le mont du Calvaire,
Jésus portait sa croix;
Il me dit d'un bon air,
Passant devant chez moi :
« Veux-tu bien, mon ami,
« Que je repose ici?»

« Moi, brutal et rebelle,
« Je lui dis sans raison :
« Ote-toi, criminel,
«De devant ma maison!
«Avance et marche donc,   .
« Car tu me fais affront. »

« Jésus, la bonté même,
Me dit en soupirant :
« Tu marcheras toi-même
« Pendant plus de mille ans;
« Le dernier jugement
« Finira ton tourment. »

« De chez moi, à l'heure même,
Je sortis, bien chagrin;
Avec douleur extrême
Je me mis en chemin;
Dès ce jour-là, je suis
En marche jour et nuit.

« Messieurs, le temps me presse...
Adieu la compagnie!
Grâce à vos politesses!
Je vous en remercie.
Je suis trop tourmenté,
Quand je suis arrêté! »

Cette Complainte, malgré son style grossier et
incorrect, offre pourtant une composition remarquable, empreinte d'un profond sentiment de mé-
lancolie, et quelquefois solennelle dans sa plus

naïve expression. C'est là une de ces touchantes inspirations du peuple, que le peuple garde religieusement, comme les vestiges d'une tradition qui s'efface et qui sera tout à l'heure anéantie.

Depuis que le Juif-Errant a conté lui-même son histoire aux bourgeois *fort dociles* qui voulaient le retenir en Brabant, il ne s'est pas montré ailleurs, et l'on est autorisé à penser qu'il voyage aux Indes-occidentales et que la fin du monde approche. Il parait qu'en 1774 il avait encore changé de nom et qu'il se faisait appeler *Isaac Laquedem*, au lieu de *Cartaphilus*, de *Joseph*, et d'*Ahasverus*. Nous ignorons le nom qu'il porte à présent et la langue qu'il parle.

Le Juif-Errant, depuis quatre-vingts ans, n'a pas daigné se faire voir dans notre vieux monde, qu'il connaît sans doute asssez, et qui peut-être l'enfermerait dans une maison de correction, comme prévenu de vagabondage et de mendicité. Mais la littérature et la poésie ne lui ont pas laissé de repos et l'ont promené sans pitié sur toutes les scènes de théâtre, sur tous les étalages de librairie : on compterait plus de dix pièces françaises représentées sous le titre du *Juif-Errant*, depuis le mélodrame de Caignez, joué à la Gaîté en 1812, jusqu'au grand opéra de MM. Scribe et Saint-Georges, mis en musique par M. Halévy, à l'Académie impériale de Musique, en 1852; on compterait plus de dix poèmes consacrés à la même épopée, entre lesquels il faut distinguer l'œuvre mystique de M. Edgar Quinet. Mais la plus grande, la plus populaire, la plus philosophique, la plus poétique de toutes ces compositions inspirées par la légende du Juif-Errant, c'est la chanson de notre Béranger. Voici cette chanson, cette ode, cette méditation, qui doit survivre à toutes les complaintes et à tous les cantiques que nous ont légués nos pères, témoins oculaires des merveilleuses pérégrinations du Juif-Errant :

> Chrétien, au voyageur souffrant,
> Tends un verre d'eau sur ta porte ;
> Je suis, je suis le Juif-Errant,
> Qu'un tourbillon toujours emporte.
> Sans vieillir, accablé de jours,
> La fin du monde est mon seul rêve.
> Chaque soir, j'espère toujours,
> Mais toujours le soleil se lève.
>   Toujours, toujours
> Tourne la terre où moi je cours,
> Toujours, toujours, toujours, toujours.

> Depuis dix-huit siècles, hélas !
> Sur la cendre grecque ou romaine,
> Sur les débris de mille états,
> L'affreux tourbillon me promène.
> J'ai vu sans fruit germer le bien,
> Vu des calamités fécondes,
> Et, pour survivre au monde ancien,
> Des flots j'ai vu sortir deux mondes.
>   Toujours, toujours,
> Tourne la terre où moi je cours,
> Toujours, toujours, toujours, toujours.

> Dieu m'a changé pour me punir :
> A tout ce qui meurt je m'attache ;
> Mais, du toit prêt à me bénir,
> Le tourbillon soudain m'arrache.
> Plus d'un pauvre vient implorer

Le denier que je puis répandre,
Qui n'a pas le temps de serrer
La main qu'en passant j'aime à tendre.
    Toujours, toujours
Tourne la terre où moi je cours,
Toujours, toujours, toujours, toujours.

Seul, au pied d'arbustes en fleurs,
Sur le gazon, au bord de l'onde,
Si je repose mes douleurs,
J'entends le tourbillon qui gronde.
Eh! qu'importe au Ciel irrité,
Cet instant passé sous l'ombrage?
Faut-il moins que l'éternité,
Pour délasser d'un tel voyage!
    Toujours, toujours
Tourne la terre où moi je cours,
Toujours, toujours, toujours, toujours.

Que des enfants vifs et joyeux
Des miens me retracent l'image,
Si j'en veux repaître mes yeux,
Le tourbillon souffle avec rage.
Vieillards, osez-vous à tout prix
Envier ma longue carrière?
Ces enfants à qui je souris,
Mon pied balaiera leur poussière!
    Toujours, toujours
Tourne la terre où moi je cours,
Toujours, toujours, toujours, toujours,

Des murs où je suis né jadis,
Retrouvé-je encore quelque trace!
Pour m'arrêter, je me roidis;
Mais le tourbillon me dit : « Passe!
Passe! » Et la voix me crie aussi :
« Reste debout, quand tout succombe;
Tes aïeux ne t'ont point ici
Gardé de place dans leur tombe. »
    Toujours, toujours

Tourne la terre où moi je cours,
Toujours, toujours, toujours, toujours.

J'outrageai d'un rire inhumain
L'Homme-Dieu respirant à peine...
Mais sous mes pieds fuit le chemin :
Adieu, le tourbillon m'entraîne
Vous qui manquez de charité,
Tremblez à mon supplice étrange :
Ce n'est point sa divinité,
C'est l'humanité, que Dieu venge !
Toujours, toujours
Tourne la terre où moi je cours,
Toujours, toujours, toujours, toujours.

Un poète allemand, Schubart, a pris en pitié la destinée errante du malheureux Ahasverus, et il a imaginé de le faire mourir dans cette *rhapsodie* lyrique, où la légende est montée au ton de la plus haute poésie. C'est un bon poète aussi, c'est Gérard de Nerval, qui a traduit en français ce magnifique tableau de la mort du Juif-Errant :

« Ahasver se traîne hors d'une sombre caverne du Carmel. Il y a bientôt deux mille ans qu'il erre sans repos, de pays en pays. Le jour que Jésus portait le fardeau de la croix, il voulut se reposer un moment devant la porte d'Ahasver : hélas ! celui-ci s'y opposa et chassa durement le Messie. Jésus chancelle et tombe sous le faix, mais il ne se plaint pas.

» Alors l'Ange de la mort entra chez Ahasver et lui dit d'un ton courroucé : « Tu as refusé le repos » au Fils de l'homme... Eh bien ! monstre, plus de » repos pour toi, jusqu'au jour où le Christ revien- » dra ! »

» Un noir démon s'échappa soudain de l'abime et se mit à te poursuivre, Ahasver, de pays en pays... Les douceurs de la mort, le repos de la tombe, tout cela depuis t'est refusé !

» Ahasver se traîne hors d'une sombre caverne du Carmel... Il secoue la poussière de sa barbe, saisit un des crânes entassés là et le lance du haut de la montagne : le crâne saute, rebondit, et se brise en éclats : « C'était mon père ! » s'écrie le Juif. Encore un... Ah ! six encore s'en vont bondir de roche en roche... « Et ceux-ci... et ceux-ci ? rugit-il, les yeux ardents de rage. Ceux-ci, ce sont mes femmes ! » Ah ! les crânes roulent toujours. « Ceux-ci... et ceux-ci? ce sont les crânes de mes enfants ! Hélas ! ils ont pu mourir ! Mais, moi, maudit, je ne le puis pas !... L'effroyable sentence pèse sur moi pour l'éternité !

» Jérusalem tomba... J'écrasai l'enfant à la mamelle; je me jetai parmi les flammes ; je maudis le Romain dans sa victoire. Hélas ! hélas ! l'infatigable malédiction me protégea toujours, et je ne mourus pas. Rome la géante s'écroulait en ruines, j'allai me placer sous elle · elle tomba... sans m'écraser ! Sur ses débris, des nations s'élevèrent et finirent à mes yeux... Moi, je restai et je ne pus finir !

» Du haut d'un rocher qui régnait parmi les nuages, je me précipitai dans le gouffre des mers; mais bientôt les vagues frémissantes me roulèrent au bord, et le trait de feu de l'existence me perça de nouveau. Je mesurai des yeux le sombre cratère de l'Etna, et je m'y jetai avec fureur. Là, je brûlai dix mois par-

mi les géants, et mes soupirs fatiguèrent le gouffre
sulfureux ; ₰hélₐₛ! dix mois entiers ! Cependant
l'Etna fermenta et puis me revomit parmi des flots de
lave : je palpitai sous la cendre et je me remis à vivre.

» Une forêt était en feu, je m'y élançai bien vite :
toute sa chevelure dégoutta sur moi en flammêches ;
mais l'incendie effleura mon corps et ne put pas
le consumer. Alors je me mêlai aux destructeurs
d'hommes, je me précipitai dans la tempête des
combats. Je défiai le Gaulois, le Germain... Mais ma
chair émoussait les lances et les dards; le glaive
d'un Sarrasin se brisa en éclats sur ma tête : je vis
longtemps les balles pleuvoir sur mes vêtements,
comme des pois lancés contre une cuirasse d'airain.
Les tonnerres guerriers serpentèrent sans force
autour de mes reins, comme autour d'un roc cré-
nelé qui s'élève au-dessus des nues.

» En vain l'éléphant me foula sous lui; en vain
le cheval de guerre irrité m'assaillit de ses pieds
armés de fer. Une mine chargée de poudre éclata et
me lança dans les nues : je retombai tout étourdi
et à demi-brûlé, et je me relevai, parmi le sang, les
cervelles et les membres mutilés de mes compagnons
d'armes.

» La masse d'acier d'un géant se brisa sur moi ;
le poing du bourreau se paralysa en voulant me
saisir; jamais lion affamé ne put me déchirer dans
le Cirque. Je me couchai sur des serpents venimeux ;
je tirai le dragon par sa crinière sanglante : le serpent me piqua, et je ne mourus pas ! Le dragon
s'enlaça autour de moi, et je ne mourus pas !

• J'ai bravé les tyrans sur leurs trônes ; J'ai dit
à Néron : « Tu es un chien ivre de sang ! » A Chris-
tiern : « Tu es un chien ivre de sang ! » A Mulès-
Ismaël : « Tu es un chien ivre de sang ! » Les tyrans
ont inventé les plus terribles supplices : tout fut
impuissant contre moi !

» Hélas ! ne pouvoir mourir ! ne pouvoir mourir !
Ne pouvoir reposer ce corps épuisé de fatigues !
Traîner sans fin cet amas de poussière avec sa couleur de cadavre et son odeur de pourriture ! Con-
templer des milliers d'années l'Uniformité, ce monstre
à la gueule béante ; le Temps, fécond et affamé, qui
produit sans cesse et sans cesse dévore ses créatures !

» Hélas ! ne pouvoir mourir ! ne pouvoir mourir !
O colère de Dieu ! pouvais-tu prononcer un plus ef-
royable anathème ? Eh bien ! tombe enfin sur moi
comme la foudre ! précipite-moi des rochers du
Carmel ! Que je roule à ses pieds, que je m'agite
convulsivement et que je meure ! »

Ahasver tomba. Les oreilles lui tintèrent, et la
nuit descendit sur ses yeux aux cils hérissés. Un
ange le reporta dans la caverne.

« Dors maintenant, Ahasver, dors d'un pai-
sible sommeil : la colère de Dieu n'est pas éternelle !
A ton réveil, il sera là. Celui dont à Golgotha tu vis
couler le sang, et dont la miséricorde s'étend sur
toi comme sur tous les hommes ! »

Est-ce encore là une allégorie ? Schubart réclame-
t-il le pardon et l'oubli en faveur du déicide qui pèse
sur les Juifs ? Demande-t-il au monde chrétien de

permettre enfin que cette nation errante retourne dans le pays de ses ancêtres, et se repose enfin après dix-huit siècles d'épreuves et de persécutions?

Cette pièce lyrique n'est plus la pieuse et naïve complainte, que les pèlerins du Moyen Age répétaient d'une voix traînante et plaintive, en étalant aux yeux de la foule émerveillée les reliques ou *rogatons* qu'ils disaient apporter de Rome ou de Jérusalem; c'est une admirable méditation de la philosophie religieuse sur les mystères de la vie humaine; c'est un élan de l'âme vers le ciel, c'est une consolante pensée de la mort.

BIBLIOGRAPHIE.

Voy. les différents ouvrages qui sont cités dans cette notice.

LES

BLASPHÉMATEURS.

———

Du temps de nos pères, les blasphèmes et les faux serments inspiraient une horreur générale.

Ce n'était pas tout que d'avoir donné à la justice humaine l'autorité de les poursuivre et la faculté de les atteindre; on croyait que la justice de Dieu n'attendait pas l'heure des peines futures, pour châtier les jureurs et parjureurs: la main de l'Ange exterminateur semblait toujours étendue, menaçante et implacable, sur ces coupables qui échappaient à l'action des lois ou qui se mettaient au-dessus d'elles.

Il y avait, dans toutes les classes de la société, une crainte salutaire des châtiments temporels et spirituels, encourus par les blasphémateurs en cette vie et dans l'autre, et cette crainte suffisait pour rendre extrêmement rares les outrages à la foi jurée, au saint nom de Dieu et aux choses de la religion.

Mais ce qui contribuait surtout à faire haïr les imprécations et les parjures, c'étaient des légendes populaires qui couraient alors et qui racontaient de terribles punitions divines, par lesquelles s'était manifestée la colère du ciel contre les impies que le bras séculier eut laissés impunis.

Saint Louis avait voulu que les blasphémateurs eussent la langue percée d'un fer rouge, fussent battus de verges et exposés au pilori, en cas de récidive, et subissent le dernier supplice, s'ils persistaient dans leur abominable péché.

Louis XI remit en vigueur et confirma l'ordonnance de Louis IX, et le bon roi Louis XII la promulgua de nouveau, en adoucissant la rigueur des peines : il ordonna que ceux qui *renieraient, maugréeraient et blasphémeraient le très-doux nom de Dieu, notre créateur, et feraient autres vilains et détestables serments contre l'honneur de Dieu, de sa très-sacrée mère et des benoîts saints et saintes du Paradis*, payeraient une amende qui doublerait, triplerait et quadruplerait jusqu'à la quatrième fois, passeraient huit heures au carcan à la cinquième récidive, auraient la lèvre inférieure coupée à la sixième, puis la lèvre supérieure à la septième, et enfin, s'ils commettaient encore *par désespérée volonté lesdits crimes et délits*, perdraient la langue, *afin que dès lors en avant ils ne puissent dire ni proférer tels maugréements, reniements et blasphèmes de Dieu ni de sa glorieuse mère*.

Eh bien ! cette sévère ordonnance, que les prévôts et les baillis n'appliquaient ordinairement que dans les cas d'amende pécuniaire, exerçait moins d'empire sur e s esprits, que des récits de miracles, de prodiges et de visions, qui s'adressaient à la crédulité superstitieuse du peuple.

Qu'on nie l'avantage de la superstition !

Le mauvais et le bon roi, Louis-XI et Louis XII, qui avaient tous deux armé le juge d'une formidable pénalité contre les blasphémateurs, s'oubliaient souvent jusqu'à faire eux-mêmes de *vilains serments*, le premier jurant par *la Pâque-Dieu* et faussant sa parole avec audace ; le second jurant par *le diable m'emporte*, et manquant quelquefois à ses promesses les plus solennelles ; mais l'un et l'autre frissonnaient et se signaient, quand leur confesseur les effrayait de la relation de quelque événement surnaturel qui avait mis en évidence la justice de Dieu.

Ainsi faisait le menu peuple, à l'exemple de ses rois.

Les jours de foires et de marchés, lorsque les blasphémateurs étaient menés au pilori pour y être exposés en butte aux insultes des passants ou pour y avoir la lèvre coupée d'un fer chaud, ce peuple, insouciant et incorrigible, assistait gaiement à ce spectacle, sans songer à devenir meilleur ni à éviter de tomber dans une faute qu'il voyait si chèrement payée ; il reniait, maugréait et blasphémait, au pied du pilori, pourvu qu'il n'eût pas à redouter la présence des sergents, et il ne tirait pas d'autre leçon de la vue du supplice, que de prendre en pitié la maladresse du patient qui s'était fait accuser et con-

10

damner ; mais, si ce même peuple entendait narrer
certaines aventures merveilleuses qui montraient le
doigt de Dieu désignant le pécheur aux justes coups
de la fatalité, il se recueillait avec ferveur, il s'inclinait en tremblant, il se frappait la poitrine et
détestait son péché, dans l'appréhension des ven-
geances célestes.

La superstition était donc bonne à quelque chose,
puisqu'elle faisait ce que la jurisprudence et la raison
ne savaient pas faire.

Malheur à qui se parjurait, lors même que les
circonstances seules l'empêchaient d'être fidèle à sa
parole ! Plus il était puissant et superbe, plus sa
soumission était éclatante et exemplaire !

Le connétable de Bourbon, ce grand capitaine, qui
avait trahi son roi et sa patrie pour se soustraire à
la malveillance de Louise de Savoie, mère de François Ier, ne pouvait plus être retenu par les liens
d'un serment.

Quand il eut ramené la victoire sous les drapeaux
de son nouveau maître, enlevé l'Italie à la domination française, livré à Charles-Quint le roi de France
fait prisonnier dans la désastreuse bataille de Pavie,
il ne reçut pas le prix qu'il attendait de sa trahi-
son. L'empereur refusa de donner la main de sa
sœur Éléonore à un traître qui se couvrait en vain
de gloire militaire.

Bourbon, indigné, retourna cacher sa honte et
ses rancunes au milieu de son armée dont il était
l'âme ; mais l'empereur, qui n'avait plus besoin de
lui en ce moment, oublia ces vieilles bandes espa-

gnoles auxquelles il devait la conquête du Milanais :
l'argent n'arrivait pas d'Espagne, et la paye des
troupes se trouva suspendue pendant plusieurs
mois.

Le soldat supporta d'abord des privations que son
chef supportait aussi ; mais bientôt il murmura et
menaça de passer au service de l'ennemi qui le
payerait mieux.

Le connétable, après avoir essayé d'apaiser les
plaintes de ses compagnons d'armes, ne s'opposa
plus aux exactions de tout genre qu'ils faisaient
subir au duché de Milan. Les habitants et les magistrats le supplièrent de mettre fin à ce déplorable
état de choses, et d'éloigner les gens de guerre,
qui, suivant l'expression du temps, *vivaient sur le
pauvre homme.*

Bourbon parut touché des maux inouïs que le
séjour de l'armée espagnole avait causés, et il s'enga-
gea solennellement à les faire cesser, pourvu que la
ville de Milan consentît à lui fournir trente mille
ducats destinés à la paye de ses bandes d'aventuriers ;
moyennant cette somme, il promit de conduire
l'armée hors du territoire milanais qui serait dès
lors sous sa sauvegarde :

» En cas que la moindre extorsion, dit-il en
prenant le ciel à témoin de sa promesse, soit faite
au moindre villageois ou citoyen, je veux qu'à la
première rencontre ou au premier assaut, le premier coup d'artillerie qu'on tirera vienne à mon
adresse et m'emporte la tête ! »

Les trente mille ducats furent fournis, mais l'armée ne délogea pas, et les Milanais eurent à souffrir plus de vexations qu'auparavant de la part des gens de guerre que l'impunité avait rendus indomptables.

Le vol, l'incendie et le meurtre marquaient le passage de ces furieux qui ne se souciaient pas du serment de leur capitaine. La désolation fut si grande dans ce malheureux pays, que quelques-uns de ses habitants, ruinés, maltraités et déshonorés, se tuèrent de leurs propres mains, en priant le ciel de les venger.

Enfin, le connétable, qui n'avait sans doute pas assez d'autorité pour tenir sa parole, sortit du Milanais avec son armée que le pays ne pouvait plus nourrir, et marcha sur Rome, qu'il voulait assiéger, pour la donner en butin à ses soldats qui lui demandaient de l'argent ou le pillage. Mille voix sinistres répétaient à ses oreilles le fatal serment qu'il avait eu l'imprudence de faire.

Il était déjà frappé du pressentiment de sa mort prochaine, lorsqu'il vint camper, le 5 mai 1527, devant les murailles de la ville éternelle, où le bruit de son approche avait répandu l'effroi.

Ses soldats eux-mêmes, qui le chérissaient comme leur père, et qui se croyaient invincibles avec lui, ces farouches aventuriers qui ne craignaient pas plus Dieu que le diable, hochaient la tête et fixaient leurs yeux pleins de larmes sur la tente de leur général.

Celui-ci s'y était enfermé, en ordonnant que chacun se tînt prêt pour l'assaut qui serait donné le

lendemain. Pendant cette nuit-là, le duc de Bourbon ne se coucha pas, ne dormit pas, et resta tout
armé, le front dans ses mains.

Au point du jour, les trompettes sonnèrent l'assaut : le connétable, sans prononcer un seul mot,
se saisit d'une échelle, et, précédant les plus intré-
pides, alla lui-même la planter contre la muraille.

Au même instant, un artilleur (on raconte que
ce fut le fameux sculpteur Benvenuto Cellini), qui
l'avait reconnu des créneaux du château Saint-Ange,.
dirigea si habilement sa coulevrine, que le boulet
emporta la tête du connétable, qui criait déjà *Ville
gagnée!* Rome fut prise d'assaut et livrée à toutes les
horreurs du pillage; mais, du moins, le parjure avait
trouvé son châtiment.

La Providence qui châtiait ainsi les grands de la
terre, ne dédaignait pas quelquefois de punir les
petits.

Un aventurier allemand, qui revenait peut-être
du sac de Rome, et qui en avait rapporté une bourse
bien garnie, tomba malade dans une hôtellerie en
traversant le marquisat de Brandebourg, et se crut
en danger de mort.

Il fit appeler son hôtesse et lui dit en secret, quand
ils furent seuls :

— Ma commère, j'ai amassé de mes épargnes ou
autrement une grosse somme d'argent que je comp-
tais employer à quelque honnête commerce, une
fois que je serais rentré dans ma ville natale; mais
j'ai grand'peur de n'y rentrer jamais, tant mon mal
est subit et obstiné. Ne cessez toutefois de m'aider

de vos soins et faites de votre mieux pour que je retourne en santé. Jusque-là, je vous baille à garder
ce trésor qui est là sous mon chevet, et je vous le
lègue à bonne intention, en cas que je n'en réchap-
pe. Si je meurs, vous ne laisserez pas ma pauvre
âme avoir faute de messes !

L'hôtesse reçut le dépôt qu'on lui confiait et promit de le remettre au soldat, dès qu'il serait rétabli.
Mais elle pensait bien qu'il était atteint mortellement, et le médecin, qu'elle avait appelé, assura
que le mal était sans remède.

Le moribond se vit donc abandonné sans secours,
tandis que l'hôtesse et son mari comptaient l'argent
et l'enfouissaient dans leur cave.

Ils allèrent voir cependant le lendemain s'ils pouvaient enterrer leur homme ; mais ils le trouvèrent
plus vivant que jamais, et bien déterminé à ne pas
mourir pour cette fois.

Ils reculèrent de surprise et de dépit, en présence de ce ressuscité, qui ne demandait qu'à boire et
à manger; ils s'excusèrent de l'avoir délaissé, en lui
disant que le médecin l'avait cru mort et s'en était
allé avec le confesseur qui fut mandé trop tard.

— Ma commère, reprit le soldat, ce n'était qu'une
fausse alarme de madame la Mort: je me sens si
dispos, que je veux à table célébrer ma guérison et
vider plus d'un flacon à vos chères et précieuses
santés. Donc, faites tuer le veau gras, plumez l'oie
et tirez le vin.

L'hôte et sa femme se retirèrent sous prétexte de
préparer le souper, après avoir inutilement tenté de

persuader au soudard qu'il devait garder le lit et faire diète, selon l'ordonnance du médecin. Ils s'en vont tenir conseil dans leur cave, près de leur or, et se décident à empoisonner le pauvre diable qui s'est permis de ne pas mourir, malgré l'arrêt de la Faculté.

Mais celui-ci, que la faim et la soif tourmentent, n'attend pas qu'on l'avertisse que le couvert est mis : il se relève, il s'habille, il descend; il rencontre l'hôtesse qui avait l'air fort affairé et qui ne faisait pas attention à lui ; il s'arrête :

— Ça, ma commère, lui dit-il, où avez-vous serré notre argent? Je puis maintenant vous décharger de ce dépôt, et je n'appréhende plus qu'on me l'ôte durant mon sommeil. Cette belle épée le défendra mieux , s'il vous plaît, que ne peut le faire la serrure de votre coffre.

— Qu'est-ce à dire ? reprend l'hôtesse troublée de cette question qu'on lui adresse vis-à-vis de ses servantes : quel argent entendez-vous là ? M'est avis que vous n'êtes pas si bien guéri que vous dites, car vous avez le cerveau rempli d'étranges fantaisies.

— Oui dà, madame ma mie, je vous parle de cette ceinture garnie d'or que je vous ai remise hier avant l'arrivée du médecin?

— Voilà un audacieux trompeur ! s'écrie la femme jouant l'indignation : cette ceinture garnie d'or ne fut donc qu'en votre imagination , mon ami.

— Merci de moi! seriez-vous assez malhonnête que de me dénier mon bien ? Vite et tôt, rendez-moi ce qui m'appartient, vilaine ; rendez, ou je vous accuse de larcin devant le podestat.

— Et vous, méchant, si vous persistez dans cette abominable calomnie, je vous dénonce au juge et réclame justice de votre imposture.

— Corbleu! vous êtes une affronteuse et une larronnesse! Restituez mon bien, sinon, je vous ferai un mauvais parti...

— Holà! mon mari, à l'aide! cria l'hôtesse, en repoussant le soldat vers la porte. Voici qu'on me fait violence! Aïe! à la force! Venez tous à moi!

Ses cris attirèrent l'hôte, qui, secondé par ses domestiques, maltraita cet homme et le chassa hors de l'hôtellerie, avant qu'il eût pu se mettre en défense.

Aussi, dès qu'il se vit dans la rue, le soldat s'arma de son épée, et fit voler en éclats les vitres de la fenêtre, en disant à la foule qui s'assemblait, qu'on l'avait volé, et en jurant qu'il tuerait ses hôtes infidèles.

L'hôtesse parut à une fenêtre haute de la maison, et supplia les assistants de s'opposer aux projets criminels de cet étranger, qui avait voulu lui extorquer une forte somme d'argent, et qui était déterminé à l'assassiner, elle, son mari et tous leurs gens.

Le peuple s'émut d'indignation et arrêta le soldat, qu'on emmena enchaîné dans les prisons de la ville.

Son procès fut instruit par le podestat, qui, après audition des témoins, demeura convaincu que cet

homme avait eu réellement le dessein de commettre
un vol et un assassinat : les dénégations de l'accusé ne firent que rendre sa perte plus assurée, en
le faisant paraître plus coupable et plus endurci.

La sentence allait être prononcée, et devait être
suivie de l'exécution à mort, lorsque le pauvre patient entendit ouvrir son cachot. Il crut que c'était
le geôlier ou le bourreau, et ne fut pas peu surpris
de se trouver face à face avec un visage qui n'avait
rien d'humain.

Il avait vu assez souvent le diable représenté sur les
vitraux, les sculptures et les peintures des églises,
pour le reconnaître dans le personnage noir qui se
montrait à lui.

Comme il était bon catholique, il recula en invoquant son ange gardien et en se cuirassant de signes
de croix.

— Trêve, mon ami ! lui dit Satan, qui s'était jeté
contre terre pour n'être pas renversé et culbuté par
ces beaux signes de croix, je ne t'enlèverai pas sans ta
permission, foi de damné. Devisons un peu, s'il te plaît,
en bonne intelligence, et tu t'en trouveras mieux
que de converser avec la corde d'un gibet ?

— Arrière ! loin de moi, tentateur ! répétait le prisonnier, qui s'étonnait de la persévérance du démon à braver le signe de la rédemption des hommes.

— Cesse de jouer ainsi des mains, si tu veux que
je t'apprenne l'objet de ma visite, et contente-toi,
pour te mettre à l'abri de ma griffe, de poser les bras en
croix sur ta poitrine.

Le soldat, vaincu par l'obstination de l'Esprit malin, fit trêve un moment à sa tactique chrétienne, et consentit à écouter, sinon à répondre.

Satan se releva, en se mordant les ongles et en s'émouchant avec sa queue, comme avec une queue de vache,

— Je viens t'annoncer, mon confrère, lui dit-il goguenardement, que tu seras condamné à être pendu haut et court.

— A la grâce de Dieu! reprit l'accusé : car je suis innocent.

— Aussi, je te conseille bien de ne pas prendre tes degrés en potence: et, si tu veux te donner à moi, corps, sang, âme et tout, je te ferai vivre autant que Mathusalem.

— Je mourrais mille fois plutôt que de me donner à l'enfer, répondit le soldat avec fermeté.

— Chacun son goût, mon mignon, et tu ne sais ce qui est bon en l'autre monde. Mais ce qu'il me faut à moi, c'est une âme, n'importe laquelle, et je te laisserai volontiers la tienne, pourvu que tu m'en donnes une autre.

— Où la prendrai-je? Montrez-m'en une toute gangrenée de vices et chargée de crimes, pour qu'elle soit digne de vous.

—Vraiment! je ne serai pas en peine de la prendre moi-même, si tu me sers de belle volonté !

— Comment?

— En choisissant pour avocat de ta cause celui que tu remarqueras à son bonnet bleu dans la salle des plaids.

— Cet avocat fera-t-il que je ne sois pas condamné?

— Oui, sur ma parole !

— Fera-t-il qu'on me restituera l'argent que l'hôtesse me détient injustement ?

— Oui.

— Serai-je enfin déclaré innocent et mis en liberté?

— Oui, te dis-je, et s'il n'en est ainsi, que je ne sois jamais qu'un diable honteux et confus, sans royaume, sans sujets et sans puissance.

Le soldat résolut de suivre l'avis de ce diable, qui paraissait bon homme au fond, et qui d'ailleurs se tenait toujours hors de la portée des signes de croix.

Le voilà donc qui entre à l'audience du podestat, et qui cherche des yeux l'avocat au bonnet bleu.. Il ne l'aperçoit pas d'abord, et il craint que Satan ne se soit moqué de son infortune.

'On l'interroge: il proteste de son innocence et il demande qu'un avocat plaide sa cause contre ses hôtes qui, non contents de l'avoir dépouillé, se flattent de le faire pendre.

L'hôtelier et sa femme étaient présents : ils se lèvent et offrent de maintenir sous le sceau du serment tout ce qu'ils ont avancé, la tentative de vol et de meurtre dont ils ont failli être victimes.

— Je doute, dit le podestat, que quelqu'un se hasarde à défendre ce larron, meurtrier et calomniateur; mais néanmoins, je lui baille licence de se pourvoir d'avocat.

Aussitôt l'accusé distingue un bonnet bleu parmi

les bonnets noirs qui remplissent la salle; il le dé-
signe, et l'on introduit à la barre un docteur en droit
que personne ne connaissait, et que les assistants
examinent avec autant de terreur que de curiosité.

C'était une petite figure d'homme qui ressemblait
à un chat et qui roulait des prunelles enflammées,
d'où jaillissaient de véritables étincelles : il cachait
ses mains dans les manches de sa robe, et il n'ôta
pas son bonnet, à cause d'un rhume, dit-il, qui l'affectait depuis six mille ans.

Ces derniers mots, prononcés avec un singulier
ricanement, firent tressaillir le podestat sur son
siège et trembler les gens qui étaient dans la salle.

L'hôte et l'hôtesse seuls restèrent calmes et se
prirent à rire de ce qu'ils regardaient comme une
bouffonnerie de l'avocat inconnu.

Celui-ci commença son plaidoyer, sans s'être seulement consulté avec son client; il soutint que le
soldat était faussement accusé, raconta en détail les
circonstances dans lesquelles l'argent avait été remis
en dépôt entre les mains de l'hôtesse, révéla le com-
plôt de cette femme avec son mari, dit que l'argent
se trouverait dans la cave de l'hôtellerie, sous une
futaille vide, et décrivit les lieux de telle manière
qu'il semblait les avoir devant les yeux en parlant.

L'auditoire s'émut, et le podestat lui-même commençait à changer d'opinion, quand l'hôte, pâle et
frémissant, interrompit l'avocat au bonnet bleu :

— Qui que tu sois, tu mens par la gorge! dit-il
d'une voix entrecoupée: cet homme est un malfai-
teur, de même que tu es un faussaire !

— Oh! le passé maître en fourberie! ajouta la femme, dont l'impudence surpassait celle de son mari. C'est, j'imagine, le compagnon de notre voleur, et il sait mentir plus finement que Satan son patron.

— Je nie et je nierai tout ce que ce bonnet bleu a osé dire contre ma chère et honorée femme, reprit l'hôtelier.

— Que le mensonge puisse lui tordre la langue! reprit l'hôtesse; quant à nous, pour répondre à ses impostures, nous sommes bien damnés, s'il a dit la vérité contre nous; donc, que le grand diable d'enfer nous emporte!

A peine avait-elle proféré cette imprécation, que l'homme au bonnet bleu éclata de rire d'une si étrange façon, que les spectateurs crurent que le tonnerre avait embrasé une caque de poudre: du bonnet bleu sortirent deux cornes de bélier démesurées, et, des manches de la robe de l'avocat deux longs bras, couleur de suie, qui saisirent par les cheveux l'hôte et l'hôtesse, les élevèrent en l'air à travers le plafond de la salle et les lancèrent contre la muraille du clocher de l'église, où leur silhouette sanglante fut imprimée comme si un peintre l'eût tracée au pinceau.

Le podestat remit en liberté le soldat qui retrouva son argent dans la cave, ainsi que son avocat l'avait annoncé, et qui appendit un tableau votif dans une chapelle de l'endroit, en mémoire de la justice de Dieu opérée par l'intervention du diable. Cette exécution des arrêts du ciel avec l'entremise des esprits de ténèbres n'avait rien qui choquât la naïve dévotion de nos ancêtres. Ils se préoccupaient moins des moyens que de la fin, et pourvu que celle-ci fût morale et de saint enseignement, ils acceptaient les traditions les plus fantastiques, comme des articles de foi.

Il ne faisait donc pas bon prendre le diable à témoin d'un faux serment : le diable se trouvait là toujours à point nommé et faisait son métier de diable, avant qu'on eût le temps de se recommander à Dieu.

Dans un procès qui durait depuis plusieurs années entre deux bourgeois de Paris, la Cour du Parlement eut la bonne pensée d'ouïr les parties en personne et de les accorder, s'il était possible.

Ils furent cités et comparurent ensemble dans la chambre des enquêtes, et le président leur dit, en leur montrant les sacs et pièces de la procédure amassés sur la table verte, que la vérité n'était sans doute pas là dedans, puisqu'on n'avait pas réussi encore à l'en tirer :

— Donc, ajouta-t-il, je vous interpelle l'un vis-à-vis de l'autre, pour que vous ayez à déclarer quelle est la vérité; mais, notez bien, messieurs, que Dieu vous voit et vous entend. Voici le fait : l'un prétend avoir prêté à l'autre une somme de cent écus d'or, sans toutefois exiger cédule et reconnaissance de ladite somme : l'autre, au contraire, assure qu'il n'a ni emprunté ni reçu du premier somme quelconque de deniers. Lequel dit vrai des deux ?

Alors celui qui prétendait avoir prêté cent écus à

son voisin, protesta que sa réclamation était juste et
se plaignit de ce que la partie adverse n'y avait fait
droit :

— Messieurs! ajouta-t-il en se tournant vers le
tribunal, que je ne me relève pas demain, si ce que
je vous dis n'est véritable !

Cet homme gagne son procès, et le lendemain on
le trouve mort dans son lit, le corps brûlé et en
charbon, comme s'il avait séjourné dans un brasier
ardent.

Dans un procès plus grave, qui amenait devant les
magistrats de Bâle en Suisse une dame de Lorraine
et un jeune peintre, dont l'union n'avait pas été heureuse, les deux époux se prirent de querelle en plein
tribunal, et s'invectivèrent en se livrant à d'amères
récriminations :

— Vous êtes la plus méchante des femmes, dit le
mari, et je regrette d'être forcé de déclarer que
vous avez bouté du poison dans le vin de ma table.

— Oh! le détestable homme que vous faites! re-
prit-elle effrontément. Oserez-vous bien jurer de
cela ?

— J'en jurerais par mon salut éternel.

—Et, moi, je jure par ma vie, que vous mentez ce
disant, et si je fais un serment téméraire, je con-
sens, messieurs les juges, à ne pas sortir vive de
votre audience.

A ces mots, elle tomba comme morte à leurs pieds:
son visage devint noir, ses yeux se remplirent de
sang, et elle expira dans d'horribles convulsions.

De semblables exemples de la justice de Dieu étaient

fréquents dans les siècles de foi et de religion. S'ils sont plus rares aujourd'hui, faut-il en conclure que les hommes sont meilleurs ou que le ciel a plus d'indulgence? Ces mémorables faits avaient lieu d'ordinaire en présence de beaucoup de témoins, qui disaient, en les racontant: J'ai vu!

A la cour d'un prince d'Allemagne, un gentilhomme, honoré des bontés de son maître, eut l'ingratitude de s'emporter contre lui en paroles injurieuses et mensongères.

Le prince en fut averti et le fit appeler pour lui offrir son pardon, à condition qu'il se repentirait; mais ce gentilhomme nia les propos qu'on lui imputait, et avec tant d'énergie, qu'il ébranla un moment la confiance que le prince avait dans la véracité des personnes qui étaient venues l'avertir.

— Ah! monseigneur, dit le gentilhomme en embrassant les genoux et les mains de son maître, ne croyez pas à ces odieuses calomnies! Ne me jugez pas si misérable et si ingrat, que d'avoir pu vous payer de vos bienfaits par des outrages. Je voudrais que vous me permissiez d'invoquer le jugement de Dieu, l'épée au poing, et je contraindrais bien les ennemis, qui m'accusent, à confesser, dans la poussière, leur infâme entreprise pour me perdre. Mais, sans recourir à la voie des armes, je demande à Dieu ou du diable le châtiment qui m'appartient, en cas que j'aie tenu les propos que l'on m'attribue et que je désavoue!

Il achève à peine, que le palais tremble sur ses fondements, et que ce gentilhomme tombe à la renverse, en poussant des hurlements et en jetant de l'écume par la bouche : il était en proie à une violente attaque d'épilepsie, à la suite de laquelle il resta comme stupide, et privé de mémoire ainsi que de raison.

Il mourut à peu de temps de là, dans un de ces accès où il paraissait être en lutte avec une légion de diables.

BIBLIOGRAPHIE.

Joach. Schonhusn, tractatus de Blasphemiis, nominis que S. Sancti abusu ac contemptu. *Francof.*, 1597, in-8.

Joh. Bapt. Ploti, tractatus de Blasphemo. *Colon.*, *Kinck*, 1620, in-8.

(Vinc. Mussart). Le Fouet des jureurs et blasphémateurs, nom de dieu, par un des pèrès de la Congrégation des Pénitents réguliers du troisième ordre de saint François. *Lyon*, 1615, in-16,

La première édit. est de 1608 ; souvent réimp.

Bernard. Le Fouet divin des jureurs, parjures et blasphemateurs du très-sainct nom de Dieu, de Jésus et des saincts divisé en deux parties, contre lesquels et pour remède d'iceux la Confrairie du très-saint nom de Dieu et de Jésus a esté instituée par les religieux de l'ordre des Frères Prescheurs. *Douay, Marc Wyon*, 1618, in-12,

Moralité très-singulière et très-bonne des blasphémateurs du nom de Dieu ; où sont contenus plusieurs exemples et enseignements à l'encontre des maulx qui procédent à cause des grands juremens et blasphèmes qui se commettent de jour en jour. *Paris, Pierre Sergent,* s. d. (vers 1520), pet. in.fol goth.

Réimpr. en 1831, à Paris, in-fol format d'agenda goth.

Voyez aussi ce qui concerne les blasphémateurs dans les *Histoires prodigieuses* de Boaistuau et Belleforest (*Paris*, 1590-98, 6 tom. in-16) et dans le *Thrésor d'histoires admirables et mémorables de nostre temps*, mises en lumière par Simon Goulart (*Genève*, 1620, 4 vol, in-8).

DÉMONS DE LA NUIT.

Ces démons ou ces esprits, que les Gaulois nommaient *dusiens* ou *druses* (*drusii*), exerçaient déjà leurs violences et leurs séductions nocturnes à l'époque où saint Augustin reconnaissait leur existence et leurs attentats, en déclarant que c'eût été impudence que de nier un fait si bien établi : *Ut hoc negare impudentiæ videatur.*

Plusieurs Pères de l'Église cependant, entre autres saint Jean Chrysostome (Homélie 22 sur la *Genèse*), s'étaient inscrits en faux contre les actes détestables qu'on prêtait aux incubes et succubes. Mais la religion hébraïque donnait à ces démons une origine contemporaine des premiers hommes, et l'Église chrétienne adopta l'opinion des rabbins dans l'interprétation du sixième chapitre de la *Genèse*, où l'on voit les fils de Dieu prendre pour femmes les filles des hommes et procréer une race de géants.

Les docteurs et les conciles, néanmoins, n'allèrent

pas aussi loin que les interprètes juifs qui racontaient la légende des démons, comme si la chose s'était passée sous leurs yeux : ainsi, selon ces vénérables personnages, « pendant cent trente ans qu'Adam s'abstint du commerce de sa femme, il vint des diablesses vers lui, qui en devinrent grosses, et qui accouchèrent de diables, d'esprits, de spectres nocturnes et de fantômes. » (*Le Monde enchanté*, par Balthazar Bekker; Amsterdam, 1694, 4 vol. in-12. Voy. t. I, p. 162.) Ces rabbins et les démonologues, une fois engagés dans cette généalogie des démons de la nuit, ne s'arrêtèrent pas en si beau chemin, ils découvrirent que, si Adam avait péché par le fait d'un succube, Ève s'était trouvée en relation avec un incube, lequel aurait de la sorte aidé perfidement à la multiplication du genre humain !

Quoiqu'il en soit de ces légendes du monde antédiluvien, l'existence des incubes et des succubes n'était contestée par personne, et on leur attribuait tous les fâcheux effets du cauchemar; car ces hôtes incommodes, qui visitaient les garçons et les filles pendant leur sommeil, n'en voulaient pas toujours à leur chasteté : ils venaient souvent s'asseoir auprès d'eux, en leur soufflant à l'oreille mille rêves insensés; ou bien ils pesaient sur la poitrine du dormeur, qui se sentait étouffer, et qui s'éveillait enfin, plein d'épouvante, tremblant et glacé de sueurs froides, au milieu des ténèbres. Mais, plus ordinairement, ce démon, tantôt mâle, tantôt femelle, participant alternativement ou simultanément des deux sexes, s'acharnait sur la victime qu'il avait choisie et qu'un sommeil de plomb lui livrait sans défense. Fille ou garçon, le complice involontaire de l'Esprit malin y perdait sa virginité et son innocence, sans connaître jamais l'être invisible dont il ne sen‑ tait que les hideuses caresses. A son réveil, toute‑ fois, il ne pouvait douter de l'impure oppression qu'il avait subie, lorsqu'il en constatait avec horreur les irrécusables témoignages.

Telle était l'opinion générale non-seulement du peuple, mais encore des hommes les plus éclairés et les plus éminents. « Partout, dit le pieux Guibert, de Nogent, dans les mémoires de sa vie (De vita sua, lib. I, c. 13), on cite mille exemples de démons, qui se font aimer des femmes et s'introduisent dans leur lit. Si la décence nous le permettait, nous racon‑ terions beaucoup de ces amours de démons, dont quelques-uns sont vraiment atroces dans le choix des tourments qu'ils font souffrir à ces pauvres créatures, tandis que d'autres se contentent d'as‑ souvir leur lubricité. »

Ces démons, en effet, étaient bien différents d'hu‑ meur et de caprice : les uns aimaient comme de vé‑ ritables amants, auxquels ils s'appliquaient à res‑ sembler de tout point ; les autres, moins novices peut-être ou plus pervers du moins, se portaient à d'incroyables excès ; la plupart ne se distinguaient pas du commun des hommes dans les mystères de l'amour ; mais quelques-uns justifiaient de leur na‑ ture diabolique, par des prodiges d'incontinence et de dépravation.

La conduite des victimes envers ces oppresseurs

ou *éphialtes* (ἐφιάλτης) nocturnes était également bien
différente : celles-ci s'accoutumaient bientôt à l'approche du démon familier et vivaient en bon accord
avec lui ; celles-là éprouvaient dans ce commerce
damnable autant d'aversion pour elles-mêmes que
pour leur tyran; presque toutes, au reste, gardaient
le silence sur ce qui se passait en ces unions sacriléges, que l'Église frappait d'anathème en détour-
nant les yeux. « Il ne resteroit plus qu'à montrer,
disait le révérend père Costadau en plein dix-septième siècle, comment les démons peuvent avoir ce
commerce charnel avec des hommes et avec des
femmes, mais la matière est trop obscène pour l'exprimer en notre langage. « *Traité histor. et crit.
des principaux signes qui servent à manifester les
pensées ou le commerce des esprits :* Lyon, Bruyset,
1720, t. V, p. 137.) Voilà pourquoi on était plus à
l'aise en parlant latin sur cette matière.

Les écrits des théologiens, des philosophes, des
médecins et des démonologues du Moyen Age, sont
remplis d'observations circonstanciées au sujet
des incubes et des succubes, qui trouvaient bien
peu d'incrédules, avant que la science eût expliqué
naturellement leurs prétendus méfaits. Le christianisme avait accepté, pour le compte du diable
et de ses suppôts, les actes de violence et de
séduction, que le paganisme, depuis la plus haute
antiquité, attribuait à ses dieux subalternes et aux
démons de la nuit. C'étaient de la part des uns et
des autres, les mêmes actes d'obsession fantastique; mais les esprits invisibles qui s'en rendaient

coupables n'étaient pas détestés par les païens, comme ils le furent par les chrétiens, à qui l'Église recommandait de se défendre des piéges de l'enfer. Cependant, si l'opinion commune ne mettait pas en doute les horribles attentats que ces méchants esprits exerçaient contre l'espèce humaine pendant son sommeil, la philosophie avait nié hautement ces attentats, dès qu'elle s'était livrée à l'examen du fait, et dès qu'elle eut constaté les phénomènes du cauchemar.

On appelait *incube, incubus,* le démon qui prenait la figure d'un homme pour avoir commerce avec une femme endormie ou éveillée. Ce nom dérive du verbe latin *incubare,* qui signifie: *être couché sur quelqu'un.* Les Grecs nommaient l'incube ('φιάλτης) démon *sauteur* ou *insulteur (insultor)*, qui se rue sur quelqu'un. Dans un vieux glossaire manuscrit, cité par Ducange, le mot *incuba. surgeseur,* est accompagné de cette définition : « *Incubi vel incubones,* une manière de deables qui solent gesir aux femmes. » Ducange emprunte encore, aux Gloses (*Glossæ*) manuscrites pour l'intelligence des ouvrages médicaux d'Alexandre de Tralles, un passage qui prouve que les savants confondaient autrefois, sous la dénomination d'*incube,* le démon du cauchemar et la souffrance que ce démon causait au dormeur : «*Incubus est passio quâ dormientes suffocari et à dæmonibus opprimi videntur.* »

L'étymologie de *succube,* en latin *succubus,* ne diffère de celle d'*incube,* que par la différence du rôle que jouait le démon changé en femme. Nous

croyons qu'on a dû dire *succubare*, pour: *cubare sub*,
être couché sous quelqu'un. Toutefois, Ducange n'a
point admis ce mot-là et son dérivé dans son Glossaire, où les écrivains de la basse latinité auraient
pu amplement combler cette lacune.

Les succubes, il est vrai, sont plus rares que les
incubes, dans les écrits du Moyen Age; mais ces
derniers, en dépit des exorcismes et de la pénalité
ecclésiastique, ne laissaient pas reposer les femmes
et les filles de nos aïeux. Après avoir fait des miracles dans la légende des saints, ils viennent étaler
leurs infamies en pleine histoire. Grégoire de Tours
nous raconte la mort tragique du préfet Mummolus
(liv. VI de son *Historia Francorum*), qui envoyait
des démons obcènes aux dames gauloises qu'il
voulait damner. Le même chroniqueur nous fait
entendre que Satan lui-même ne dédaignait pas,
dans l'occasion, de se livrer à ce passe-temps.

Un saint évêque d'Auvergne, nommé Éparchius,
s'éveille, une nuit, avec l'idée d'aller prier dans son
église; il se lève, pour s'y rendre; il trouve la basilique éclairée par une lumière infernale et toute
remplie de démons qui commettent des abominaticns
en face de l'autel; il voit assis dans sa chaire épis-
copale Satan en habits de femme, présidant à ces
mystères d'iniquité : « Infâme courtisane ! lui crie-
t-il, tu ne te contentes pas d'infecter tout de tes profanations; tu viens souiller le siège consacré à Dieu,
en y posant ton corps dégoûtant ! Retire-toi de la
maison de Dieu ! — Puisque tu me donnes le nom
de courtisane, reprend le prince des démons, je te

tendrai beaucoup d'embûches, en t'enflammant d'a-
mour pour les femmes. » Satan s'évanouit en fumée;
mais il tint parole, et fit éprouver à Éparchius toutes les tortures de la concupiscence charnelle. (Grég.
de Tours, liv. II, ch. 21.)

Un historien aussi grave que Grégoire de Tours ,
Guibert de Nogent, racontait avec la même bonne
foi, cinq siècles plus tard, les insultes que sa mère
avait eues à subir de la part des incubes, que la
beauté de cette sainte femme attirait sans cesse autour d'elle. Une nuit, pendant une douloureuse in-
somnie où elle baignait sa couche de ses larmes,
« le démon , selon sa coutume d'assaillir les cœurs
déchirés par la tristesse , vint tout à coup s'offrir à
ses yeux, que ne fermait pas le sommeil, et l'op-
pressa, presque jusqu'à la mort, d'un poids étouf-
fant. » La pauvre femme ne pouvait plus ni remuer,
ni se plaindre, ni respirer ; mais elle implorait inté-
rieurement le secours divin, qui ne lui manqua pas.
Son bon ange se tenait justement au chevet de son
lit ; il s'écria d'une voix douce et suppliante : « Sainte
Marie, aide-nous! » et il s'élança sur le démon incube, pour le forcer de quitter la place. Celui-ci se
dressa sur ses pieds, et voulut résister à cette attaque inattendue ; mais l'ange le renversa sur le plan-
cher avec un tel fracas, que sa chute ébranla toute
la maison. Les servantes se réveillèrent en sursaut
et coururent au lit de leur maîtresse, qui, pâle,
tremblante, à demi morte de peur, leur apprit le
danger qu'elle avait couru, et dont elle portait encore
les marques. (Guibert, *De vita sua*, lib. I, cap. 13.)

Les bons anges n'étaient pas toujours là pour venir en aide à la faiblesse des femmes, et le diable avait alors l'avantage. Mais l'Église pouvait alors lui ravir sa proie, témoin l'exorcisme mémorable dont il est question dans la vie de saint Bernard, écrite peu de temps après sa mort.

Une femme de Nantes avait commerce avec un démon qui la visitait toutes les nuits, lorsqu'elle était couchée avec son mari : celui-ci ne se réveillait jamais. Au bout de six ans de cette affreuse cohabitation, la pécheresse, qui ne s'en était jamais vantée, avoua tout à son confesseur et ensuite à son mari, qui eut horreur d'elle et la quitta. Le démon incube resta seul possesseur de sa victime. Cette malheureuse sut, de la bouche même de son abominable amant, que l'illustre saint Bernard devait venir à Nantes; elle attendit avec impatience l'arrivée du saint, et alla se jeter à ses pieds, en lui demandant de la délivrer de l'obsession diabolique. Saint Bernard lui ordonna de faire le signe de la croix, en se couchant, et de placer auprès d'elle, dans son lit, un bâton qu'il lui donna : « Si le démon vient, lui dit-il, ne le craignez plus; il aura beau faire, je le défie de vous approcher. » En effet, l'incube se présenta, comme à l'ordinaire, pour usurper les droits du mari; mais il trouva le bâton de saint Bernard, qui gardait le lit de cette femme. Il ne fit que se démener autour de ce lit, en la menaçant : une barrière insurmontable s'élevait entre eux. Le dimanche suivant, saint Bernard se rendit à la cathédrale avec les évêques de Nantes et de

Chartres : une foule immense était accourue pour
recevoir sa bénédiction ; il fit distribuer des cierges
allumés à tous les assistants, et il leur raconta la
déplorable histoire de la victime vouée aux amours
du diable ; ensuite il exorcisa le mauvais esprit, et
lui défendit, par l'autorité de Jésus-Christ, de tour-
menter jamais cette femme ni aucune autre. Après
l'exorcisme, il ordonna que tous les cierges fussent
éteints à la fois, et la puissance du démon incube s'é-
teignit en même temps.

Si saint Bernard ne doutait pas de la réalité du
commerce exécrable des succubes avec les femmes,
on ne saurait se scandaliser de ce que saint Thomas
d'Aquin se soit longuement occupé de ces audacieux démons, dans sa *Summa theologiæ* (quæs
tio LI, art. 3). L'autorité de ces deux grands saints
était bien suffisante pour excuser les malheureuses
qui croyaient subir, malgré elles, cette étrange
obsession diabolique, et qui ne possédaient plus,
en guise de talisman préservatif, le bâton de saint
Bernard. Rien n'était plus fréquent que des révélations de ce genre, dans le tribunal de la confession,
et le confesseur tirait de la bouche même de ses
pénitentes la conviction du fait qu'il combattait,
trop souvent inutilement, par des prières et des
exorcismes.

Le pape Innocent VIII ne se montrait donc pas
plus superstitieux que les contemporains, lorsqu'il
reconnaissait en ces termes, dans une lettre apos-
tolique, l'existence des incubes et des succubes :
« *Non sine ingenti molestiá ad nostrum pervenit au-*

*ditum complures utriusque sexus personas, propriæ
salutis immemores et a fide catholica deviantes, dæmonibus incubis et succubis abuti.* » Ce n'était pas
seulement la confession religieuse qui avait dévoilé
les mystères de l'incubisme et du succubisme; c'é-
taient surtout les aveux forcés ou volontaires, que
l'Inquisition arrachait aux accusés, dans les innombrables procès de sorcellerie, qui hérissèrent de po-
tences et de bûchers tous les pays de l'Europe.

L'imagination avait toujours été seule coupable
de toutes les œuvres nocturnes qu'on imputait au
démon; mais, suivant la croyance des anciens, on
était persuadé que les ténèbres appartenaient aux
esprits infernaux, et que le sommeil des hommes se
trouvait ainsi exposé à la malice de ces artisans du
péché.On accusa donc ceux-ci d'employer les songes à
la tentation des pécheurs endormis. « Principalement, dit le savant Antonio de Torquemada, le
diable tasche de faire cheoir le dormeur au péché
de luxure, le faisant songer en plaisirs charnels,
jusque-là qu'il l'empestre de pollutions, de manière
que, nous plaisans en icelles, depuis que nous
sommes resveillez, elles sont cause de nous faire
pécher mortellement. » Voy. l'*Hexameron*, traduit
de l'espagnol par Gabriel Chappuys (Rouen, Romain
de Beauvais, 1610, in-16).

Bayle, dans sa *Réponse aux Questions d'un provincial*, rapporte, à ce sujet, la doctrine des casuistes
touchant les songes qu'on a mis longtemps sur le
compte des incubes et des succubes : « Les plus re-
làchez conviennent qu'on est obligé de prier Dieu

de nous délivrer des songes impurs. Que si l'on a fait des choses pendant la veille que l'on sache propres à exciter les impuretez en dormant; que si l'on n'a point regret le lendemain de s'être plu à ces songes, et que si l'on se sert d'artifice pour les faire revenir, on pèche. » (*OEuvres de Bayle*, t. III, p. 563.)

On peut dire, en quelque sorte, que les incubes et les succubes sont nés dans les couvents d'hommes et de femmes, car la vie ascétique prédispose merveilleusement l'esprit et le corps à cette débauche involontaire qui se réalise en songe, et que le mysticisme regarde comme l'œuvre des démons nocturnes. « Les religieuses dévotes, dit Bayle, attribuent à la malice de Satan les mauvaises pensées qui leur viennent; et si elles remarquent une sorte d'opiniâtreté dans leurs sensations, elles s'imaginent qu'il les persécute de plus près, qu'il les obsède, et enfin qu'il s'empare de leur corps. » La biographie de plusieurs de ces saintes martyres de leurs propres sens nous fait connaître les épreuves qu'elles avaient à traverser, pour garder leur pureté et pour échapper aux violences ou aux séductions des mauvais anges.

Une religieuse de Sainte-Ursule, de la communauté de Vannes, nommée Armelle Nicolas, « pauvre fille idiote, paysanne de naissance et servante de condition, » ainsi que la qualifie son historien, nous offre un des derniers exemples de l'empire que le diable pouvait exercer à la fois sur le moral et le physique de ces recluses ignorantes, crédules et passionnées. Cette Armelle, qui vécut à la fin du dix-septième siècle, avait commencé par s'exalter dans les sphères de l'amour divin, avant de se trouver aux prises avec les incubes : « Il lui sembloit, dit l'auteur anonyme de *l'École du pur amour de Dieu , ouverte aux sçavants et aux ignorants* (p. 34 de la nouvelle édit. Cologne, 1704, in-12), être toujours dans la compagnie des démons, qui la provoquoient incessamment à se donner et livrer à eux. Pendant cinq ou six mois que dura le fort du combat, il lui étoit comme impossible de dormir la nuit, à cause des spectres épouvantables dont les diables la travaillaient, prenant diverses figures horribles de monstres. » C'était placer le remède à côté du mal, et la pauvre religieuse ne se sentait que plus forte pour résister à ces hideux tentateurs, qui, au lieu de prendre des masques agréables afin de réussir par la persuasion auprès d'elle, s'indignaient de ses refus et la maltraitaient cruellement.

Une autre mystique, Angèle de Foligno, dont Martin del Rio a décrit les tentations diaboliques, dans ses *Disquisitiones magicæ* (lib. II, sect. 24), avait aussi affaire à des démons grossiers qui la battaient sans pitié, après lui avoir inspiré de mauvais désirs qu'ils ne parvenaient pas à utiliser au profit de leur damnable sensualité. Il n'y avait dans tout son corps aucune partie qui ne fût lésée par le fait des incubes, en sorte qu'elle ne pouvait ni bouger, ni se lever de son lit. « *Non est in me membrum,* disait-elle, *quod non sit percussum, tortum et pœnatum a dæmonibus, et semper sum infirma, et semper stupefacta*, *et plena doloribus in omnibus membris meis.* » Les incubes n'en venaient pourtant pas à leurs fins avec elle, quoiqu'ils ne cessassent ni jour ni nuit de la mettre à mal.

Or, suivant les démonologues les mieux renseignés, un démon, qui se vouait au rôle d'incube, prenait la forme d'un petit homme noir et velu, en conservant toutefois quelque trait caractéristique de la race des géants, comme un attribut de son origine paternelle. On trouve, dans les interrogatoires d'un grand nombre de procès de sorcellerie, la preuve de ces énormités, qui n'existaient sans doute que dans l'imagination dépravée des patientes.

Ce commerce accidentel avec un incube se régularisait quelquefois, et la malheureuse, qui le subissait contre son gré ou qui même s'y accoutumait par un accommodement de libertinage, restait ainsi au pouvoir du démon pendant des années entières. Elle finissait alors par supporter patiemment cette étrange servitude. On cite plus d'une possédée, qui avait de l'amour pour le diable et qui correspondait avec lui. Jean Wier raconte que, de son temps, une religieuse nommée Gertrude, âgée de quatorze ans, passait toutes les nuits avec Satan en personne, et Satan s'était fait aimer d'elle à ce point qu'elle lui écrivait dans les termes les plus tendres et les plus passionnés. Dans une descente de justice qui fut faite à l'abbaye de Nazareth, près de Cologne, où cette religieuse avait introduit son galant infernal, on découvrit, le 25 mars 1565, dans sa cellule, une lettre d'amour, adressée à Satan, et cette lettre était remplie des affreux détails de leurs entrevues nocturnes.

On n'était pas d'accord, au reste, sur la nature des goûts pervers que l'on prêtait aux incubes, et la controverse démonologique se donnait amplement carrière à cet égard. Le célèbre de Lancre assure que les démons ne se compromettent pas avec les vierges; mais Bodin dit positivement le contraire. Martin del Rio assure que les démons ont horreur de la sodomie et de la bestialité; tandis que Priérias les regarde comme les premiers inventeurs de ces infâmes pratiques. Cette divergence d'opinions, sur le degré de perversité qu'on attribuait à l'Esprit malin, prouve seulement plus ou moins de dépravation chez les casuistes qui s'occupaient de ces questions délicates.

Nous ne chercherons pas à définir ici l'espèce d'impossibilité qui s'opposait au commerce du démon avec une vierge. De Lancre, dans son *Tableau de l'Inconstance des mauvais anges et démons* (page 218), rapporte qu'une vieille fille lui avait dit « que le diablé n'a guères accoustumé d'avoir accointance avec les vierges, parce qu'il ne pourroit commettre adultère avec elles: aussi, il attend qu'elles soient mariées. » C'était là, de la part du diable, un raffinement de malice, car il ne jugeait pas que ce fût un assez grand péché que de corrompre une vierge: il se réservait pour l'adultère. Cependant, dans d'autres endroits de son livre (pages 134, 224 et 225), de Lancre nous laisse entendre que le diable avait compassion de la faiblesse

des *pucelles* plutôt que de leur innocence. « Si je
ne craignais de salir votre imagination, dit l'abbé
Bordelon dans la curieuse *His'oire des Imaginations
de M. Oufle*, je vous rapporterais ici ce que les démonographes racontent des douleurs que souffrent
les femmes, quand elles ont habitude avec les
diables, et pourquoi elles souffrent ces douleurs. »

Il paraît démontré cependant, par les aveux d'une
foule de sorcières et de possédées qui prétendaient
avoir eu « copulation charnelle » avec le diable, dès
l'âge de dix et douze ans, que le Tentateur n'attendait pas toujours que ses victimes fussent en état de
mariage, pour les approcher. Les démonographes,
sans entrer dans des détails spéciaux à l'égard de
la défloration des vierges par le fait des incubes, si-
gnalent beaucoup de ces infortunées qui ont connu
le diable avant l'âge de puberté. Il faut remarquer,
toutefois, que c'étaient, la plupart, des filles de sorcières, et qu'elles avaient été consacrées au démon et
à ses œuvres en naissant.

Jeanne Herviller, de Verberie, près de Compiègne,
qui fut condamnée, comme l'avait été sa mère, à
être brûlée vive, par arrêt du Parlement de Paris,
confessa que sa mère l'avait présentée au diable,
« en forme d'un grand homme noir et vestu de noir,
botté, esperonné, avec une espée au costé et un
cheval noir à la porte. » Jeanne Herviller avait alors
douze ans, et, depuis le jour de cette présentation,
le diable « coucha charnellement avecques elle, en
la mesme sorte et manière que font les hommes
avecques les femmes, hormis que la semence estoit

froide. Cela, dit-elle, continua tous les huit ou quinze jours, mesmes icelle estant couchée près de son mary, sans qu'il s'en aperceut. » C'est Bodin qui a consigné le fait dans sa *Démonomanie*.

Deux ou trois faits du même genre, recueillis aussi par Bodin, indiqueraient que certains incubes, plus experts ou plus dépravés que les autres, étaient jaloux des privilèges ordinaires des nouveaux mariés. En 1545, l'abbesse d'un monastère d'Espagne, Madeleine de la Croix, alla se jeter aux pieds du pape Paul III et lui demanda l'absolution, en avouant que, dès l'âge de douze ans, elle avait sacrifié son honneur à un malin esprit « en forme d'un More noir, » et qu'elle avait continué pendant trente ans ce commerce exécrable. « J'ay opinion, ajoute Bodin, qu'elle estoit dédiée à Satan par ses parens, dès le ventre de sa mère, car elle confessa que dès l'âge de six ans Satan luy apparut (qui est l'âge de connoissance aux filles) et la sollicita à douze, qui est l'âge de puberté aux filles. » Une autre demoiselle espagnole, qui avait été déflorée par le démon à l'âge de dix-huit ans, ne voulut pas se repentir de ce qu'elle avait fait, et fut brûlée en auto-da-fé.

On reconnaissait implicitement deux espèces d'incubes, les froids et les chauds. Antoine de Torquemada explique d'une façon singulière, d'après Psellus et Mérula, l'invasion de certains diables froids dans le corps de l'homme. « Combien que les diables soient ennemis des hommes. dit-il dans son *Hexameron*, ils n'entrent pas tant en leur corps avec une volonté de leur faire mal, que pour le désir

d'une chaleur vivifiante; car ces diables sont de
ceux qui habitent en lieux très-profonds et froids,
où le froid est tant pur, qu'il est exempt d'humi-
dité, et, pour cette cause, ils désirent les lieux chauds
et humides. »

Quoi qu'il en soit, lorsqu'un diable avait pénétré
dans un corps humain ou qu'il se tenait seulement
aux alentours, il révélait sa présence par l'incroyable
chaleur qu'il causait à toutes les parties qui pouvaient être en contact avec lui. Ainsi, sainte Angèle
de Foligno, qui avait à se garantir sans cesse des
sollicitations du diable, ressentait, à son approche,
un tel feu dans les organes de la génération, qu'elle
était forcée d'y appliquer un fer brûlant pour
éteindre l'incendie qui s'y développait sous l'influence de la lubricité infernale. C'est elle-même
qui raconte le fait: *Nam in locis verecundis est tantum ignis, quod consuevi apponere ignem materia-
lem ad exstinguendum ignem concupiscentiæ.* (Voy.
Disquis. magicæ de Martin del Bio, lib. II, sect. 24).

Malgré l'embrasement interne ou externe que les
incubes chauds apportaient avec eux dans la cohabitation nocturne, leur principe algide se faisait toujours sentir d'une manière ou d'autre dans l'acte
même de leur honteuse obsession. Bodin, après
avoir mentionné le sentiment de froid et d'horreur
qu'éprouvaient, au milieu de leurs hideux trans-
ports, les esclaves du démon, constate que « telles
copulations ne sont pas illusions ni maladies, » et
affirme qu'elles ne diffèrent pas des rapports sexuels
ordinaires, sinon, sur un seul point, *semine frigido.*

Il donne un extrait des interrogatoires que subirent,
en présence de maître Adrien de Fer, lieutenant-
général de Laon, les sorcières de Longwy, qui furent
condamnées au feu pour avoir eu commerce avec
.es incubes. Marguerite Brémont, femme de Noël
de Lavaret, avoua qu'elle avait été conduite, un soir,
par sa propre mère, dans un pré où se tenait une
assemblée de sorcières : « Se trouvèrent en ce lieu
six diables qui estoient en forme humaine, mais
fort hideux à voir, etc. Après la danse finie, les
diables se couchèrent avecques elles et eurent leur
compagnie ; et l'un d'eux, qui l'avait menée danser,
la print et habita avecques elle l'espace de plus
de demie heure, mais délaissa aller sa semence bien
froide. Jeanne Guillemin se rapporte au dire de
celle-cy, et dit qu'ils furent bien demie heure ensemble. (Voy, la *Démonomanie des. sorciers*, liv. II,
ch. 7.)

Jean Bodin remarque une circonstance tout à
fait analogue, dans le procès de la sorcière de
Bièvre, procès instruit et jugé en 1556, dans la
justice du seigneur de la Boue, bailli de Vermandois,
à qui cette sorcière « confessa que Satan (qu'elle
appelait son compagnon), avoit sa compagnie ordinairement... » On retrouve partout le même fait,
qui caractérise l'œuvre du démon : *semen frigidum.*

Les historiens de la sorcellerie et les jurisconsultes ne se bornaient pas à enregistrer cette étrange
particularité ; ils en recherchaient la cause, et ils
imaginaient l'avoir devinée, en s'appuyant de l'autorité de saint Thomas d'Aquin. « Les uns, dit le

naïf et féroce Bodin, tiennent que les démons
hyphialtes ou succubes reçoivent la semence des
hommes et s'en servent avec les femmes en démons
éphialtes ou incubes, comme dit Thomas d'Aquin,
chose qui semble incroyable. » Bodin, qui ne s'étonne
de rien dans les plus sinistres arcanes de la démonomanie, trouve l'explication de ce phénomène diabolique dans un verset de la Bible, devant lequel
les commentateurs sont restés muets et confondus :
« Et peut-estre que le passage de la Loi de Dieu
qui dit : *Maudit soit celuy qui donnera de sa semence à Moloch*, se peut entendre de ceux-cy. »

Ce n'était pas là, d'ailleurs, le seul caractère dis-
tinctif de la possession des démons : l'odeur infecte
que le diable exhalait de tous ses membres (de là
l'origine d'une locution proverbiale encore usitée :
puer comme le diable) se communiquait presque
immédiatement aux hommes et aux femmes qu'il
visitait. Ceux-ci devenaient puants à leur tour, et
on les reconnaissait surtout à l'infection de leur haleine. Bodin dit, d'après Cardan, « que les esprits
malings sont puants, et le lieu puant, où ils fré-
quentent, et croy que de là vient que les anciens
ont appelé les sorcières *fœtentes* et les Gascons *fe-
tilleres*, pour la puanteur d'icelles, qui vient, comme
je croy, de la copulation des diables. » Tous les démonographes conviennent de cette horrible puanteur, qui signalait d'ordinaire le passage du diable,
et qui sortait de la bouche des possédés : « On peut
juger, dit-il, que les femmes, qui de leur naturel
ont l'haleine douce beaucoup plus que les hommes,

par l'accointance de Satan en deviennent hideuses, mornes, laides et puantes outre leur naturel. »

Ce n'est pas tout : le commerce abominable des incubes produisait quelquefois des fruits mons-trueux, et le démon se complaisait à introduire ainsi sa progéniture dans la race humaine. On expliquait de la sorte toutes les aberrations de la nature dans les œuvres de la génération. Les monstres avaient alors leur raison d'être. « Spranger écrit que les Alemans (qui ont plus d'expérience des sorciers, pour en avoir eu de toute ancienneté et en plus grand nombre qu'ès autres pays' tiennent que, de telle copulation, il en vient quelquefois des enfants qu'ils appellent *Wechsel-Kind* ou *enfans changez*, qui sont beaucoup plus pesans que les autres, et sont tousjours maigres, et tariroient trois nourrices, sans engraisser. » (Voy. la *Démonomanie des sor-ciers*, liv. II, ch. 7.) Martin Luther, dans ses *Col-loques*, reconnaît la vérité du fait, avec d'autant plus de désintéressement, qu'on l'accusait lui-même d'être un de ces enfants du diable, que le bas peuple de l'Ile-de-France appelait *champis*, c'est-à-dire trouvés ou faits dans les champs.

Au treizième siècle, un évêque de Troyes, nom-mé Guichard, fut accusé d'être le fils d'un incube, qualifié de *Petun*, qui, disait-on, mettait tous ses diablotins au service de son bien-aimé fils. (Voy. *Nouveaux Mémoires de l'Acad. des inscriptions et belles lettres*, t. VI, p. 603.) Les incubes avaient donc le talent de procréer des enfants, assez bien bâtis pour n'être pas trop déplacés dans le monde; en général, leurs rejetons étaient d'effroyables contrefaçons de l'humanité. Ainsi, Bodin parle d'un monstre de cette espèce, qui était né en 1565, au bourg de Schemir, près de Breslau, et qui avait pour père et mère une sorcière et Satan : c'était « un monstre hideux, sans teste et sans pieds, la bouche en l'épaule senestre (gauche), de couleur comme un foye, qui rendit une clameur terrible, quand on le lavoit. » Du reste, Bodin met en présence diverses opinions à l'égard des résultats de la création diabolique : « Les autres sorcières, dit-il, font diables en guise d'enfants, qui ont copulation avec les nourrices sorcières, et souvent on ne sait ce qu'ils deviennent. Mais, quant à telle copulation avec les démons, sainct Hiérosme, sainct augustin, sainct Chrysostome et Grégoire Nazianzène soutiennent, contre Lactance et Josèphe, qu'il ne provient rien; et s'il en vient quelque chose, ce serait plustost un diable incarné qu'un homme. »

Le vulgaire ne doutait pas cependant, que le diable n'eût la faoulté de se reproduire sous les traits de l'homme, et ceux qui avaient été engendrés par lui passaient pour succubes. On peut en conclure que la plupart des opérations de l'incubisme étaient stériles, « L'homme sorcier qui a copulation avec le diable comme avec une femme, dit Bodin, n'est pas incube ou éphialte, mais hyphialte ou succube. » Là-dessus, il raconte plusieurs histoires de succubes, sous la garantie de Spranger, de Cardan et de Pic de la Mirandole. Spranger rapporte qu'un sorcier allemand « en usoit ainsi devant sa femme et ses compagnons, qui le voyoient en ceste action, sans voir la figure de la femme. « Pic de la Mirandole avait connu un prêtre sorcier, nommé Benoît Berne, qui, âgé de quatre-vingts ans, avouait avoir eu copulation, « plus de quarante ans, avec un déguisé en femme, qui l'accompagnoit, sans que personne l'aperceut, et l'appeloit Hermione. » Cardan cite un autre prêtre, âgé de soixante-dix ans, qui avait cohabité, pendant plus de cinquante ans, avec un démon « en guise de femme. »

Il est à remarquer que les incubes s'adressaient ordinairement aux plus jeunes et aux plus belles femmes, qu'ils obsédaient la nuit, ainsi que les succubes s'attaquaient, de préférence, à de jeunes et beaux garçons. Quant aux sorciers et aux sorcières qui allaient chercher au sabbat les détestables plaisirs que le diable ne leur refusait jamais dans ce monstrueux mélange de tous les sexes et de tous les âges, ils étaient presque toujours laids, vieux et repoussants.

On peut donc considérer l'incubisme comme une sorte d'initiation à la sorcellerie, qui foulait aux pieds toute pudeur et qui poussait le libertinage jusqu'aux dernières limites du possible. Bien souvent, l'incube ne rencontrait aucune complaisance chez le sujet qu'il convoitait et qu'il venait solliciter : ce n'était, en quelque sorte, que le prélude du péché. Le sorcier, au contraire, déjà perverti et adonné à la possession du diable, s'était laissé entraîner à sa perte et vivait dans la pratique des œuvres de ténèbres. Il est dont permis de faire une

distinction très-significative entre l'incubisme et la
sorcellerie, en disant que l'une était la prostitution
des vieilles femmes; et l'autre, la prostitution des
jeunes.

Malgré tant de faits, tant d'aveux, tant de déclarations, tant d'exemples mémorables, certains
démonographes ont nié l'existence des incubes et
des succubes. Le savant astrologue Agrippa et le
célèbre médecin Wier mettent sur le compte de
l'imagination les principaux maléfices de ces démons
nocturnes. « Les femmes sont mélancoliques, dit ce
dernier, qui pensent faire ce qu'elles ne font pas. »
Les médecins les plus éclairés du dix-septième siècle
étaient déjà de cet avis, et cependant au dix-
septième, lorsqu'on brûlait encore des sorcières qui
confessaient encore avoir eu *compagnie charnelle*
avec le diable, on discutait, dans les écoles et
dans les académies, la question mystérieuse des
incubes et des succubes.

La dernière fois que cette thèse bizarre fut débat-
tue en France, au double point de vue religieux et
scientifique, ce fut dans les conférences du célèbre
Bureau d'Adresse, que le médecin Théophraste
Renaudot avait établies à Paris, pour faire pièce, en
même temps, à la Faculté de médecine et à l'Académie française. Ces conférences, qui se tenaient
une ou deux fois par semaine en la grande salle du
Bureau d'Adresse, situé rue de la Calandre dans la
Cité, réunissaient un nombreux auditoire, fort-
attentif à écouter les orateurs qui prenaient part à
la discussion. On traitait là les questions les plus

épineuses, et Théophraste Renaudot, avec un sérieux imperturbable, dirigeait lui-même le débat, qui sortait fréquemment des bornes de ce qu'on nommait alors l'honnêteté, et de ce que nous appelons la décence; mais acteurs et auditeurs n'y entendaient pas malice, chacun étant avide de connaître et de savoir.

Dans la cent vingt-huitième conférence, qui s'ouvrit le lundi 9 février 1637, un *curieux de la nature*, comme s'intitulaient alors les amateurs de physique et de sciences naturelles, déposa cette question sur le bureau : « Des incubes et succubes, et si les démons peuvent engendrer. » Le sujet n'était pas neuf, mais il était piquant et singulier. Quatre orateurs s'inscrivirent aussitôt pour parler à tour de rôle.

Le premier, qui prit la parole, devait être un médecin, peu favorable au système des démons incubes et succubes, qu'il considère comme les effets d'une maladie appelée *éphialtès* par les Grecs, et *pezard* par le vulgaire, et qu'il définit comme « un empeschement de la respiration, de la voix et du mouvement, avec oppression du corps, qui nous représente, en dormant, quelque poids sur l'estomach. » Selon lui, la cause de cette maladie « est une vapeur grossière bouchant principalement le derrière du cerveau, et empeschant l'issue des esprits animaux destinez au mouvement des parties. » Il constate, d'ailleurs, que le vulgaire attribue ces désordres à l'Esprit malin, plutôt que de s'en prendre à la « malignité d'une vapeur ou de quelque hum ur pituiteuse et grossière, laquelle fait oppression dans ce ventricule, dont la froideur et la foiblesse, produite par le défaut d'esprits et de chaleur, qui tiennent toutes les parties en arrest, sont les plus manifestes causes. » Il conclut, en conséquence, que cet état maladif, dans lequel le diable n'est pour rien, ne saurait déterminer la génération, « laquelle estant un effet de la faculté naturelle, et celle-ci, de l'âme végétante, elle ne peut convenir au démon qui est un pur esprit. «

Cette théorie de la génération dut produire une vive curiosité dans l'assemblée, qui ne soupçonnait pas les facultés de l'*âme végétante*. Mais le second orateur, qui était un savant nourri de la lecture des classiques grecs et latins, prit la défense des dé-mons, et voulut prouver la réalité de leurs « accouplements avec les hommes, lesquels on ne peut nier, sans démentir une infinité de personnes de tous âges, sexes et conditions, à qui ils sont arrivez. » Là-dessus, il cite plusieurs per onnages illustres de l'Antiquité et du Moyen Age, qui ont été engendrés par les faux dieux ou les démons ; il cite comme de véritables incubes les faunes, les satyres, et le principal d'entre eux, Pan, chef des incubes, appelé *Haza* par les Hébreux, comme le chef des succubes, *Lilith* ; il cite les *Néfésoliens*, que les Turcs regardent comme issus des démons, « soit que ceux-ci empruntent une forme étrangère qu'ils peuvent transporter presque en un instant, et, par ce moyen, conserver ses esprits et empescher leur escoulement et transpiration ; soit par leur

propre vertu, puisque tout ce qui se peut faire
naturellement, comme est la semence, se peut
faire aussi par les démons. Voire quand bien ils ne
pourraient faire de la semence propre, il ne s'en-
suit pas de là qu'ils ne puissent produire une créature parfaite. »

Il y avait là des dames qui ne perdaient pas un
mot de cette dissertation scientifique.

Le troisième orateur reconnut, comme fait
incontestable, le commerce des incubes et des succubes avec les hommes; mais il était disposé à
croire que ces malins esprits ne pouvaient engendrer, et il en donnait ainsi la raison : « Pour le
succube, il est certain qu'il ne peut engendrer dans
soy, faute de lieu convenable pour recevoir la
semence et la réduire de puissance en art, et manque de sang pour nourrir le fœtus durant neuf
mois. » Il ne tranchait pas aussi résolûment la
question, à l'égard de l'incube; il rappelait les
trois conditions principales que requiert la génération, savoir : « la diversité du sexe, l'accouplement du mâle et de la femelle, et l'écoulement de
quelque matière qui contienne en soy la vertu
formatrice des parties dont elle est issue. » Il con-
vient que le diable peut, au besoin, rencontrer les
deux premières conditions, « mais jamais la dernière, qui est une semence propre et convenable,
douée d'esprits et d'une chaleur vitale, sans laquelle
elle est inféconde et stérile; car il n'a point de son
chef cette semence, puisque c'est ce qui reste de
la dernière coction, laquelle ne se fait qu'en un

corps actuellement vivant, tel que n'est pas celuy
qu'il a; et cette semence, qu'il a pu mendier
d'ailleurs, lorsqu'elle a été épandue hors du vais-
seau de nature, ne peut estre fœcondée, faute de
ces esprits, lesquels ne se peuvent conserver que
par une irradiation qui se fait des parties nobles
dans les vaisseaux spermatiques. »

Le quatrième orateur, homme sage et prudent,
vint à propos calmer l'anxiété de l'auditoire, en
déclarant « qu'il n'y a rien de surnaturel dans l'incube, qui n'est rien qu'un symptosme de la faculté
animale, accompagné de trois circonstances, sçavoir, la respiration empeschée, le mouvement lezé
et une imagination voluptueuse. » Il réhabilita le
cauchemar, en l'expliquant dans ses causes et dans
ses effets; il termina la discussion par un conseil
adressé aux assistants, qu'il invitait à ne pas se
coucher sur le dos et à se garder des périls de l'imagination voluptueuse « produite par l'abondance ou
la qualité de la semence : laquelle envoyant son
espèce dans la phantaisie, elle se forme un objet
agréable et remue la puissance motrice, et celle-
ci, la faculté expulstrice des vaisseaux spermatiques. » Tout le monde se retira très-satisfait de ces
doctes investigations dans ce Monde enchanté, où
le fameux Bekker n'avait pas encore porté la lumière
du doute et de la raison. (Voy. le *Recueil général
des questions traictées ès conférences du Bureau
d'Adresse*, Paris, Soubron, 1656, 5 vol. in-8º.)

Depuis Théophraste Renaudot et jusqu'à notre
époque, la théologie et la science se sont encore

occupées des incubes et des succubes, qui étaient
trop bien enracinés dans la crédulité populaire pour
qu'on réussît à les détrôner complétement. Les
méfaits de ces démons subalternes sont encore aujourd'hui très-accrédités parmi les habitants des
campagnes. Voltaire s'en est moqué avec son in-
flexible bon sens; mais peu s'en fallut qu'on ne
l'accusât d'avoir manqué de respect au diable, en
lui disputant ses plus antiques prérogatives.

Avant Voltaire, un médecin ordinaire du roi, M.
de Saint-André, toucha du doigt les véritables causes
de cette superstition, dans ses *Lettres au sujet de la
magie, des maléfices et des sorciers* (Paris. J.-B. de
Maudouyt, 1725, in-12), lorsqu'il essaya de la
détruire : « L'incube, le plus souvent, est une
chimère, dit-il, qui n'a pour fondement que le
rêve, l'imagination blessée, et très-souvent l'imagination des femmes.... L'artifice n'a pas moins de
part à l'histoire des incubes. Une femme, une fille,
une dévote de nom, etc., débauchée, qui affecte de
paraître vertueuse pour cacher son crime, fait pas·
ser son amant pour un esprit incube qui l'obsède...
Il en est des esprits succubes comme des incubes :
ils n'ont ordinairement d'autre fondement que le
rêve et l'imagination blessée, et quelquefois l'artifice des hommes. Un homme, qui a entendu parler
de succubes, s'imagine, en dormant, voir les
femmes les plus belles et avoir leur compagnie... »

M. de Saint-André résume ainsi, avec beaucoup
de jugement, les circonstances dans lesquelles a dû
se produire la superstition des incubes et des suc-

cubes, et on ne peut que le louer d'avoir fait preuve
de tant de sagesse, à une époque où les casuistes et
les docteurs de Sorbonne n'hésitaient pas à reconnaître le pouvoir générateur du démon. Ainsi, le
père Costadan-, qui, à la vérité, n'était qu'un
jésuite, très-savant d'ailleurs et fort bon homme au
demeurant, écrivait ceci, à cette même époque,
dans son célèbre *Traité des signes* : « La chose est
trop singulière pour la croire à la légère... Nous ne
la croirions pas nous-même, si nous n'étions convaincu, d'une part, du pouvoir du démon et de sa
malice, et si, d'une autre part, nous ne trouvions
une infinité d'écrivains, et même du premier rang,
des papes, des théologiens et des philosophes, qui
ont soutenu et prouvé qu'il peut y avoir de ces
sortes de démons incubes et succubes ; qu'il y en a,
en effet, et des gens assez malheureux, que d'avoir
avec eux ce commerce honteux et de tous le plus
exécrable » (T. V, page 182.)

L'inquisition avait donc fait des lois terribles
contre ces malheureux, convaincus d'avoir été
mêlés, même malgré eux, à ces impuretés infernales, et c'était le feu du bûcher qui pouvait seul
effacer cette horrible souillure, lorsque la pénitence
ne se chargeait pas de ramener le pécheur dans la
voie du pardon. Les victimes de l'incubisme et du
succubisme avaient des motifs d'indulgence à invoquer, si elles se présentaient comme ayant été
séduites ou forcées; mais la jurisprudence ecclésiastique et temporelle se montrait impitoyable envers
une autre espèce de débauche diabolique, celle

des sorciers et des sorcières, qui se donnaient de bonne volonté à Satan en personne, et qui se prêtaient alors à tous les genres d'abominations dans leurs assemblées nocturnes.

BIBLIOGRAPHIE.

Voy. la plupart des ouvrages cités ci-après dans la bibliographie des Sorciers et du Sabbat.

Voy. aussi l'ouvrage de Joseph Franck, *Praxeos medicæ universæ præcepta* (Lipsiæ, 1832, in-8), dans lequel l'auteur énumère les livres où il est traité des incubes et des succubes.

SORCIERS ET LE SABBAT.

Le démonomanie, qui exerça une si funeste influence sur les mœurs au Moyen Age, était l'état normal des hommes et des femmes voués volontairement au démon ; c'était, en quelque sorte, le sceau du pacte abominable qui les liait avec la puissance infernale, avec celui qu'on nommait l'*Auteur du péché.*

Il est donc certain que la sorcellerie avait deux caractères particuliers, dont l'un pouvait être l'effet, et l'autre, la cause : ici, elle donnait satisfaction aux plus infâmes caprices de la perversité humaine ; là, elle employait l'intervention des mauvais esprits à des œuvres surnaturelles et maudites. Aussi, le principe de la sorcellerie, à toutes les époques, consistait-il dans un accord mutuel entre l'homme et le diable : le premier se soumettant, corps et âme,

13

à la domination du second, et celui-ci, en échange de cette servitude volontaire, partageant, pour ainsi dire, avec son esclave, le pouvoir occulte que l'Être suprême avait laissé à Satan en le précipitant des cieux dans l'abime. Il y avait ainsi, dans le mystère de la sorcellerie, une honteuse prostitution de l'homme, qui se vendait et s'abandonnait au diable.

On comprend ce qu'avait pu être, dans l'origine, la sorcellerie, qui servait évidemment de prétexte à d'étranges désordres de honteuse promiscuité. Aussi, les anciens avaient-ils un profond mépris pour les sorciers, dont les assemblées secrètes n'étaient sans doute que des conciliabules de libertinage. Les législateurs et les philosophes de l'antiquité furent donc tous d'accord pour flétrir et punir les magiciens et leurs hideuses compagnes.

Cependant, on ne peut savoir que par conjecture ce qui se passait dans leurs réunions nocturnes; car on n'en trouve chez les poëtes grecs et romains, que des peintures très-adoucies. Il y a seulement, dans Pétrone et dans Apulée, deux ou trois passages qui laissent soupçonner ce qu'ils ne disent pas; les récits qu'on faisait de ces spinthries magiques et de ces danses voluptueuses trouvaient alors des incrédules qui n'y entendaient pas malice. Horace dit positivement, en plusieurs endroits de ses odes et de ses épîtres, que les vieilles sorcières commettaient d'énormes indécences, à la clarté de la lune, et que, la nuit, dans les champs et dans les bois, les jeunes garçons allaient se mêler aux chœurs des nymphes et des satyres *(nympharumque leves cum satyris chori* , I, 1.)

Ce n'était pas là toutefois le Sabbat du Moyen Age avec ses monstreuses horreurs, qui semblent être sorties de l'invention du démon et qui étaient bien faites pour accréditer sa puissance.

Le véritable Sabbat avait déjà lieu pourtant chez les peuples du Nord, que la sorcellerie poussait à tous les égarements de l'imagination la plus dépravée. Ces peuples étaient encore trop voisins de l'état primitif de simple nature, pour ne pas se sentir portés aux excès par leurs passions brutales; la superstition, qui sollicitait leur grossière sensualité, les trouvait très-dociles à ses entraînements. Les empereurs romains, pour maintenir leur autorité sur les pays conquis, essayèrent d'y détruire la magie avec ses adeptes et ses pratiques indomptables. La Gaule surtout était infestée de sorciers; et Tibère ne parvint à en purger cette province de l'Empire, qu'en déclarant une guerre implacable aux druides et à leur religion.

Il n'est peut-être pas indifférent de remarquer ici que les démons incubes, dont parle saint Augustin, et qu'il nomme *Dusiens (quos Galli Dusios nuncupant)*, ont été confondus avec les druides, par d'anciens auteurs; et Bodin, en citant ce même passage reproduit dans les *Étymologies* d'Isidore de Sé- ville, ajoute cette observation : « Tous ont failly au mot *Dusios*, car il faut lire *Drusios*, comme qui diroit *diables forestiers*, que les Latins, en mesme sens, ont appelé *Sylvanos*. Il est vraysemblable,

ce que dit saint-Augustin, que nos pères ancien-
nement appelèrent ces démons et diables-là *Drusios*,
pour la différence des druides, qui demeuroient
aussi ès bois. » L'analogie du nom viendrait plutôt
de la similitude que de la différence des *drusiens* et
des *druides*.

Le christianisme ne fit qu'ajouter aux rigueurs
de la persécution contre les complices de la démonomanie. Ce fut sous le règne de l'empereur Valens
(364-378) qu'on commença probablement à brûler
les sorciers ; mais la sorcellerie et le druidisme
avaient des racines si profondes dans les mœurs des
Gaulois, qu'on ne parvint pas à les en extirper par
le fer et par le feu, après plusieurs siècles de san-
glants efforts. Il est clair que druidisme et sorcellerie
comprenaient dès lors, dans leurs habitudes ou du
moins dans leurs cérémonies, une foule de scanda-
leux excès.

Cependant il n'est pas question, dans les auteurs
chrétiens, des assemblées nocturnes de la sorcellerie, avant le sixième ou le septième siècle. Tous les
codes des peuples barbares, la loi Ripuaire, la loi
Salique, la loi des Burgundes et celle des Allemands,
renferment seulement une pénalité terrible contre
les sorciers et les sorcières, ou stryges, sans les accuser néanmoins de prostitution diabolique.

Le plus ancien monument qui fasse mention du
Sabbat, ou d'une aggrégation ténébreuse de femmes
rassemblées dans un but mystérieux et par des in-
cantations magiques, c'est un capitulaire, dont la
date n'a pas été fixée d'une manière authentique, et

qui n'est peut-être point antérieur à Charlemagne.
(Voy. le recueil de Baluze, *Capitularia Regum*,
fragment., c. 13.) Ce capitulaire ne fournit pas
même des renseignements très-explicites sur les
courses aériennes que les sorcières croyaient faire,
en compagnie de Diane et d'Hérodiade, montées sur
des bêtes fantastiques qui les menaient probablement
à un rendez-vous général. Voici ce curieux passage,
qui paraît appartenir aux canons d'un concile, et
qui a été souvent tronqué et corrompu : « Illud
etiam non est omittendum quod quædam sceleratæ
mulieres, retrò post Satanam conversæ, dæmonum
illusionibus et phantasmatibus seductæ, credunt et
profitentur se nocturnis horis, cum Diana, dea paga-
norum, vel cum Herodiade et innumerâ multitudine
mulierum, equitare super quasdam bestias, et mul-
tarum terrarum spacia intempestæ noctis silentio
pertransire, ejusque jussionibus velut dominæ obe-
dire, et certis noctibus ad ejus servitium evocari. »
On reconnaît ici le départ des Stryges pour le
Sabbat, mais on n'assiste pas à leur arrivée et on ne
sait pas ce qu'elles venaient y faire. Il est permis de
supposer que ces vilaines bêtes qu'elles chevauchaient dans l'air n'étaient autres que les démons,
que nous verrons plus tard servir de monture aux
sorcières.

On ne peut douter que ce ne fut là le Sabbat, c'est-
à-dire une assemblée illicite, dans laquelle on rendait un culte au démon, et ce culte devait être dès
lors accompagné des indécences, des énormités et
des infamies qui étaient les pratiques ordinaires de

la sorcellerie; mais, si la chose existait, le mot
n'existait pas encore, car nous pensons que le nom
du *Sabbat* est postérieur même au douzième siècle.
Ce qui n'a pas empêché les savants de dériver ce
nom, du nom de Bacchus, parce que les Bacchanales
avaient quelque rapport avec les orgies nocturnes,
celébrées en l'honneur du démon par des danses, des
festins et des débauches.

Il est évident que cette docte étymologie, malgré
l'assonance des mots *sabbat* et *Bacchus*, tombe devant
une impossibilité de date. On doit donc s'en tenir à l'é-
tymologie la plus naturelle: « Le peuple, qui a donné
le nom de *sabbat* aux assemblées de sorciers, dit dom
Calmet dans son *Traité sur les apparitions des esprits*,
a voulu apparemment comparer par dérision ces
assemblées à celles des Juifs et à ce qu'ils pratiquent
dans leurs synagogues le jour du sabbat. » Mais tous
les démonographes, qui auraient eu honte de passer
pour des ignares, se sont attachés à retrouver dans
les antiques fêtes de Bacchus l'origine du Sabbat des
démons. Ainsi, selon Le Loyer, dans son livre *Des Spectres* (liv. IV, ch. 3), les initiés chantaient *Saboé*
aux Bacchanales, et les sorcières, au sabbat, criaient
à tue-tête: *Har sabat! sabat!* Mais il est plus probable que les chrétiens, qui n'avaient pas moins
d'horreur pour les Juifs que pour les sorciers, ont
affecté de les confondre les uns et les autres dans la
même réprobation en leur attribuant le même culte,
les mêmes mœurs, les mêmes profanations.

La plus ancienne description du Sabbat diabolique
se trouve dans une lettre du pape Grégoire IX,

adressée collectivement à l'archevêque de Mayence, à l'évêque d'Hildesheim et au docteur Conrad, en 1234, pour leur dénoncer les initiations des hérétiques stadingiens : « Quand ils reçoivent un novice, dit Grégoire IX, et quand ce novice entre pour la première fois dans leurs assemblées, il voit un crapaud d'une grandeur énorme, de la grandeur d'une oie ou plus. Les uns le baisent à la bouche ; les autres, par derrière. Puis, ce novice rencontre un homme pâle, ayant les yeux très-noirs, et si maigre qu'il n'a que la peau et les os : il le baise, et le sent froid comme une glace. Après ce baiser, il oublie facilement la foi catholique. Ensuite, ils font ensemble un festin, après lequel un chat noir descend derrière une statue qui se dresse ordinairement dans le lieu de l'assemblée. Le novice baise le premier ce chat par derrière ; puis, celui qui préside à l'assemblée et les autres qui en sont dignes. Les imparfaits reçoivent seulement le baiser du maître, ils promettent obéissance ; après quoi ils ôtent les lumières, et commettent entre eux toutes sortes d'impuretés. » Voy. l'*Hist. ecclés.* de Fleury, t. XVII, p. 53.) Voilà bien le Sabbat que le seizième siècle nous a décrit souvent et avec de si minutieux détails : mais cette assemblée d'hérétiques stadingiens, quoique semblable au Sabbat des sorciers, tient à l'histoire de l'hérésie, plutôt qu'à celle de la sorcellerie.

Le Sabbat proprement dit, qu'il remonte ou non à la plus haute antiquité, n'a été bien connu qu'au quinzième siècle, lorsque l'Inquisition s'en est occupée sérieusement dans une multitude de procès

où les pauvres sorciers énuméraient avec une sorte
d'orgueil les merveilles monstrueuses dont ils avaient
été les témoins, les acteurs et les complices. C'est
d'après les interrogatoires subis par ces fous pervers, que nous pouvons avec certitude dévoiler les
principales œuvres d'iniquité qui avaient pour
théâtre le Sabbat des sorciers. La plupart des historiens qui ont recueilli ces archives lamentables de la
superstition humaine, étaient doués d'une foi robuste,
inébranlable, et mettaient volontiers sur le compte
du diable tous les crimes que lui imputaient ses
crédules sujets. Après avoir rassemblé un petit
nombre de ces témoignages attristants, nous de-
meurons convaincus que, si l'imagination avait une
invincible influence sur les sensations des démonomanes, la fraude et la ruse abusaient souvent de leur
faiblesse morale au profit de la lubricité des uns et
au préjudice de la pudeur des autres.

Les sorcières, qui voulaient aller au Sabbat, commençaient à s'y préparer par des invocations, se
mettaient toutes nues, se graissaient le corps avec
certain onguent, et, à l'heure dite, au signal convenu,
un *ramon* ou balai entre les jambes, elles s'élevaient
dans les airs à une hauteur considérable, après
s'être échappées de leur domicile par la cheminée.
Ordinairement, elles rencontraient, à l'orifice du
tuyau de la cheminée, de petits diables qui n'avaient
pas d'autre métier que de les transporter à travers
l'espace. Tantôt elles étaient assises à califourchon
sur les épaules de ces diablotins, tantôt elles étaient
suspendues à leur queue ou accrochées à leurs cor-

nes. Elles se présentaient, nues, au Sabbat, toutes
reluisantes de cette graisse magique, qui les rendait
invisibles et impalpables, excepté pour les démons
et les sorciers. La recette au moyen de laquelle on
composait l'onguent destiné aux familiers du sabbat,
se trouve encore formulée dans les livres de magie ;
mais elle a perdu sans doute toute sa vertu, puisqu'on
ne l'emploie plus guère. Autrefois, elle n'était pas
inutile pour décupler les forces physiques que chacun avait à dépenser dans ces orgies infernales.

Sorciers et sorcières, une fois oints de leur graisse

naient nus, Cette nudité complète témoigne assez
que le sabbat était un rendez-vous de prostitution
abominable.

Bodin raconte plusieurs histoires, dont il faut lui
laisser la responsabilité, pour nous apprendre comment femmes et hommes s'en allaient à ces assemblées nocturnes. Un pauvre homme, qui demeurait
près de Loches en Touraine, s'aperçut que sa femme
s'absentait la nuit, sous prétexte de faire la lessive
chez une voisine; il la soupçonna de se débaucher,
et il la menaça de la tuer, si elle ne lui déclarait pas
la vérité. La femme avoua qu'elle se rendait au Sabbat, et elle offrit d'y mener son mari avec elle. « Ils
se graissèrent tous deux, » et le diable les transporta,
dans l'espace, de Loches aux landes de Bordeaux. Le
mari et la femme se virent là en si belle compagnie
de sorciers et de démons, que l'homme eut peur, se
signa et invoqua le nom de Dieu Aussitôt tout disparut, même la femme de cet apprenti sorcier, qui

« se trouva tout nud, errant par les champs, jusqu'au matin. »

Voici une autre anecdote à peu près semblable.
Une *damoiselle* était couchée à Lyon avec son amant :
celui-ci ne dormait pas. La fille se lève sans bruit,
allume une chandelle, prend une boîte d'onguent,
et s'en frotte tout le corps; après quoi, elle est
« transportée. » Le galant se lève ensuite, se sert de
la même graisse comme il a vu sa *ribaude* s'en servir, et prononce les paroles magiques qu'il a rete-
nues. Il arrive au Sabbat sur les pas de cette fille;
mais sa frayeur est si grande, à la vue des diables
et de leurs hideuses postures, qu'il recommande son
âme à Dieu. « Toute la compagnie disparut, dit Bodin, et luy se trouva seul, tout nud, qui s'en retourna à Lyon, où il accusa la sorcière, qui confessa
et fut condamnée à être brûlée. »

Cependant l'emploi d'un onguent sur le corps de la
personne qui voulait être transportée au Sabbat, n'é-
tait pas toujours indispensable, surtout chez les sorcières de profession, lesquelles n'avaient qu'à mettre
entre leurs jambes un balai ou un bâton pour voler
comme une flèche à travers les airs jusqu'au lieu
de la réunion diabolique. Bodin assure que ce bâton
ou balai suffisait aux sorcières de France, qui le
chevauchaient très-habilement, « sans graisse et sans
onction, » tandis que les sorcières d'Italie se graissaient de pied en cap, avant de monter sur un bouc
barbu qui les menait au Sabbat.

Cette différence des moyens de transport aérien,
usités par les sorcières, explique la diversité de leur

costume dans les anciennes gravures qui représen-
tent les mystères du Sabbat : les unes sont nues, ce
sont celles qui ont été ointes : les autres sont vêtues,
ce sont celles qui, comme le dit De Lancre, « vont
au Sabbat sans estre oinctes ni graissées de chose
quelconque, et'ne sont tenues de passer par les
tuyaux des cheminées. « On remarque la même distinction parmi les sorciers, dont les plus jeunes n'ont
aucun vêtement, tandis que les vieux portent de
longues robes à capuchon.

Les démonologues ne sont pas d'accord sur ce
qui se passait au Sabbat : d'où l'on peut conclure
qu'il s'y passait beaucoup de choses, la plupart ridicules, quelques-unes infâmes. Après avoir lu et com-
paré toutes les descriptions qui nous restent du
Sabbat, on reconnait que cet horrible mélange des
sexes et des âges ne devait avoir qu'un seul objet, la
débauche, et que cette débauche se traduisait de
quatre manières, par l'adoration du bouc, par des
festins sacrilèges, par des danses obscènes, par le
commerce impudique avec les démons. Ces quatre
principales fonctions du Sabbat, à toutes les époques
et en tous les pays, sont dûment établies et constatées dans les interrogatoires et les enquêtes des procès de sorcellerie.

On ne saurait trop dire en quoi consistait l'adoration du bouc; et l'on est autorisé à croire que les
pratiques, toujours détestables, de cette adoration,
variaient suivant les lieux et les temps ; elle se composait ordinairement d'une sorte d'hommage, suivi
d'investiture diabolique et accompagné de rede-

vance, le tout imité des usages de la féodalité. Le
nouveau feudataire du diable l'acceptait pour seigneur
et maître, lui prêtait le serment de vasselage, lui
offrait une redevance ou un sacrifice, et recevait en
échange les stigmates ou les marques de l'enfer.
C'était là le fond de la cérémonie, qui se pratiquait
de bien des façons, avec une prodigieuse recherche
d'impudicités effroyables.

Le diable, qui présidait partout au Sabbat ou qui
s'y faisait représenter par un de ses lieutenants, affectait ordinairement de prendre la figure d'un bouc
gigantesque, blanc ou noir. On sait que cet animal fut
toujours le symbole de la lubricité. Le bouc du Sabbat
offrait pourtant plus d'une particularité caractéristique. Selon les uns, il portait deux cornes au front et
deux à l'occiput, ou seulement trois cornes sur la tête,
avec une *espèce de lumière* dans la corn⌐ du milieu;
selon les autres, il avait au-dessus de la queue « un
visage d'homme noir. » (Voy. le *Traité de l'inconstance des démons*, par De Lancre, p. 73 et 128.)

Le diable prenait aussi la forme de quelques
autres animaux non moins lubriques que le bouc.
« J'ay veu quelque procédure, estant à la Tournelle,
raconte le bonhomme De Lancre, qui peignait le
diable au Sabbat comme un grand lévrier noir, par
fois comme un grand bœuf d'airain couché à terre,
comme un bœuf naturel qui se repose. » Quelquefois, Satan ou Belzebut venait recevoir l'adoration de
ses sujets ou sujettes, sous la forme d'un oiseau
noir, de la grandeur d'une oie.

Mais, dans bien des circonstances, le diable s'at-

tribuait la forme humaine, en y ajoutant certains
attributs de sa puissance infernale : tantôt il était
rouge et tantôt noir ; tantôt il avait un visage au bas
des reins; tantôt il se contentait d'un double visage
devant et derrière la tête, comme le dieu païen Janus. En certains cas, il adoptait une configuration
très-étrange, dont un passage du traité de Prierias,
que nous citons plus loin, nous donnera la raison.
« D'autres disent, rapporte De Lancre, qu'au Sabbat
le diable est comme un grand tronc d'arbre, obscur,
sans bras et sans pieds, assis dans une chaire, ayant
quelque forme de visage d'homme grand et affreux. »
Enfin, après avoir recueilli religieusement toutes les
opinions relatives à la personne du diable, De Lancre trace lui-même ce portrait *d'après le vif* : « Le
diable, au Sabbat, est assis dans une chaire noire,
avec une couronne de cornes noires, deux cornes
au cou, une autre au front avec laquelle il esclaire
l'assemblée, des cheveux hérissez, le visage pasle et
trouble ; les yeux ronds, grands, forts ouverts, en-
flammez et hideux ; une barbe de chèvre, la forme
du col et tout le reste du corps mal taillez, le corps
en forme d'homme et de bouc, les mains et les pieds
comme une créature humaine, sauf que les doigts sont
tous esgaux et aiguz, s'appointans par les boutz, armez
d'ongles, et les mains courbées en forme de pattes
d'oye, la queue longue comme celle d'un asne, avec
laquelle il couvre ses parties honteuses. Il a la voix
effroyable et sans ton, tient une grande gravité et
superbe, avec une contenance d'une personne mélan-
cholique et ennuyée. »

Tel était le redoutable maître à qui les sorcières et sorciers prêtaient serment de foi et hommage dans les assemblées du Sabbat. « Il se trouve nombre infiny de telles gens qui adorent le bouc et le baisent aux parties du derrière. » Ce fut le fameux sorcier Trois-Échelles, qui le déclara en ces propres termes au roi Charles IX. (Voy. la *Démonomanie*, liv. II, chap. IV.) De Lancre parle, en plusieurs endroits de ce baiser deshonnête, qui s'adressait souvent aux parties honteuses du diable : « Le cul du grand maître, dit-il (p. 76), avoit un visage derrière, et c'est le visage de derrière qu'on baisoit, et non le cul. » Mais, selon les aveux d'une fille nommée Jeanne Hortilapits, demeurant à Sare, laquelle n'avait pas quatorze ans lorsqu'elle fut livrée à la prostitution du Sabbat : « les grands baisent le diable au derrière, et luy, au contraire, baise le derrière aux petits enfants. » Le diable urinait ensuite dans un trou, et les vieilles sorcières venaient tremper des plumes de coq dans le liquide infect et brûlant, dont elles aspergeaient l'assistance. C'était là, on le voit, une exécrable parodie des cérémonies de la messe.

« Parfois, au Sabbat, raconte encore De Lancre, on adore le diable, le dos tourné contre luy ; parfois, les pieds contre-mont, ayant allumé quelque chandelle de poix fort noire à la corne du milieu, et on lui baise le derrière ou le devant. » Dans le procès de plusieurs sorcières qui furent jugées et condamnées au feu, à Verdun, en 1445, ces malheureuses avouèrent qu'elles étaient « servantes de tous les ennemys d'enfer, » et qu'elles avoient fait *très-énor-mes péchez*. Elles avaient toutes un nom de diable-rie : « l'une faisoit hommage à son maistre de baisier son dos; l'autre, de baisier son par-derrière ; une autre, de baisier en la bouche. » (Voy. l'*Histoire des sciences dans le pays Messin*, par Emile Bégin.)

Outre le baiser, il y avaït l'offrande ; mais les écri-vains ex professo ne disent pas exactem~nt en quoi elle consistait. Etait-ce simplement une petite pièce de monnaie, en potin, offrant une image fantastique, comme on en a trouvé dans des fouilles en Alsace ? Etait-ce un emblème mystérieux, comme un œuf de serpent, une branche de buis ou de verveine, une dent de loup, ou tel autre objet accrédité dans les œuvres de magie noire ?• Nous ne sommes pas loin de regarder cette offrande comme une initia-tion impudique, par laquelle le néophyte se donnait corporellement à Satan, et s'inféodait à lui par un acte charnel. Aussi, prétendait-on que le diable « délivre un *pou* d'argent à ceux qui lui ont baisé le derrière. » (Voy. les *Chroniques* de Monstrelet, édit. de 1572, in-fol., t. III, fol. 84).

Puis, venaient les stigmates diaboliques. Le chef du Sabbat, Satan ou Belzebut, marquait ses adora-teurs comme on marque les moutons d'un troupeau. Cette marque était faite avec l'extrémité ardente du sceptre que le roi des ténèbres portait à la main ou bien avec une de ses cornes. Les sorciers se trou-vaient ainsi marqués entre les lèvres ou sur la pau-pière, sur l'épaule droite ou aux fesses ; les femmes, sur la cuisse ou sous l'aisselle, ou à l'œil gauche, ou

aux parties secrètes. Cette marque indélébile repré-
sentait, soit un lièvre, soit une patte de crapaud, soit
un chat, soit un chien. C'était à ces différents signes
qu'on reconnaissait les associés du démon.

L'adoration terminée, avec une foule de pratiques
aussi bizarres que révoltantes, on célébrait la fête,
par des banquets, des chants et des danses, pour se
préparer aux travaux du Sabbat. Au dire de quelques sorcières plus candides que les autres, ces
repas, servis sur une nappe dorée, offraient à l'appétit des convives « toutes sortes de bons vivres avec
pain, sel et vin. » Mais, selon la plupart des témoins
oculaires, ce n'était que crapauds, chair de pendus,
charognes déterrées dans les cimetières, corps d'enfants non baptisés, bêtes mortes, le tout sans sel et
sans vin. On n'en bénissait pas moins la table ; on
faisait à l'entour une procession, avec chandelles
allumées, et l'on chantait des chansons impies
en l'honneur du démon, qui était le roi du festin. Il
est donc probable que ces orgies mensales avaient
pour objet d'échauffer les sens de l'assemblée, et de
la préparer aux actes monstrueux qui accompa-
gnaient ou complétaient la ronde du Sabbat.

Cette ronde s'exécutait de bien des manières, et
chacun de ceux qui y avaient figuré la décrivait avec
des particularités nouvelles. On ne peut douter néanmoins que le but principal de la danse, si toutefois
c'était une danse, ne fut une odieuse surexcitation à
la débauche ; car cette danse donnait lieu aux postures les plus indécentes, aux pantomimes les plus
infâmes ; la plupart des danseurs et danseuses étaient

tout à fait nus ; quelques-uns, en chemise, avec un gros chat attaché au derrière; presque tous, ayant des crapauds cornus sur l'épaule. On criait, en dansant: *Har, har, diable, diable, saute ici, saute là, joue ici, joue là* ; et tous les spectateurs, les vieux nécromans, les sorcières centenaires, les démons vénérables, répétaient en chœur : *Sabbat, sabbat!* Il y avait des coryphées des deux sexes, qui faisaient de prodigieuses culbutes et des tours de force incroyables, pour animer la luxure chez les spectateurs, et pour donner satisfaction à la malice de Satan.

La ronde continuait ainsi jusqu'aux premières lueurs du matin, jusqu'au chant du coq; et tant qu'elle durait, au bruit des voix et des instruments infernaux chaque couple se livrait tour à tour, avec une ardeur frénétique, à la plus épouvantable débauche. C'est alors que se commettait le quinzième crime capital, dont les sorciers pouvaient se rendre coupables vis-à-vis de la loi divine et humaine : la copulation charnelle avec le diable. (*Voy.* la *Démonomanie*, liv. IV, chap. 5.)

Les jurisconsultes de la démonomanie ont cherché à caractériser la nature de ce crime, d'après les témoignages des patients qui l'avaient commis. Voici ce que Nicolas Remy (*Remigius*) avait cru pouvoir constater, au sujet des caresses immondes que les habitués du Sabbat déclaraient avoir reçues des démons : « Hic igitur, sive vir incubet, sive succubet femina, liberum in utroque vase naturæ debet esse officium, nihilque omnino intercedere quod id vel

14

minimum moretur atque impediat, si pudor, metus horror, sensusque aliquis acrior ingruit; illicet ad irritum redeunt omnia e lumbis, effœtaque prorsus sit natura. » (*Demonolatriæ libri tres*, Lugd., 1595, p. in-fol., p. 55.) Il résulte de là que les sorciers eux-mêmes n'étaient pas moins exposés que les sorcières à la souillure diabolique.

Cependant, plus d'un théologien, plus d'un criminaliste a voulu prendre la défense des démons, et prouver qu'ils avaient en horreur le péché contre nature; mais on ne parait pas avoir réussi à réhabiliter à cet égard l'Esprit du mal; car Sylvestre Prierias, qui écrivait son fameux traité *De strigimagarum dæmonumque mirandis*, sous les yeux de l'Inquisition romaine, a soutenu doctoralement que la sodomie était une des prérogatives du diable : « Universaliter strigimagæ, quæ in ejusmodi spurcitiis versantur, aliquid turpissimum (quod tamen scribam) astruunt, videlicet dæmonem in cubum uti membro genitali bifurcato, ut simul in utroque vase abutatur. » (Édit. de Rome, 1575, p. 150.) Bayle, pour exprimer ces énormités qui s'étaient produites dans l'imagination effrénée des démonomanes, avait forgé un mot que les théologiens et les criminalistes ne paraissent pas avoir adopté : il appelle péché *sur-contre-nature* l'emploi alternatif ou simultané, que le diable hermaphrodite faisait ordinairement de l'un et de l'autre sexe, au Sabbat.

L'inquisiteur lorrain Nicolas Remy s'était attaché curieusement à reconnaître les caractères de la copulation charnelle avec les démons; il avait inter-

rogé avec soin les malheureuses victimes de la tyran-
nie-diabolique, et il finit par conclure que rien n'é-
tait plus douloureux que de subir les caresses de
l'Esprit immonde : *At hoc qui nobis istos concubitus*
succubitusque dæmonum memorant, uno ore loquen-
tur omnes, nihil iis frigidius, ingratiusque quicquam
fingi aut dici posse. Tous étaient d'accord sur l'impression d'horreur glaciale, qu'ils-avaient ressentie
dans les bras du démon : *frigido, injucundo, atque*
effæto coitu. Un grand nombre de sorcières en restaient infirmes ou malades pour le reste de leurs
jours. Nicolas Remy, qui n'imposait aucun frein de
décence à ses questions, avait obtenu d'incroyables
aveux, de la part des *ribaudes du diable;* ces pauvres
folles que le Sabbat vouait de bonne heure à une
mystérieuse prostitution, ne rougissaient plus de
dévoiler tous les détails de l'affreux commerce
qu'elles avaient eu avec les démons. On peut faire,
en quelque sorte la physiologie érotique de Satan,
d'après les déclarations formelles que Nicolas Remy
tenait de la bouche même des sorcières émérites de
son temps, notamment d'Alice, de Claudine, de Ni-
cole et de Didace, qui avaient fréquenté les assemblées nocturnes dans les montagnes des Vosges.

Le latin seul nous autorise à citer ce singulier
passage, dans lequel le démonologue passe en revue
avec une naïveté licencieuse les reproches amers
que la plupart des sorcières adressaient à leurs incubes : « Alexia Drigæa recensuit dæmoni suo pe-
nem, cum surrigebat tantum semper extitisse,
quanti essent subices focarii, quos tum forte præ-

sentes digito demonstrabat; scroto, ac coleis nul·
lis inde pendentibus. Claudia Fellæa expertam esse
se sæpius instar fusi in tantam vastitatem turgen-
tis, ut sine magno dolore contineri à quantumvis
capace muliere non posset. Cui astipulatur et illud
Nicolææ Moreliæ, conquerentis sibi, quoties à tam
misero concubitu discedebat, decumbendum perinde
fuisse, ac si diutina aliqua, ac vehementi exagita-
tione fuisset debilitata. Retulit et Didatia Miremon-
tana, se, licet virum multos jam annos passa esset,
tamen tam vasto, turgidoque dæmonis sui inguine
extensam semper fuisse, ut substrata lintea largo
cruore perfunderet. Et communis fere est omnium
querela, perinvitas se à dæmone suo comprimi, non
prodesse tamen quod obluctantur. »

On croirait que Nicolas Remy se proposait de démontrer que les sorcières, dans les actes de la
possession diabolique, étaient moins criminelles
que malheureuses ; car elles ne cédaient jamais qu'à
l'obsession et à la contrainte ; elles ne cherchaient
pas même dans le péché les délices qui en sont
l'attrait; elles servaient passivement, malgré elles
et en gémissant, aux exécrables plaisirs du démon,
sans pouvoir se soustraire à cette servitude avilis-
sante et maudite. On n'en brûlait pas moins sans
pitié toutes les sorcières convaincues d'avoir che-
vauché avec le diable.

Il était donc avéré que le Sabbat, sous prétexte de
sorcellerie et de magie, ouvrait un sombre et vague
champ à la démoralisation la plus coupable ; ainsi,
ce n'étaient pas seulement les démons qui en fai-

saient les frais et qui en avaient l'odieux profit : on
doit supposer même que bien souvent le diable n'y
figurait qu'en peinture ; mais il en était toujours
l'âme et la pensée. Le Sabbat, en général , dégagé
de son appareil infernal et fantastique , se réduisait
à un congrès de débauche, dans lequel l'inceste, la
sodomie et la bestialité se donnaient pleine carrière.
De Lancre , sans vouloir atténuer les torts qu'il
attribue à l'*inconstance des démons*, est bien obligé
lui-même d'avouer que le diable avait moins de part
qu'on ne le disait, aux abominations du Sabbat. « La
femme, dit-il (p. 137), se joue en présence de son
mary, sans soupçon ni jalousie ; voire il en est souvent le proxénète ; le père dépucelle sa fille, sans
vergogne ; la mère arrache le pucelage de son fils,
sans crainte ; le frère, de sa sœur, etc. » On comprend que tout sorcier était, aux yeux de la loi,
réputé incestueux , par cela seul qu'il avait assisté
au Sabbat, n'eût-il ni père , ni mère . ni frère, ni
sœur. Le neuvième crime *commun aux sorciers*,
selon les Canons de l'Eglise, fut toujours l'inceste ,
« qui est le crime , dit Bodin, duquel les sorciers
sont blasphemez et convaincus de toute ancienneté ;
car Satan leur fait entendre qu'il n'y eust oncques
parfait sorcier et enchanteur, qui ne fust engendré
du père et de la fille , ou de la mère et du fils. »
Nous trouvons une description circonstanciée des
œuvres du Sabbat, dans l'arrêt prononcé par le tribunal d'Arras en 1460, contre cinq femmes et plusieurs hommes accusés de *vauderie* ou de sorcellerie. Parmi les condamnés, en remarquait un peintre,

un poète et un abbé , âgé de soixante-dix ans, qui
avait été vraisemblablement le principal acteur de
ces débauches inouïes , auxquelles se mêlait un
reste d'hérésie vaudoise. « Quand ils voulloient aller
à la vauderie (c'est-à-dire au Sabbat), d'ung oigne-
ment que le diable leur avoit baillé , ils oindoient
une vergue de bois bien petite, et leurs palmes
(doigts), et leurs mains ; puis mectoient celle ver-
guette entre leurs jambes, et tantost ils s'envoloient
où ils vouloient estre , par-dessus bonnes villes,
bois et eaues , et les portoit le diable au lieu où ils
debvoient faire leur assemblée. Et , en ce lieu, trouvoient, l'ung l'autre , les tables mises , chargiées
de viandes : et illecq trouvoient ung diable en forme
de boucq , de quien (chien), de singe et aucunefois
d'homme , et là faisoient oblations et homamiges
audict diable et l'adoroient , et luy donnoient les
plusieurs leurs âmes , et à peine tout ou du moings
quelque chose de leurs corps. Puis , baisoient le
diable en forme de boucq , au derrière, c'est au cul,
avec candeilles ardentes en leurs mains... Et après
qu'ils avoient touts bien bu et mangié , ils prenoient habitation-charnelle touts ensemble , et mesme le diable se mectoit en forme d'homme et de
femme, et prenoient habitation , les hommes avec
le diable en forme de femme , et le diable en forme
d'homme avec les femmes. Et même illecq commec-
toient le péchié de Sodome , de bougrerie, et tant
d'aultres crimes , si très-forts puants et énormes .
tant contre Dieu que contre nature, que ledict inquisiteur dict qu'il ne les oseroit nommer, pour doubte

que les oreilles innocentes ne fussent adverties de si villains crimes, si énormes et si cruels. « *Mémoires* de Jacques Duclerq, liv. IV. ch. 4.)

Bodin, qui croyait fermement à la copulation charnelle avec les diables, et qui en parle dans plusieurs endroits de sa *Démonomanie*, ne semble pas s'être préoccupé des désordres antiphysiques auxquels le démon se livrait à l'égard des sorciers et surtout des sorcières. Il partageait sans doute l'opinion des démonologues, qui n'ont pas voulu que le péché contre nature fît moins d'horreur aux diables qu'aux hommes. On peut néanmoins, sans faire injure aux fils de Satan, présumer qu'ils n'étaient pas plus réservés, sur ce point, au Sabbat, que dans l'enfer.

Or, un moine anglais d'Evesham, qui descendit en enfer, l'an 1196, sous la conduite de saint Nicolas, raconte ainsi ce qu'il y vit de plus extraordinaire : « Il y a un supplice abominable, honteux et horrible plus que les autres, auquel sont condamnés ceux qui, dans leur vie mortelle, se sont rendus coupables de ce crime qu'un chrétien ne peut nommer, et dont les païens même et les gentils avaient horreur. Ces misérables étaient assaillis par des monstres énormes, qui paraissaient de feu, dont les formes hideuses et épouvantables dépassent tout ce que l'imagination peut concevoir. Malgré leur résistance et leurs vains efforts, ils étaient contraints de souffrir leurs abominables attouchements. Au milieu de ces accouplements affreux, la douleur arrachait à ces infortunés palpitants des rugissements. Bientôt ils tombaient privés de sentiment et comme morts ; mais il leur fallait revenir à la vie et renaître de nouveau pour le supplice... O douleur! la foule de ces infâmes était aussi nombreuse que leur supplice... Dans cet horrible lieu, je ne reconnus ni ne cherchai à reconnaître personne, tant l'énormité du crime, l'obscénité du supplice et la puanteur qui s'exhalait, m'inspiraient un insurmontable dégoût. » (*Grande Chronique*, de Mathieu Paris, trad. par A. Huillard·Breholles, t. II p. 265.)

Les sorciers ne se faisaient donc pas scrupule d'imiter les mœurs du diable, qui leur donnait ainsi l'exemple des vices les plus détestables, non-seulement dans les enfers, mais encore sur la terre. Le Sabbat fut de tout temps et dans tous les pays, une école de sacrilège et d'impureté. C'est là que s'assemblent tous les sorciers et sorcières, dit Antoine de Torquemada dans son *Hexameron*, « et plusieurs diables avec eux, en forme de gentilshommes et belles femmes, et se meslent ensemble à rebours, accomplissant leurs desordonnez et sales appetits. »

Les choses ne se passaient pas autrement, en dehors même du Sabbat, lorsque Satan avait affaire aux hommes. Du temps de Guibert de Nogent, qui raconte cette tentation diabolique, un moine, dans une grave maladie, avait reçu les soins d'un médecin juif, fort expert en maléfices ; il eut la fatale idée de voir le diable ; celui-ci, mandé par le juif, se présenta au chevet du lit du moine et lui promit la santé, la richesse et la science, en échange d'un

sacrifice. « Eh! quel sacrifice? demanda le moine.
— Le sacrifice de ce qu'il y a de plus délicieux dans
l'homme. — Quoi donc? » Et le démon eut l'audace
de s'expliquer. « O crime! ô honte! dit Guibert de
Nogent (*De vitâ suâ*, lib. I, cap. 26), et celui de
qui l'on exigeait une telle chose était prêtre!... Et
le misérable fit ce qu'on lui demandait. Ce fut donc
par cette horrible libation, qu'il en vint à renier la
foi chrétienne. »

Les sorciers, de même que leur infernal patron,
avaient d'étranges caprices ; ils enlevaient souvent
les parties sexuelles des victimes de leur méchanceté,
et ils consacraient ces tristes débris aux maléfices
du Sabbat. « Ils n'ont pas, dit Bodin, la puissance
d'oster un seul membre à l'homme, horsmis les
parties viriles, ce qu'ils font en Allemagne, faisans
cacher et retirer au ventre les parties honteuses. Et,
à ce propos, Spranger récite qu'un homme, à Spire,
se pensant privé de ses parties viriles, se fist visiter
par les médecins et chirurgiens, qui n'y trouvèrent
rien ny blessure quelconque; et depuis, ayant appaisé
la sorcière qui l'avoit offensé, il fut restitué. » Cet
attentat de la sorcellerie contre la virilité se renou-
velait très-fréquemment sous le nom de *nœud de l'a-
guillette*; et quand le sorcier ne pratiquait pas sur le
patient la castration magique, il lui ôtait et s'appro-
priait, pour ainsi dire, l'âme et la puissance de son
sexe. Les démonologues ont interprété le fait, en
disant que le diable acceptait en offrande les attributs et les trophées de la luxure, tandis que les
sorciers s'en réservaient l'usage pour leur propre

compte, afin de subvenir aux actes monstrueux du Sabbat.

Parmi ces actes, il faut comprendre le crime de la bestialité, qui paraît avoit été fort ordinaire dans les assemblées nocturnes des sorciers. Ce crime exécrable, si fréquent chez les anciens peuples, ne se montrait, chez les modernes, que de loin en loin dans les tribunaux, où il rencontrait invariablement l'application de la peine capitale : le coupable était brûlé vif avec son complice, quel que fût le rang que ce dernier occupât dans l'échelle des êtres animés. Mais le même crime se trouvait inhérent à celui de la sorcellerie, et la jurisprudence du Moyen-Age voulait que tout individu de l'un ou de l'autre sexe, qui avait figuré au Sabbat, fût par cela seul, suspect de bestialité.

Bodin ne s'exprime, à cet égard, qu'avec une réserve qui témoigne de l'horreur que lui inspirait un pareil sujet. « Et quand la Loy de Dieu, dit-il, en citant le chapitre 22 de l'Exode, défend de laisser vivre la sorcière, il est dit, tôt après, que *Celuy qui paillardera avec la beste brute, qu'il sera mis à mort.* Or, la suite des propos de la Loy de Dieu touche ouvertement les vilenies et meschancetez incroyables ; comme quand il est dit : *Tu ne présenteras point à Dieu le loyer de la paillarde ny le prix du chien !* Cela touche la paillardise des meschantes avec les chiens. » Bodin avait parlé ailleurs de cette infamie, qu'il hésitait à considérer comme un acte personnel du démon. « Quelquefois, disait-il, l'appetit bestial de quelques femmes fait croire que c'est un démon, comme il advint en l'an 1566, au diocèse de Coloigne, Il se trouva, en un monastère un chien qu'on disoit estre un démon, qui levoit les robbés des religieuses, pour en abuser. Ce n'estoit point un démon, comme je croy, mais un chien naturel. Il se trouva à Toulouse une femme qui en abusoit en ceste sorte, et le chien devant tout le monde la vouloit forcer. Elle confessa la vérité et fust brulée. »

Cependant Bodin n'avait qu'à se rappeler la description du Sabbat, où Satan affectait la forme de chien ou de taureau, ou d'âne, ou de bouc, pour recevoir les sacrifices de ses adorateurs : aussi, se reproche-t-il presque aussitôt d'avoir innocenté Satan aux dépens de l'espèce humaine : « Il se peut faire, dit-il en se ravisant, que Satan soit envoyé de Dieu, comme il est certain que toute punition vient de luy, par ses moyens ordinaires ou sans moyen, pour venger une telle vilanie : comme il advint, au monastère du Mont-de-Hesse en Allemaigne, que les religieuses furent démoniaques; et voioit-on, sur leurs licts, des chiens qui attendoient impudiquement celles qui estoient suspectes d'en avoir abusé et commis le péché qu'ils appellent le péché muet.» (*Démonomanie des sorciers,* liv. III ch. 6).

Bayle, dans ses *Réponses aux Questions* d'un *Provincial,* semble avoir voulu expliquer et motiver tous les déportements qu'on attribuait aux sorcières, en prouvant que la plupart de ces sorcières étaient de vieilles débauchées qui ne trouvaient plus à sa-

tisfaire leur imagination et leurs sens dépravés,
que dans un commerce surnaturel et diabolique.
« Tel étoit, avant le déluge, le goût des démons,
dit-il au chapitre 57 : ils n'en vouloient qu'aux belles ; ils sont devenus moins délicats avec le temps,
et les voilà enfin dans une autre extrémité : ils n'en
veulent qu'à la laideur de la vieillesse. Ce n'est
plus qu'avec des vieilles qu'ils se marient, s'il est
permis de se servir de ce mot dans le commerce
charnel qu'ils ont avec les sorcières, et qui com-
mence régulièrement après le premier hommage
qu'elles rendent au président du Sabbat, et se continue ensuite toutes les fois qu'elles retournent à
cette assemblée, *non aliter hæc sacra constant*, sans
compter les extraordinaires. (Voy. Bodin aux chap.
4 et 7 du IIe livre de sa *Démonomanie*, et Antonio de
Torquemada.) On n'oublia pas de dire que, vu la
figure qu'ils prennent et l'hommage qu'ils exigent,
les plus laides bouches seroient encore trop belles,
similes habent labia lactucas, ajoute-t-on proverbia-
lement. (Voy. Torquemada, *Jardin de flores curiosas.*
Anvers, 1575, in-12, p. 294.) »

Tous les écrivains qui ont apporté un esprit de
critique et de philosophie dans l'examen des arcanes de la sorcellerie, se sont rendus compte de l'espèce de fureur utérine, que le diable surexcitait
plutôt chez les vieilles que chez les jeunes femmes.
Le savant et grave professeur Thomas Erastus avoue,
il est vrai, qu'on rencontrait des sorcières de tout
âge ; il démontre doctoralement que la plupart
étaient âgées, parce que la vieillesse, dans certai-

nes natures féminines, exalte les passions physiques
au lieu de les éteindre. « Avant d'être sorcières, dit-il,
ces femmes-là étaient libidineuses, et elles le deviennent de plus en plus dans leurs rapports avec les
démons. » Il les compare avec de vieilles chèvres
qui vont sans cesse au-devant des caresses du bouc :
*Hinc proverbio apud nostros factus est locus, vetulas
capras libentius lingere sales juvenculis.*. Il ajoute
qu'on ne doit pas s'étonner que des femmes qui ont
perdu toute crainte de Dieu et toute pudeur sexuelle,
se livrent à des excès que l'âge n'épargne pas même
à d'autres femmes, qu'il faut plaindre plutôt que
blâmer : *Quis dubitet illas immodestius , majoreque
ardore, ad impuritatem sine rationis fræno aut in-
famiæ metu, brutorum instar ferri ?* (Voy. le traité
de Th. Erastus, *De lamiis*, p. 30 et 113.)

Les démons, ces maîtres d'impureté, comme les
appelle un mystique, n'étaient que trop enclins à
donner carrière à leurs sales et bizarres imaginations;
on ne pouvait rester dans leur compagnie, sans y
contracter les plus déplorables habitudes. La sorcellerie était une académie de perdition où l'homme
et le diable semblaient lutter d'incontinence. L'initiation consistait toujours en quelque horrible péché, dans lequel Satan avait sa part.

Ainsi, pour ne citer qu'un seul fait entre mille,
la sybille de Norcia, si célèbre au moyen âge comme
reine d'une école de magie où l'on allait en foule
se faire initier, accueillait d'une singulière façon les
disciples qu'elle appelait dans sa caverne.

« La sibylle et tous ceux qui habitoient son

roïaume, dit Bayle (*Réponses aux questions d'un Pro-*
vincial, chap. 58), prenoient chaque nuit la figure
de serpent, et il faloit que tous ceux qui vouloient
entrer dans la caverne, eussent affaire à quelcun de
ces serpents. C'étoit leur début et leur initiation;
c'est ainsi que l'on païoit le droit d'entrée (voy.
Leandro Alberti, *Descritt. di tutta Italia,* fol. 278):
*La notte, tantoi mascoli quanto le femine, doventano
spaventose serpi, insieme con la sibilla, e che tutti
quelli ehe desideramo entrarci, gli besogna primie-
ramente pigliare lascivi piaceri con le dette stoma-
cose serpi.* » Il y avait une continuelle affluence de
pèlerins qui venaient tenter l'aventure. La sibylle,
sous la forme d'un serpent, donnait audience à tout
le monde. Pendant ce temps-là, les belles fées qui
formaient sa cour se changeaient aussi en serpents,
en lézards, en scorpions et en crocodiles, pour se
mêler dans un effroyable Sabbat, où on les voyait,
dit le bonhomme Blaise de Vigenère dans ses notes
sur les *Tableaux de platte peinture* de Philostrate,
« demenans un très laid et hideux service. » Malheur
au simple mortel qui n'obéissait pas aux ordres de
la sibylle ou qui les exécutait mal! Il devenait la
proie de l'insatiable lubricité des reptiles, jusqu'à ce
qu'il fût délivré par l'heureuse arrivée d'un ermite
ou d'un moine.

Il résulte de tous ces faits et d'une foule d'autres
analogues, que la sorcellerie, qui faisait moins de du-
pes que de victimes, a toujours eu pour objet la
débauche la plus exécrable. A part un petit nombre
de magiciens naïfs et de sorcières convaincues, tout

ce qui était initié servait ou faisait servir les autres
à un abominable commerce d'impureté. Le Sabbat
ouvrait le champ à ces turpitudes. Tantôt le Sabbat
rassemblait une hideuse compagnie de libertins des
deux sexes; tantôt il réunissait, au profit de certains
fourbes astucieux, une troupe de femmes crédules
et fascinées. Ici c'était un moyen de luxure, là c'en
était seulement l'occasion. On peut conclure, d'a-
près les aveux mêmes des accusés dans divers
procès de sorcellerie, que tout le bénéfice du
Sabbat revenait souvent à un seul individu, qui sé-
duisait ainsi des filles en bas âge et qui expéri-
mentait sur elles les odieuses inventions de sa perversité. Dans un grand nombre de circonstances, le
rôle du diable appartenait à quelque scélérat émérite,
qui abusait de ce rôle affreux pour satisfaire ses
horribles caprices, et qui prélevait un tribut obscène
sur les misérables soumis à sa domination.

Dans un des derniers procès de sorcellerie, en
1632, le curé Cordet, qui fut jugé et condamné à
Épinal, était accusé d'avoir introduit au Sabbat la
ribaude Cathelinotte et de l'avoir présentée à maître
Persin, homme grand et noir, froid comme glace,
etiam in coitu, habillé de rouge, assis sur une chaise
couverte de poils noirs et pinçant au front ses néophytes pour leur faire renier Dieu et la Vierge. (Archives d'Épinal, cit. par É. Bégin.)

Dans un procès du même genre, qui avait eu, peu
d'années auparavant, une immense publicité, on
sut qu'un curé de la paroisse des Accouls, à Marseil-
le, nommé Louis Gaufridi, s'était donné au diable,

sous la condition qu'il pourrait inspirer de l'amour aux femmes et aux filles en soufflant sur elles. En effet, il souffla sur la jeune Magdeleine, fille d'un gentilhomme provençal, nommé Madole de la Palud, lorsqu'elle n'avait pas encore neuf ans. Il souffla depuis sur d'autres femmes qui n'eurent rien à lui refuser. Magdeleine de la Palud continuait à être, malgré elle, la maîtresse de Gaufridi, qui l'avait fait entrer dans l'ordre religieux de Sainte-Ursule. Enfin, ce séducteur de l'innocence, poursuivi par l'Inquisition, avoua ses crimes et déclara qu'il avait eu plusieurs privautés avec Magdeleine, tant à l'église que dans la maison d'icelle, tant de jour que de nuit; qu'il l'avait connue charnellement et qu'il lui avait imprimé sur le corps divers caractères diaboliques; qu'il était allé avec elle au Sabbat et qu'il y avait fait, en sa présence, une infinité d'actions scandaleuses et impies, à l'honneur de Lucifer. Louis Gaufridi fut brûlé vif, à Aix, sur la place des Jacobins, après avoir fait amende honorable, tête et pieds nuds, la hart au cou, une torche ardente à la main.

On citerait une multitude de procès de sorcellerie, dans lesquels on voit la dépravation morale se couvrir, comme d'un manteau, de la possession du diable, et attribuer tous ses méfaits à la tyrannie de l'enfer; mais on reconnaît sans peine que ceux-là même qui prétendaient avoir cédé à une puissance occulte et à un irrésistible prestige, ne croyaient pas toujours à l'intervention des démons. C'étaient ordinairement des libertins honteux, forcés, par état, à vivre dans la continence, ou du moins à cacher sous des dehors respectables l'effervescence de leurs passions sensuelles; c'étaient des prêtres, c'étaient des moines, qui s'abandonnaient en secret aux tentations du démon de la chair. Le Sabbat était le rendez-vous de tout ce qu'il y avait de plus pervers: voilà pourquoi il se tenait dans des-lieux écartés, au milieu des bois, dans les montagnes, parmi les rochers, et toujours l'endroit affecté à ces assemblées nocturnes, avait eu, de temps immémorial, la même destination.

Il nous paraît donc démontré que les sorciers, du moins la plupart, n'usaient de la magie, que pour des œuvres de libertinage, et que, si les sorcières étaient souvent de bonne foi, mais aveuglées et fascinées par leur propre imagination, les diables, qui avaient avec elles un commerce régulier, appartenaient tous à la pire espèce des hommes débauchés.

On s'explique par là comment la justice ecclésiastique et séculière sévissait avec tant de rigueur contre les sorciers en général : elle avait compris dans la sorcellerie les actes les plus effroyables de la dépravation humaine, et quand elle condamnait un sorcier, elle lui appliquait la pénalité de l'inceste, de la sodomie et de la bestialité, comme s'il était coupable de tous ces crimes. La sorcellerie qui n'était autre que la débauche, comme nous croyons l'avoir prouvé, se répandit de si furieuse manière en Europe au seizième siècle, que le fameux Troiséchelles, qui fut condamné au feu en 1571, et qui obtint sa grâce à condition qu'il dénoncerait tous ses complices, dit au roi qu'on devait évaluer à

300,000 le nombre des sorciers en France. « Il s'en trouva si grand nombre, riches et pauvres, dit Bodin, que les uns firent eschapper les autres, en sorte que ceste vermine a tousjours multiplié avec un tesmoignage perpétuel de l'impiété des accusez, et de la souffrance des juges qui avoyent la commission et la charge d'en faire le procès. »

L'impunité eut fait de la France entière une vaste arène de sorcellerie et de libertinage. Il n'y avait que 100,000 sorciers dans le royaume sous le règne de François Ier, suivant le calcul du père Crespet dans son traité *De la Haine de Satan:* Troiséchelles, qui s'entendait sans doute en ce genre de statistique, révéla que le nombre avait triplé, en moins d'un demi-siècle. Filesac, docteur de Sorbonne, autre faiseur de statistique démoniaque, écrivait, en 1609, que les sorciers étaient plus nombreux que les prostituées. Il citait, à l'appui de son dire, deux vers de Plante, qui signifient qu'il y a plus de femmes de joie et de proxénètes, que de mouches en été :

> Nam nunc lenonum et scortorum plus est fere,
> Quam olim muscarum est, cum caletur maxime.
> *Trucul.*, act. I, sec. 1.

Puis, il ajoute, dans son traité *De Idolatria magica:* « Etiam magos, maleficos, sagas, hoc tempore, in orbe christiano, longe numero superare omnes fornices et prostibula, et officiosos istos, qui homines inter se convenas facere solent, nemo negabit, nisi elleborosus existat, et nos quidem tantam colluviem mirabimur ac perhorrescimus. »

Cette dénonciation n'allait à rien moins qu'à faire juger par l'Inquisition la moitié de la France ; mais il ressort des paroles mêmes du grave Filesac, que les jurisconsultes ne voyaient dans la sorcellerie qu'une forme de la débauche la plus criminelle, et qu'ils étaient obligés de recourir à toute la sévérité des lois, pour réprimer des désordres qui corrompaient les mœurs publiques, et qui auraient fini par détruire la société dans son principe. On avait l'air d'attribuer à la malice du démon une quantité d'actes détestables qui n'accusaient que la perversité des hommes, et l'on se gardait bien de diminuer l'horreur dont la crédulité du vulgaire entourait le Sabbat ; car, si l'on avait montré les choses sous leur véritable aspect, le Sabbat eût été encore plus fréquenté, tant la curiosité sert de dangereux mobile à la dépravation morale et physique. Les tribunaux se montraient impitoyables envers les sorciers, mais, à coup sûr, ils savaient, en général, que le diable était bien étranger aux crimes de lèse-majesté divine et humaine que le Sabbat mettait sur le compte de la sorcellerie.

On pourrait donc justifier, jusqu'à un certain point, la terrible législation du moyen âge à l'égard des sorciers, et prouver que la société était forcée de se défendre ainsi, par le fer et par le feu, contre la gangrène envahissante de l'immoralité publique.

BIBLIOGRAPHIE.

J. AUG. SIM. COLLIN DE PLANCY. Dictionnaire infernal ou bibliothèque universelle sur les êtres, les personnages, les livres, les faits et les choses qui tiennent aux apparitions, à la magie, au commerce de l'enfer, etc. Seconde édit. *Paris*, 1825, 4 vol. in-8, fig.

La prem. édit. est de 1818, 2 vol. in-8. Cet ouvrage a été complètement métamorphosé dans une troisième édition.

JUL. GARINET. Histoire de la Magie en France, depuis le commencement de la monarchie. *Paris*, 1818, in-8, fig.

(DAUGIS.) Traité sur la magie, les sortilèges, les possessions etc. *Paris, 1732,* in-12.

BERN. BASIN. Tractatus exquisitissimus de magicis artibus et magorum maleficiis. — *Impressus Parisius*, 1483, in-4 de 15 ff. goth.

JANUS JAC. BOISSARD. De Divinatione et magicis præstigiis. *Oppenhemii, typ. Hier. Galleri,* s. a. (1596 ?) in-fol., fig. de Théod. de Bry.

MART. ANT. DEL RIO. Disquisitionum magicarum lib. VI. *Lovanii,* 1599, in-4.

Souvent réimpr. avec des augment. L'édit. la plus complète est celle de Venise, 1746, 3 vol. in-4. Trad. en franç. et abrég. par André. Duchesne (*Paris,* 2 vol. in-8, 1611.)

Malleus maleficarum. *Lugduni,* 1666-69, 4 vol. in-4.

Recueil de pièces et de traités latins, déjà publiés à part sur les sorciers et les magiciens. Le fameux traité *Maleus Maleficarum*, qui a donné son nom à ce recueil, fut composé par Institor et Jacques Sprenger, jacobins inquisiteurs.

JO. GEORG. GODELMANNI. Tractatus de magis, veneficis et lamiis, deque his recte cognoscendis et puniendis. *Francof.*, 1591, in-4.

P. BINSFELDII. Tractactus de confessionibus maleficorum et sagarum. *Augustæ Trev.*, 1591, in-8.

Nic Remigh. Dæmonolatriæ lib. III, ex judiciis capitalibus noningentorum plus minus hominum, qui sortilegii crimen intra annos quindecim in Lotharingia capite luerunt. *Lugduni*, 1595, in-4.

Phid. Lud. Elich. Dæmonomagiæ qnestiones. *Lipsiæ*, 1607, in-4.

J. Paulus Ipsen. De origine et progressu processus contra sagas: *Halæ*, 1729, in-4.

Voy. dans la *Revue de bibliographie analytique*, t. **VI**, mars 1845, l'Histoire des procès de sorcellerie, exposée d'après les sources.

Rob. du Triez. Les ruses, finesses et impostures des Esprits malins. *Cambray, Nic. Lombard*, 1563, in-4.

J. Wier. Histoires, disputes et discours des illusions et impostures des Diables, etc.; le tout compris en six livres (trad. du lat. par Jacq. Grevin); avec deux dialogues de Th. Erastus, touchant le pouvoir des sorcières. (*Genève*,) *Jacq. Chouet*, 1579, in-8.

Cette traduct. avait paru d'abord à Paris, en 1569, sous le titre de *Cinq livres de l'imposture et tromperie des diables*. L'original latin, *De præstigiis Dæmonum*, fut impr. à Bâle en 1566. Le traité de Th. Erastus, *Repetitio disputationis de Lamiis*, fut imprimé à Bâle, en 1578, in-8.

Hier. Mengi, Ordin. Minor. Capucinor., Flagellum Dæmonum seu exorcismi terribiles, potentissimi et efficaces, remediaque in malignos spiritus expellendos. *Bononiæ*, 1578, in-8.

Souvent réimpr.

P. Leloyer. Des Spectres ou apparitions et visions d'Esprits, Anges et Démons, se montrant sensiblement aux hommes. *Angers*, 1586, in-4.

P. Ludwig. Dæmonologia, de dæmonis cacurgia cacomagorum et lamiarum energia. *Francof.*, 1607, in-8.

J. Filisaci. De idolatria magica dissertatio. *Paris*. 1609, in-8.

F. Hedelin. Des Satyres, Brutes, Monstres et Démons; de leur nature et adoration contre l'opinion de ceux qui ont estimé les satyres estre une espèce d'hommes distincts et séparez des adamiques. *Paris*, 1627, in-8.

PIERRE DE LANCRE. Tableau de l'inconstance des mauvais Anges et Démons. *Paris,* 1610, in-4, fig.

FRIDER. FORNERI, episcopi Hebronensis, Panoplia armaturæ Dei adversus omnem dæmonolatriam et universos magorum infestationes. *Ingostaldii,* 1626, in-4.

FR. PERREAUD. Démonologie, ou Traité des Démons et sorciers. *Genève,* 1653, in-12.

RENÉ BENOIT. Traité des causes des maléfices, sortilèges et enchanteries. *Paris,* 1579, in-8.

P. MACÉ. De l'imposture et tromperie des Diables, enchanteurs, noueurs d'éguillettes et autres qui par art magique abusent le peuple. *Paris,* 1579, in-8.

J. BODIN: La Démonomanie des Sorciers. *Paris, Jacq. Dupuy* 1580, in-8.

> Souvent réimpr. l'édit de Niort, 1616, in-16, est intitulée: *Le fléau des Démons et des Sorciers.* Trad. en lat. par Fr. Junius sous le nom de *Lotarius Philoponus* (Basileæ, 1581, in-4), et en ital par Hercule Cato (*Venezia,* 1589, in-4).

L. DANEAU Les Sorciers, dialogue très-utile et nécessaire pour ce temps *Paris, Jacq. Bourgeois,* 1574, in-12.

PIERRE NODÉ. Déclaration contre l'erreur exécrable des maléfices, sorciers, enchanteurs, magiciens, etc. *Paris,* 1578, in-8.

H. BOGUET. Discours des Sorciers, avec six avis en fait de sorcellerie, et une instruction par un juge en semblable matière. *Lyon,* 1610, in-8.

HOYER. De nocturnis sagarum conventibus. *Gussæ,* 1653, in-4.

Lettres sur les Sorciers où la réalité du crime de Sorcellerie, c'est-à-dire le commerce de certains hommes avec le démon, est démontré par M***. *Paris,* 1792, in-12.

LÉON DUVAIR. Trois livres des Charmes, sorcelages ou enchantements. Trad. du lat. en franç. par Julian Baudon. *Paris, Chesneau,* 1583, in-8.

> L'orignal latin a paru en même temps sous ce titre : *De Fascino libri III in quibus omnes fascini species et causæ describuntur et explicantur* (Parisiis, Chesneau, 1583, in-4).

Jacq. Fontaine Discours des marques des Sorciers et de la possession réelle que le Diable prend sur le corps des hommes. *Lyon,* 1611, in-8.

Eman. do Valle de Moura. De Incantationibus seu ensalmis opusculum. *Eboræ,* 1620, in-fol.

Pierre de Lancre. L'incrédulité et mescréance du Sortilége pleinement convaincue, où il est traité de la fascination, de l'attouchement, etc. *Paris,* 1622, in-4, fig.

Traité de l'enchantement qu'on appelle vulgairement le Nouement de l'aiguillette en la célébration des mariages. *La Rochelle, Haultin,* 1591, in-8.

Cl. Prieur. Dialogue de la Lycanthropie, ou Transformations d'hommes en loups-garoux. *Louvain, J. Maes ,* 1596, in-8.

Le sieur de Beauvoys de Chauvincourt. Discours de la Lycanthropie ou de la transmutation des hommes en loups. *Paris, Jacq. Rezé,* 1599, in-8 de 40 p.

J. de Nynauld. De la Lycanthropie, transformation et extase des Sorciers, où les astuces du Diable sont mises en évidence. *Paris,* 1615. in-8.

Voy. aussi les histoires et les traités spéciaux relatifs à des procès de sorcellerie, depuis le *Thresor et entière histoire de la triomphante victoire du corps de Dieu sur l'Esprit malin Beelzebut, obtenue à Laon, l'an 1566,* par J. Boulœse (Paris, 1578, in-4), jusqu'aux *Factums et arrest du parlement de Paris contre des bergers sorciers, exécutés depuis peu dans la province de Brie* (Holl., 1695, io.-12).

LE BŒUF GRAS

La religion chrétienne n'a pas si bien détruit le paganisme, qu'il n'en soit resté des traces dans nos mœurs et dans nos usages ; les fêtes populaires surtout n'ont fait que changer de nom et d'objet, car il faut toujours que le peuple s'amuse, et les plus graves législateurs n'ont pas dédaigné de tolérer ses plaisirs les plus fous. Ainsi les Parisiens consentiraient à perdre une partie de leurs droits civiques plutôt que la procession du Bœuf-gras.

Cette coutume singulière, qui mêle pour ainsi dire la mascarade de la brute avec celle de l'homme, est susceptible d'une foule d'explications également probables ou ingénieuses. Il suffit de passer en revue les différentes opinions des savants qui dépensent volontiers tant de lumières en pure perte pour éclaircir ce qui n'a pas besoin d'être éclairci. Ceux qui voient dans le Bœuf-gras une allégorie ne se trompent point, mais ils ont peine à en trouver le véritable sens.

Est-ce un reste du culte astronomique, parce que cette fête a lieu ordinairement à l'équinoxe du printemps et sous le signe du Taureau, époque vénérée dans les religions antiques à cause de la Nature qui entre en sève? Le zodiaque a joué, en effet, un grand rôle chez les Gaulois comme chez tous les anciens peuples : nos pères adoraient, parmi leurs divinités, le taureau revêtu de l'étole sacerdotale et surmonté de trois grues prophétiques ; on le reconnait sur une des pierres druidiques découvertes à Notre-Dame. On peut alors remonter au bœuf Apis, symbole de la fécondité de la terre, et chercher notre Bœuf-gras dans les temples de l'Égypte des Pharaons. Par malheur, la ressemblance n'est pas complète, car tuer le bœuf Apis était un sacrilége que se permirent seuls les soldats vainqueurs de Cambyse.

Il est aussi raisonnable de rendre le Bœuf-gras aux Chinois, qui, dans la fête du Printemps, promènent un bœuf et l'immolent après, pour le dépecer en morceaux, que l'empereur envoie à ses mandarins.

Les bœufs n'étaient pas moins estimés dans la mythologie grecque : Jupiter se métamorphosa en taureau pour enlever Europe; Cybèle et Triptolème attelaient leurs chars avec des taureaux. Les Romains inventèrent même une déesse des bouchers, nommée *Bovina*. En France, les bœufs furent en honneur sous les rois de la première race, qui adoptèrent l'attelage de Cybèle et de Triptolème : ces princes fainéants estimaient fort la lenteur endormante des Bœufs de leurs écuries.

Saint Marcel, évêque de Paris, dompta par ses prières un taureau furieux, et le souvenir de ce miracle fut consacré par un bas-reliéf en pierre qu'on plaça dans une église construite hors des murs de la ville et dédiée sous l'invocation de ce saint. La petite église de Saint-Pierre-aux-Bœufs, dans la Cité, offrait pareillement deux bœufs sculptés sur son portail.

Le Bœuf-gras me paraît figurer le Carnaval, où l'on mange de la chair, et qui est, si je puis m'exprimer ainsi, le triomphe de la boucherie. La mort de ce bœuf, qu'on tue la veille du mercredi des Cendres, se rapporte bien à la fin des Jours-gras, auxquels va succéder le Carême, qui était autrefois si rigoureux, que toutes les boucheries restaient fermées jusqu'à Pâques.

N'est-il pas vraisemblable que les garçons bouchers célébraient la fête de leur confrérie, de même que les clercs de la Basoche plantaient le mai à la porte du Palais de justice? En outre, les bouchers de Paris ayant eu jadis plusieurs querelles et procès avec les bouchers des Templiers, il est fort naturel qu'ils aient témoigné leur reconnaissance, à l'occasion des privilèges que le roi leur accorda en dédommagement, par des réjouissances publiques qui se sont perpétuées jusqu'à nous. Cette idée est d'autant plus admissible que le Bœuf-gras partait de l'Apport-Paris, ancien emplacement des boucheries hors des murs de la ville, et qu'il était conduit en pompe chez les premiers magistrats du Parlement.

En tous cas, il est certain que cette fête existe

depuis des siècles ; on nommait le Bœuf-gras *bœuf villé*, parce qu'il allait par la ville ; ou *bœuf viellé*, parce qu'il marchait au son des vielles ; ou bien *bœuf violé*, parce qu'il était accompagné de violes ou violons. Les enfants avaient inauguré un jeu de ce genre qui consistait à couronner de fleurs un d'entre eux et à le conduire en chantant comme à un sacrifice. Ce jeu-là, cité dans plusieurs vieux auteurs, s'appelait : *bœuf mori*.

Les premières descriptions qui s'étendent sur les détails de cette cérémonie sont à peu près telles qu'on les ferait encore ; peut-être en est-il parlé dans les registres manuscrits du Parlement, où l'on consignait jour par jour les moindres événements.

La procession de 1739 est la plus mémorable dont les historiens fassent mention : le bœuf partit de l'Apport-Paris la veille du jeudi-gras, par extraordinaire ; il était couvert d'une housse de tapisserie et portait une aigrette de feuillage, à l'instar du bœuf gaulois. Sur son dos on avait assis un enfant nu avec un ruban en écharpe ; et cet enfant qui tenait dans une main un sceptre doré et dans l'autre une épée, était appelé : le *roi des bouchers*. Jusqu'alors les bouchers n'avaient eu que des *maîtres*, et sans doute ils voulurent cette fois rivaliser avec les merciers, les ménétriers, les barbiers et les arbalétriers, qui avaient des *rois*.

Le Bœuf-gras de 1739 avait pour escorte quinze garçons bouchers vêtus de rouge et de blanc, coiffés de turbans des deux couleurs : deux d'entre eux le menaient par les cornes, à la façon des sacrificateurs

païens ; les violòns, les fifres et les tambours précédaient ce cortège triomphal, qui parcourut les
quartiers de Paris pour se rendre aux maisons des
prévôts, échevins, présidents et conseillers, à qui
cet honneur appartenait. Le bœuf fut partout bien-
venu, et l'on paya bien ses gardes du corps; mais le
premier président n'étant pas à son domicile, on ne
le priva pas de la visite du Bœuf-gras, qui fut
amené dans la grande salle du Palais, par l'escalier
de la Sainte-Chapelle, et qui eut l'avantage d'être
présenté au président en plein tribunal : le président, en robe rouge, accueillit très-honnêtement le
pauvre animal, qui semblait s'étonner d'être mis en
cause, au milieu des procureurs et des avocats.
C'était outrepasser la licence du carnaval.

La révolution de 93 ne respecta pas plus le Bœuf-
gras qu'elle ne fit le trône et l'autel : avec le carnaval disparurent le Bœuf-gras, la musique et la
gaîté; tout alors était en deuil, et l'on égorgeait des
victimes humaines.

Napoléon, qui avait à cœur d'occuper le peuple
pour que le peuple ne s'occupât point de son gouver-
nement, rétablit par ordonnance le carnaval et le
Bœuf-gras; mais longtemps la police seule fit les
frais de ces bacchanales des rues et des places : le
roi des bouchers s'était changé en Amour, et
avait quitté sceptre et épée pour un carquois et
pour un flambeau. La police devint philanthrope,
après la mort de plusieurs enfants, qui s'étaient
enrhumés à la pluie et au froid : on supprima
le roi du Bœuf-gras, c'est-à-dire qu'on le re-

légua dans un char olympique à la queue du cortège.

Depuis cette rénovation d'une vieille coutume populaire, le Bœuf-gras se promène à Paris, pendant les trois derniers jours du Carnaval, conduit par des garçons bouchers déguisés et entouré de sa cour mythologique, sale et crottée, à cheval et en voiture. Les Égyptiens, les Chinois, les Gaulois, reconnaîtraient-ils dans cette parade misérable l'emblème commémoratif de la fécondation de la terre?

BIBLIOGRAPHIE.

(LAMBERT DANEAU). Traicté contre les Bacchanales du Mardi-gras, auquel tous les chrestiens sont exhortez de s'abstenir des banquets dudict Mardi-gras, et des masques et mommeries. *Paris*, 1582, in-8.

JEAN SAVARON. Traitté contre les masques, 3ᵉ édit. reveue et augm. *Paris*, 1611, in-8.

CL. NOIROT. L'origine des masques, mommeries, bernez et revannez ès jours gras de Caresme-prenant, menez sur l'asne à rebours et charivary, avec le jugement des anciens poètes et philosophes sur le subject des masquarades, le tout extrait du livre de la Mommerie de Claude Noirot. *Lengres,* 1609, in-8.

FERDIN. DENIS. Les origines du Carnaval. Voy. cette dissertation dans les premières livraisons d'un ouvrage intitulé: *Le Carnaval, histoire des bals de l'Opéra, tableau des fêtes, travestissements, mascarades et carrousels, depuis leur origine jusqu'à nos jours,* publ. par Chandelier (Paris, 1835, in-4); ouvrage inachevé.

Voy. aussi un mémoire de Boucher d'Argis, dans le tom. I (part. première, p. 170) des *Variétés histor., phys. et littéraires ou recherches d'un scavant (*Paris, 1752, 6 part. en 3 vol. in-12;) et l'*Hist. de Paris,* par Dulaure, seconde édit., t. IV, p. 50.

ORIGINES

DU

MAL DE NAPLES

La science, et l'histoire sont à peu près d'accord
aujourd'hui pour rejeter, dans le domaine des préjugés populaires, une opinion longtemps consacrée,
qui s'obstinait à rattacher l'origine du Mal de Naples
à la découverte de l'Amérique.

Le Mal de Naples, ou plutôt le *Mal Français*,
puisque les circonstances firent que ce nom lui fut
donné, avant tout autre, au moment de son apparition en Italie, n'était, à vrai dire, qu'une forme
nouvelle des maladies de Vénus, qui ont toujours
régné comme un des mille fléaux inhérents à la
nature humaine.

Sans doute, ces maladies vénériennes, de même
que la plupart des épidémies et des contagions, subirent une foule de métamorphoses, notamment
dans leurs symptômes, en raison de la variété des

conditions locales qui présidaient à leur naissance
et à leur développement ; sans doute, ce mal
hideux, que la médecine, après trois siècles et demi
d'études approfondies, considère encore comme un
protée insaisissable, n'avait peut-être pas, antérieurement à l'année 1493 ou 1496, les caractères
effrayants, et surtout le virus propagateur, qu'on
observa pour la première fois à cette époque, où les
cas d'exception devinrent des cas généraux. Toutefois, le mal vénérien existait, le même mal, depuis
la plus haute antiquité, et l'on ne se fût pas in-
quiété de lui plus que de toute autre maladie chronique, à la fin du quinzième siècle, si une réunion
de circonstances imprévues et inappréciables ne lui
avait communiqué tout à coup les moyens de se
répandre, de se multiplier, de s'aggraver avec une
sorte de fureur.

Nous pourrions aisément prouver, d'après le témoignage de Celse, d'Arétée et des plus illustres
médecins grecs et romains, que la véritable syphilis n'avait pas tardé à suivre à Rome la lèpre
et les maladies cutanées qui furent apportées d'Asie
et d'Afrique avec les dépouilles des peuples conquis.
Il ne serait pas difficile de faire comprendre, en
remontant à ces prémices morbifiques, que l'épouvantable débauche romaine avait réchauffé dans
son sein les germes de toutes les affections véné-
réiques, et que leur impur mélange créa des maux
inconnus qui retournaient sans cesse à leur source
en la corrompant toujours davantage. Nous per-
sistons à croire, cependant, que la transmission

du virus n'était pas dès lcrs aussi prompte ni aussi fréquente qu'elle l'est devenue dans les temps modernes, et il est probable, en outre, que les anciens, qui possédaient plus de cinq cents espèces de collyres pour les maux d'yeux, avaient autant de recettes curatives pour les infirmités de l'amour.

Nous allons, à travers le moyen âge, signaler la marche éclatante du mal vénérien sous des noms différents, jusqu'à ce qu'il soit arrivé à sa dernière transformation avec le nom de *grosse vérole*.

Ce mal obscène a de tout temps existé à l'état chronique chez des individus isolés ; il s'est reproduit quelquefois par contagion, avec une grande variété d'accidents résultant du tempérament des malades et dérivant d'une foule de circonstances locales qu'il serait impossible d'énumérer ou de caractériser ; mais il prenait toujours son germe dans un commerce impur, et il ne se développait pas de lui-même, sans cause préexistante d'infection, au milieu de l'exercice modéré des rapports ccxuclc. La débauche populaire était le foyer le plus actif de cette lèpre, qui se répandait avec plus ou moins de malignité suivant le pays, la saison, le sujet, etc. Il n'y avait que les débauchés qui allassent se gâter à cette honteuse source, et le mal restait en quelque sorte circonscrit et confiné parmi ces êtres dégradés qui n'avaient aucun contact avec les honnêtes gens.

Cependant, à certaines époques, et par suite d'une agrégation de faits physiologiques, la maladie s'exas- pérait et sortait de ses limites ordinaires, en s'as-

sociant à d'autres maladies épidémiques ou contagieuses ; elle se multipliait alors avec les symptômes
les plus affreux, et elle menaçait d'empoisonner la
population tout entière qu'elle décimait ; après avoir
fait des ravages manifestes et cachés, elle s'arrêtait,
elle s'assoupissait tout à coup.

Ce n'était jamais la médecine qui s'opposait à sa
marche occulte et qui la combattait en face par des
remèdes énergiques ; c'était la religion, qui ordon-
nait des pénitences générales et qui éloignait ainsi
les périls de la contagion, en faisant la guerre au
péché qui en était la cause immédiate. La privation
absolue des joies de la chair, pendant un laps de
temps assez considérable, était le remède le plus
efficace que le clergé ou plutôt l'épiscopat français,
si prévoyant et si ingénieux à faire le bien du peuple, eût imaginé contre les progrès du fléau pesti-
lentiel. Durant ces longues crises de la santé
publique, il faut dire que la prostitution légale
disparaissait complètement : les mauvais lieux
étaient fermés ; les femmes communes devaient,
sous-peine de châtiment arbitraire, s'interdire leur
dangereux métier, et la police municipale avait des
prescriptions si sévères à cet égard, que, dès le
début d'une épidémie au seizième siècle, on chassait
ou l'on emprisonnait toutes les femmes suspectes,
et on les tenait enfermées jusqu'à ce que le mal eût
disparu.

N'oublions pas de constater que le climat de la
Gaule n'était que trop favorable aux maladies pestilentielles et à toutes les affections de la peau. D'im-

menses marécages, des forêts impénétrables, entre-
tenaient sur tous les points du territoire une humi-
dité putride et malsaine, que les chaleurs de l'été
chargeaient de miasmes délétères et empoisonnés.
Le sol, au lieu d'être assaini par la culture, déga-
geait incessamment des émanations morbides. La
nourriture et le genre de vie des habitants ne s'accordaient guère, d'ailleurs, avec les préceptes de
l'hygiène : ils couchaient par terre, sur des peaux
de bêtes, sans autre abri que des tentes de cuir ou
des cabanes-de branchages ; ils mangeaient peu de
pain et beaucoup de viande, beaucoup de poisson,
beaucoup de chair salée, car ils nourrissaient de
grands troupeaux de porcs noirs sur la lisière des
bois druidiques.

On ne s'étonnera donc pas que l'éléphantiasis et
les autres hideuses dégénérescences de la lèpre fussent déjà bien acclimatées dans les Gaules aux
deuxième siècle de l'ère moderne. Le savant Arétée,
qui paraît avoir écrit sous Trajan le traité *De Curatione elephantiasis*, dit que les Celtes ou Gaulois
ont une quantité de remèdes contre cette terrible
maladie, et qu'ils emploient surtout de petites boules
de nitre avec lesquelles ils se frottent le corps dans
le bain. Marcellus Empiricns, qui exerçait la médecine à Bordeaux du temps de l'empereur Gratien,
rapporte que le médecin Soranus avait entrepris de
guérir, dans la province Aquitanique seulement,
deux cents personnes attaquées de la mentagre et
de dartres sordides qui se répercutaient par tout le
corps.

On a prouvé, dans ces derniers temps, que le mal
vénérien n'était qu'une forme de la lèpre contractée
dans l'habitude des rapports sexuels. On a dit aussi
comment d'abominables aberrations des sens avaient
pu, en cas exceptionnel, centupler les forces du
virus, en le portant dans les parties de l'organisme
les moins propres à le recevoir ; enfin on a même
appliqué aux origines de l'éléphantiasis les supposi-
tions que nous verrons remettre en avant, par les
médecins du quinzième siècle, à l'occasion du
Mal de Naples, dans lequel on voulut reconnaître
les monstrueux effets des désordres du crime contre
nature.

Ce fut pendant le sixième siècle que le mal vénérien sévit en France avec les apparences d'une épidémie : on le nomma *lues inquinaria* ou *inguinaria*.
Selon la première dénomination, ce mal était une
souillure, peut-être une gonorrhée, telle que les
livres de Moïse l'ont décrite (*Lévitiq.*, ch. 15) ; selon
la seconde qualification de ce mal, que Grégoire de
Tours signale souvent sans indiquer sa nature,
c'était une inflammation des aines, où se formait un
ulcère malin qui causait la mort, après des souffrances inouïes. Dom Ruinart, dans son édition de l'Histoire de Grégoire de Tours, note que cet ulcère
inguinal tuait le malade à l'instar d'un serpent (*lues
inguinaria sic dicebatur, quod, nascente in inguine
vel in axilla ulcere, in modum serpentis interficeret*).

Le Glossaire de Ducange a bien recueilli, dans
l'édition des Bénédictins, les deux noms de cette
pestilence, qui fit sa première apparition en 546 et

qui revint plusieurs fois à la charge sur des populations adonnées aux hideux égarements de la débauche antiphysique. Mais les doctes éditeurs ont
négligé de faciliter l'interprétation de ces deux noms,
attribués à la même maladie, par le rapprochement
lumineux des passages où il est question d'elle dans
les chroniqueurs contemporains.

L'origine infâme de cette maladie nous paraît assez
indiquée par l'horreur qu'elle inspirait et qui ne
résidait pas seulement dans la crainte de la mort,
car ceux qui en étaient atteints semblaient frappés
de la main de Dieu, à cause de leurs souillures :
l'enflure et la purulence des organes de la génération, les bubons des aines, le flux de sang des
intestins, les abcès gangréneux aux cuisses, en
disent assez sur la nature de cette contagion
obscène.

Elle reparut avec de nouveaux symptômes en 945,
après l'invasion des Normands, qui pourraient bien
n'y avoir pas été étrangers. Flodoard s'abstient néanmoins de toute conjecture à cet égard : « Autour
de Paris et en divers endroits des environs, dit-il dans
sa Chronique de Reims, plusieurs hommes se trouvèrent affligés d'un feu en diverses parties de leur
corps, qui insensiblement se consumoit jusqu'à ce
que la mort finit leur supplice ; dont quelques-uns,
se retirant dans quelques lieux saints, s'échappèrent
de ces tourments ; mais la plupart furent guéris à
Paris, en l'église de la sainte mère de Dieu Marie,
de sorte qu'on assure que tous ceux qui purent s'y
rendre furent garantis de cette peste, et le duc Hu-

gues leur donnoit tous les jours de quoi vivre. Il y en eut quelques-uns, qui, voulant retourner chez eux, sentirent rallumer en eux ce feu qui s'étoit éteint, et, retournant à cette église, furent délivrés. »

Sauval, qui nous fournit cette traduction naïve, ajoute que, « comme les remèdes ne servoient de rien, on eut recours à la Vierge, dans l'église Nostre-Dame, qui servit d'hospital dans cette occasion. » On trouve, en effet, dans le grand Pastoral de cette église, sous l'année 1248, une charte capitulaire relative à six lampes ardentes, qui éclairaient nuit et our l'endroit où gisaient pêle-mêle les pauvres moribonds, affligés de cette vilaine maladie, qu'on appelait le *feu sacré* (*ubi infirmi et morbo, qui ignis sacer vocatur, in ecclesiâ laborantes, consueverunt reponi*).

« La plupart des auteurs qui ont parlé de cette horrible maladie, dit le savant compilateur du *Mémorial portatif de chronologie* (t. II, p. 839) se sont accordés à lui attribuer les mêmes symptômes et les mêmes effets : son invasion était subite; elle brûlait les entrailles ou toute autre partie du corps, qui tombait en lambeaux ; sous une peau livide, elle consumait les chairs en les séparant des os. Ce que ce mal avait de plus étonnant, c'est qu'il agissait sans chaleur et qu'il pénétrait d'un froid glacial ceux qui en étaient atteints, et qu'à ce froid mortel succédait une ardeur si grande dans les mêmes parties, que les malades y éprouvaient tous les accidents d'un cancer. »

Nous pensons que les hommes du Nord avaient

laissé sur leur passage cet impur témoignage de leurs mœurs dépravées, car le mal abominable qui était leur ouvrage ne s'adressait généralement qu'au sexe masculin.

Le *feu sacré,* ne fut arrêté dans ses progrès que par les sages. conseils de l'Église, qui s'efforça de guérir les malades qu'elle avait absous ; mais le vice des Normands s'était invétéré dans les provinces qu'ils avaient envahies. L'année 994 vit renaître le *mal des ardents,* avec les causes criminelles qui l'avaient allumé la première fois, et ce mal, transmis par la débauche la plus infecte, passa promptement de la France en Allemagne et en Italie.

Le dixième siècle n'était, d'ailleurs, que trop propice à tous les genres de calamités qui peuvent frapper l'espèce humaine. On croyait que l'an 1000 amènerait la fin du monde, et, dans cette prévision, les méchants, qui se jugeaient destinés aux flammes de l'enfer, jouissaient de leur reste, en se livrant avec plus de fureur à leurs détestables habitudes. Les pluies continuelles, les froids excessifs, les inondations fréquentes vinrent en aide aux épidémiès pour dépeupler la terre. Les champs, qu'on ne cultivait plus, se convertirent en bruyères, en étangs, en marais, dont les émanations infectaient l'air. Les poissons périssaient dans les rivières, les animaux dans les bois, et tous ces cadavres putrides exhalaient des vapeurs empestées qui engendrèrent une foule de maladies. Le *mal des ardents* recommença ses moissons d'hommes à travers la France. Le roi de France, Hugues Capet, y succomba

lui-même, victime des soins tout paternels qu'il
avait administrés aux malades. Ceux-ci mouraient
presque tous, lorsqu'ils avaient laissé au mal le
temps de s'enraciner dans leurs organes atrophiés.

Cette affreuse contagion, contre laquelle l'art se
déclarait impuissant, parce que le vice lui disputait
toujours le terrain, avait reçu le nom de *mal sacré*,
à cause de son origine maudite; car, dit le livre *de
l'Excellence de sainte Geneviève*, « dans le système
de la formation des noms, on impose souvent à une
chose le nom qui veut dire le contraire de ce qu'elle
comporte *(morbus igneus, quem physici sacrum ignem
appellant eâ nominum institutione, quâ nomen unius
contrarii alterius significationem sortitur)*. » Il est
certain que l'opinion publique, sans trop se rendre
compte de ce que ce mal pouvait être, en attribuait
l'invasion à un châtiment du ciel, et la guérison à
l'intercession de la Vierge et des Saints.

Ce furent sans doute les ecclésiastiques qui dé-
baptisèrent le *mal sacré*, pour lui imprimer, comme
un sceau de honte, le nom de *mal des ardents*, que
le peuple changea depuis en *mal de saint Main* et en
feu de saint Antoine, parce que ces deux saints
avaient eu l'honneur de guérir ou de soulager beaucoup de malades. Le pape Urbain II, informé des
miracles que les fidèles rapportaient à l'intercession
de saint Antoine, fonda sous l'invocation de ce saint
un ordre religieux, dont les pères hospitaliers prenaient soin exclusivement des victimes du *mal des
ardents*.

N'oublions pas, à propos de cette fondation, de

rappeler que le porc, qui est sujet à la lèpre et dont
la chair donne aussi la lèpre quand on ne se sert
pas d'autre aliment, devint vers cette époque l'animal symbolique de saint Antoine. Enfin, une simple
imprécation, qui s'était conservée dans le vocabu-
laire du bas peuple jusqu'au temps de Rabelais,
lequel l'a recueillie, nous dispensera de prouver que
le feu Saint-Antoine avait la plus infâme origine : le
peuple et Rabelais disaient encore, au seizième
siècle : « Que le feu Sainct-Antoine vous arde le boyau
culier ! »

Il y eut encore plusieurs recrudescences mémorables de cette impureté, notamment en 1043 et en
1089 ; la dernière semble avoir été celle de 1130,
sous le règne de Louis VI : « Il courut une estrange
maladie par la ville de Paris et autres lieux circon-
voisins, raconte Dubreul, laquelle le vulgaire sur-
nommoit du *feu sacré* ou *des ardents* pour la violence intérieure du mal, qui brusloit les entrailles
de celuy qui en estoit frappé, avec l'excès d'une ardeur continuelle dont les médecins ne pouvoient
concevoir la cause et par conséquent inventer le remède. » Saint Antoine n'eut pas, cette fois, le privilège exclusif des prières, des offrandes et des
guérisons. Sainte Geneviève, la bonne patronne de
Paris, et saint Marcel s'interposèrent d'intelligence
pour faire cesser le fléau. Depuis cette époque, la
petite chapelle de la sainte, dans la Cité, fut trans-
formée en église avec le titre de Sainte-Geneviève-
des-Ardents, qu'elle garda longtemps après que la
maladie eut été restreinte à des cas isolés.

Remarquons, toutefois, que les premiers malades de la syphilis du quinzième siècle prirent tout naturellement le chemin de cette vieille église pour y chercher des miracles curatifs. La tradition reconnaissait, dans ces nouveaux invocateurs de sainte Geneviève, les héritiers directs du *mal des ardents*; par la même loi d'hérédité, les autres saints, tels que saint Antoine, saint Main, saint Job, etc., qu'on avait invoqués pour la guérison des maladies léprenses et galeuses dès les plus anciens temps, maintinrent leurs attributions à l'égard de la maladie vénérienne proprement dite, qui n'était pas nouvelle pour eux. Mais, à partir du douzième siècle jusqu'à l'installation du Mal de Naples, toutes les maladies honteuses, nées ou aggravées dans un commerce impur, se trouvèrent absorbées et enveloppées par l'hydre de la lèpre, qui se dressait de toutes parts et qui se multipliait sous les formes les plus disparates.

La lèpre du douzième siècle, qu'elle eût ou non une origine vénérienne, devait surtout à la prostitution les progrès menaçants qu'elle fit à cette époque, et que tous les gouvernements arrêtèrent à la fois par des mesures analogues de police et de salubrité. Nous ne craignons pas d'avancer que le relâchement et la suppression de ces mesures enfantèrent la syphilis du quinzième siècle.

Il ne faut pas induire, du silence des annales de la médecine pendant cinq ou six cents ans, que la lèpre, décrite pour la dernière fois par Paul d'Égine au sixième siècle, ait disparu en Europe jusqu'au

onzième siècle, où nous la voyons éclater de nouveau avec fureur. L'histoire de la vie privée au
moyen âge serait un monument irrécusable de
l'existence continue de l'éléphantiasis (puisque les
causes qui produisent cette lèpre-mère existaient
alors au plus haut degré), si les écrivains ecclésiastiques n'étaient remplis de témoignages qui viennent
confirmer ce fait.

Le recueil des Bollandistes et les cartulaires des
églises et des monastères font souvent mention des
lépreux. Grégoire de Tours dit qu'ils avaient à Paris une sorte de lieu d'asile où ils se nettoyaient le
corps et où ils pansaient leurs plaies. Le pape saint
Grégoire, dans ses écrits, représente un lépreux que
le mal avait défiguré, *quem densis vulneribus morbus
elephantinus defædaverat.* Ailleurs, il raconte que
deux moines gagnèrent le même mal, *pour avoir tué
un ours*, qui les gâta de telle sorte, que leurs membres tombèrent en pourriture. Dans le huitième
siècle, Nicolas, abbé de Corbie, fit construire une léproserie, ce qui démontre suffisamment que les lépreux étaient en assez grand nombre.

La loi de Rotharis, roi des Lombards, datée de
630, faisait le fonds de toutes les législations sur la
matière. Partout, le lépreux était retranché du sein
de la société, qui le tenait pour mort; et si la misère
le forçait à vivre d'aumônes, il ne s'approchait de
personne et il annonçait sa présence par le bruit
d'une cliquette de bois. Malgré ces précautions légis-
latives, les lépreux parvenaient quelquefois à cacher
leur triste état de santé et à contracter mariage avec

des personnes saines ; de là le capitulaire de Pépin
pour la dissolution de ces mariages, en 737. Un autre capitulaire de Charlemagne, en 789, défend aux
lépreux, sous des peines très-sévères, de fréquenter
la compagnie des gens sains. On comprend sans
peine que les relations sexuelles étaient le plus dangereux auxiliaire de la contagion, qui ne se propa-
geait pas trop, grâce à l'horreur générale qu'inspiraient les lépreux, grâce surtout à l'intervention
préventive de la police municipale. ✦

Mais, comme nous l'avons déjà fait observer,
c'était l'influence ecclésiastique qui avait le plus
d'action sur les mœurs et sur leurs conséquences :
la pénitence se chargeait bien souvent d'une sorte
de régime hygiénique, et la confession remplaçait
les consultations médicales. Le prêtre s'occupait de
la santé physique de ses ouailles comme de leur
santé morale, et il ne les maintenait parfois dans la
bonne voie, qu'en les menaçant de ces maux hideux
que le châtiment de Dieu envoyait, comme une marque de réprobation, aux libertins et aux infâmes.

Il est à constater que les épidémies coïncidaient
toujours avec des temps de corruption sociale, et
que le dérèglement des mœurs publiques entraînait
avec lui la perte de l'économie sanitaire. Les classes
honnêtes se voyaient avec stupeur atteintes de
maux impurs qui devaient être endémiques parmi
l'immense tourbe des vagabonds, des mendiants,
des débauchés et des filles perdues, errant dans les
champs ou relégués dans les Cours des Miracles.
C'était là que la maladie vénérienne puisait, dans

la débauche et la misère, ses symptômes les plus
caractérisés et ses plus hideuses métamorphoses.
Jamais un *mire* ou un *physicien* n'avait pénétré dans
ces repaires inabordables, pour y étudier les maladies sans nom qui les habitaient et qui se combi-
naient avec les plus monstrueuses variétés, en se
mêlant sans cesse, en se dévorant l'une par l'autre.
Il est certain que les misérables que réunissait cette
vie *truande* n'avaient aucun contact avec la population saine et honnête, excepté à des époques de crise
et de débordement, après lesquelles le flot impur
rentrait dans son lit et laissait au temps, à la religion et à la police humaine, le soin d'effacer ses
traces.

C'est ainsi que la lèpre se répandit tout-à coup,
comme un torrent qui a rompu ses digues, à travers le corps social, qu'elle aurait empoisonné, si la
prudence et l'énergie du Pouvoir spirituel et tem-
porel n'eussent élevé une barrière contre les en-
vahissements de la contagion.

Les croisades avaient réuni, pour ainsi dire, toutes
les fanges de la société, et mélangé dans un étrange
bouleversement la noblesse avec le peuple. Les ré-
glements de la police ne soutinrent pas le choc de
cette armée de pèlerins qui s'en allaient mourir ou
chercher fortune en Orient. La débauche la plus
audacieuse gangrena ces hordes indisciplinées. À leur
retour, après les aventures de la Palestine, tous les
pauvres croisés étaient plus ou moins suspects de
lèpre ou de *mésellerie* ; les uns ladres verts, les autres ladres blancs, la plupart rapportant avec eux

les fruits amers de la vie orientale : on peut
assurer que la maladie vénérienne n'était alors
qu'une des formes de la lèpre.

Il fallut soumettre les lépreux à une rigoureuse
police de salubrité, qui fut renouvelée trois siècles
plus tard contre les vénériens, et qui avait pour but
d'empêcher la contagion de se répandre davantage.
De même que dans le code de Rotharis, le lépreux
était censé mort du moment où il entrait dans la
léproserie, accompagné des exorcismes et des funérailles d'usage. Le curé lui jetait trois fois de la
terre du cimetière sur la tête, en lui adressant ces
lugubres injonctions: « Gardez-vous d'entrer en
nulle maison que votre borde. Quand vous parlerez
à quelqu'un, vous irez au-dessous du vent. Quand
vous demanderez l'aumône, vous sonnerez votre
crécelle. Vous n'irez pas loin de votre borde, sans
avoir votre habillement de bon malade. Vous ne
regardérez ni puiserez en puits ou en fontaine, sinon
les vôtres. Vous ne passerez pas planches ni pon-
ceau où il y ait un appui, sans avoir mis vos gants; »
etc. On lui défendait, en outre, de marcher nu-pieds,
de traverser des ruelles étroites, de toucher les
enfants, de cracher en l'air, de frôler les murs, les
portes, les arbres, en passant ; de dormir au bord
des chemins, etc. Quand il venait à mourir, il n'a-
vait pas même de sépulture au milieu des chrétiens,
et ses compagnons de misère étaient requis de l'enterrer dans le cimetière de la léproserie. Jamais
un lépreux ne pouvait, fût-il guéri, rentrer dans
le cercle de la *loi mondaine* et vivre dans

l'intérieur de la ville sous le régime de la vie
commune.

Il y avait pourtant bien des degrés dans la maladie, qui n'était pas absolument incurable, et qui
ne se montrait pas toujours en signes apparents :
mais, comme elle affligeait de préférence la classe
la plus pauvre, les médecins ne songeaient pas plus
à la traiter, que les malades à se faire soigner.
Ceux-ci, qu'ils le fussent de naissance ou par accident, se regardaient comme voués irrévocablement
à la lèpre et se livraient en proie aux ravages de
cette affreuse infirmité, qui, faute de soins, ne faisait que s'accroître et s'exaspérer jusqu'à ce qu'elle
eût détruit tous les organes vitaux. Quelquefois, le
mal était stationnaire, et quoique son principe sub-
sistât dans l'individu, ses effets se trouvaient para-
lysés ou assoupis par une bonne constitution ou par
quelque cause inappréciable.

Tout commerce avec les lépreux de profession fut
interdit aux personnes saines, par le dégoût et
l'effroi qu'ils excitaient plutôt encore que par la loi
qui les tenait à l'écart sous peine de mort. Mais, en
compensation, les lépreux communiquaient entre
eux librement ; ils avaient des femmes, des enfants,
des ménages ; ils ne se croyaient étrangers à aucun
des sentiments qui poussent l'homme à se reproduire, et c'est ainsi que leur race se perpétuait au
milieu de la population qui évitait leur vue et leur
approche ; c'est ainsi que la lèpre passait de génération en génération et gâtait l'enfant dès le ventre
de la mère.

Cependant les lépreux ne se multipliaient pas comme on aurait pu le croire, car le germe de mort qu'ils portaient en eux-mêmes les décimait sans cesse, après les avoir changés en cadavres ambulants. Le fils d'un lépreux était ordinairement plus lépreux que son père, et le mal, en se transmettant de la sorte, prenait de nouvelles forces, au lieu de s'affaiblir ; la famille la plus nombreuse s'éteignait, en se consumant, dans l'espace d'un siècle. Voilà pourquoi la lèpre disparut presque avec les lépreux au bout de quelques siècles, quoique la plupart des ladres fussent très-ardents et très-aptes à procréer leurs semblables.

Le caractère le plus général de la lèpre était une éruption de boutons par tout le corps, notamment au visage ; mais ces boutons, qui se renouvelaient sans cesse, se distinguaient par la variété de leurs formes et de leurs couleurs : les uns, durs et secs ; les autres, mous et purulents ; ceux-ci, croûtelevés ; ceux-là, crevassés, blancs, rouges, jaunes, verts, tous hideux à la vue et à l'odorat. Quant aux signes uniformes de la maladie, le célèbre Guy de Chauliac en compte six principaux, que Laurent Joubert défi- nit en ces termes, dans sa *Grande chirurgie*, au chapitre de la ladrerie : « Rondeur des yeux et des oreilles, dépilation et grossesse ou tubérosité des sourcils, dilatation et toursure des narines par dehors avec étroitesse intérieure, laideur des lèvres, voix rauque comme s'il parloit du nez, puanteur d'haleine, et de toute la personne, regard fixe et horrible. »

Guy de Chauliac, qui vivait au quatorzième siècle, avait eu sous les yeux une foule de sujets, que ne fut pas à même d'observer Laurent Joubert, qui écrivait sur la ladrerie à la fin du seizième siècle, lorsqu'elle n'existait plus guère que de nom. Les signes équivoques de la lèpre étaient au nombre de seize : « Le premier est dureté et tubérosité de la chair, spécialement des jointures et extrémités ; le second est couleur de Morphée et ténébreuse ; le troisiesme est cheute des cheveux et renaissance de subcils ; le quatriesme, consomption des muscles, et principalement du poulce ; cinquiesme, insensibilité et stupeur, et grampe des extrémitez ; sixiesme, rogne et dertes, copperose et ulcérations au corps ; le septiesme est grains sous la langue, sous les paupières et derrière les oreilles ; huitiesme, ardeur et sentiment de piqueure d'aiguilles au corps ; neuviesme, crespure de la peau exposée à l'air, à mode d'oye plumée; dixiesme, quand on jette de l'eau sur eux, ils semblent oingtz ; unziesme, ils n'ont guères souvent fièvre ; douziesme, ils sont fins, trompeurs, furieux, et se veulent trop ingérer sur le peuple ; treiziesme, ils ont des songes pesans et griefs ; quatorziesme, ils ont le poulx débile ; quinziesme, ils ont le sang noir, plombin et ténébreux, cendreux, graveleux et grumeleux ; seiziesme, ils ont les urines livides, blanches, solides et cendreuses.»

Nous verrons plus tard que ces symptômes sont presque identiques avec ceux de la grosse vérole, qui ne fut qu'une renaissance de la lèpre, sous l'influence des guerres d'Italie.

La lèpre avait, d'ailleurs, une infinité d'autres caractères particuliers, que déterminaient les circonstances locales et climatériques. Par exemple, le *mal des ardents*, qui avait dégénéré en gonorrhée virulente, provenait encore de la cohabitation avec une personne lépreuse. Dans cette maladie, qu'on nommait l'*ardeur*, l'*arsure*, l'*incendie*, l'*échauffaison* (en anglais *brenning*), les parties génitales étant attaquées de phlogose, d'érysipèle, d'ulcérations, de phlyctènes, etc., le malade éprouvait de vives douleurs en urinant.

Un savant médecin du treizième siècle, nommé Théodoric, dit textuellement dans le livre VI de sa Chirurgie, que quiconque approche une femme qui a connu un lépreux contracte un *mauvais mal*. Dans un traité de Chirurgie attribué à Roger Bacon, qui écrivait à la même époque, on trouve une description des maux horribles qui pouvaient suivre un commerce impur de cette espèce. Plusieurs médecins anglais contemporains ont étudié ce genre d'affection vénérienne, qui régnait à Londres aux treizième et quatorzième siècles. Un de ces médecins, Jean de Gaddesen, consacre un chapitre de sa *Practica medicinæ seu Rosa anglicana* aux accidents qui résultent de la fréquentation impudique des lépreux et des lépreuses. « Celui, dit-il, qui a couché avec une femme à laquelle un lépreux a eu affaire, ressent des piqûres entre cuir et chair, et quelquefois des échauffements par tout le corps. » Les médecins anglais de ce temps-là nous fournissent sur la lèpre vénérienne plus de renseignements que les médecins italiens et français, parce que les lois contre les lépreux étaient beaucoup moins rigoureuses en Angleterre que partout ailleurs ; aussi, les cas de contagion lépreuse y furent-ils plus communs et plus graves que dans tout autre pays.

Grâce aux mesures énergiques et générales qui furent prises dans toute l'Europe, excepté peut-être en Angleterre, pour arrêter les progrès de la lèpre et des maladies qui en dépendaient, on put conserver saine et sauve la majeure partie de la population. Du temps de Matthieu Paris, qui écrivait au milieu du treizième siècle, il y avait plus de dix-neuf mille léproseries en Europe. Deux siècles plus tard, les léproseries de la France étaient en ruines et abandonnées, faute de malades. Elles furent accaparées successivement par des parasites, au moyen de la suppression des titres de la fondation et des contrats de rente; en sorte que, par son ordonnance de 1543, François Ier provoqua presque inutilement la recherche de ces chartes et titres perdus ou dérobés.

Il est donc certain que, dans l'intervalle de deux ou trois siècles, la grande lèpre ou éléphantiasis avait à peu près disparu avec les malheureux qui en étaient atteints et qui n'avaient pas réussi à se perpétuer au delà de trois ou quatre générations. Quant à la petite lèpre et à ses dérivatifs, ils se déguisaient sous des dehors moins inquiétants, et ils allaient toujours s'affaiblissant dans leurs symptômes extérieurs, quoique le germe du mal fût toujours vivace dans un sang qui l'avait reçu de nais-

sance ou par transmission contagieuse. La société,
qui avait rejeté de son sein les lépreux, se trouva
donc de nouveau envahie par eux, ou du moins par
leurs enfants, et la lèpre, en perdant une partie de
ses hideux phénomènes, recommença sourdement à
travailler la santé publique.

Ce fut par la débauche que cette infâme maladie rentra dans les classes abjectes et se glissa
jusqu'aux plus élevées, à la faveur de ses secrètes
métamorphoses. Nous ne doutons pas que le Mal de
Naples, qui n'était autre qu'une résurrection de la
lèpre combinée avec d'autres maux, a fait silen-
cieusement son chemin dans les mystères de l'im-
pudicité, avant d'éclater au grand jour, sous le
nom de *grosse vérole*, par toute l'Europe à la fois.

Nous parlions plus haut de l'*arsure* qui avait infecté les mauvais lieux de Londres, tellement qu'il
fallut, en 1430, faire des lois de police pour empêcher, sous peine d'amende, de recevoir dans ces
maisons aucune femme atteinte de l'arsure, et pour
faire garder à vue celles qui seraient attaquées
de cette détestable maladie *(infirmitas nefanda,*
disent ces lois sanitaires, citées par Guillaume Bec-
kett dans le tome XXX des *Transactions philosophi-
ques).*

Voici maintenant les témoignages de quelques
médecins et chirurgiens, qui ne nous permettent
pas de croire que les maladies vénériennes fussent
seulement contemporaines de la découverte de
l'Amérique.

Guillaume de Salicet, médecin de Plaisance au

treizième siècle, n'oublie pas dans sa Chirurgie, au
chapitre intitulé *De Apostemate in inguinibus*, le
bubon ou dragonneau, ou abcès de l'aine, qui se
forme quelquefois, dit-il, « lorsqu'il arrive à l'homme une corruption dans la verge, pour avoir eu
affaire à une femme malpropre. » (*Traité des malad.
vénér.*, par Astruc, trad. par Louis, t. Ier, p. 134 et
suiv.) Le même praticien, dans un autre chapitre,
traite des pustules blanches et rouges, de la dartre
miliaire et des crevasses qui viennent à la verge ou
autour du prépuce, et qui sont occasionnées « par
le commerce qu'on a eu avec une femme sale ou avec
une fille publique. »

Lanfranc, fameux médecin et chirurgien de Milan, qui vint se fixer à Paris vers 1395, développe
la même doctrine sur les maladies des parties honteuses, dans son livre intitulé *Pratica seu ars com-
pleta Chirurgiæ :* « Les ulcères de la verge, dit-il,
sont occasionnés par des humeurs acres qui ulcèrent
l'endroit où elles s'arrêtent, ou bien par une conjonction charnelle avec une femme sale qui aurait
eu affaire récemment à un homme attaqué de
pareille maladie. »

Bernard Gordon, non moins célèbre médecin de la
Faculté de Montpellier, qui dut survivre à Lanfranc,
professe les mêmes opinions à l'égard des maladies
de la verge (*de passionibus virgæ*, dans son *Lilium
medicinæ*) : « Ces maladies sont en grand nombre,
dit-il, comme les abcès, les ulcères, les chancres,
le gonflement, la douleur, la démangeaison. Leurs
causes sont externes ou internes : les externes,

comme une chute, un coup, et la conjonction charnelle avec une femme dont la matrice est impure,
pleine de sanie ou de virulence, ou de ventosité,
ou de semblables matières corrompues. Mais, si la
cause est interne, ces maladies sont alors produites
par quelques humeurs corrompues et mauvaises
qui descendent de la verge et aux parties inférieures. »

Jean de Gaddesden, médecin anglais de l'université d'Oxford; Guy de Chauliac, de l'université de
Montpellier; Valesius de Tarenta, de la même université, et plusieurs autres docteurs qui faisaient
leurs observations dans différents pays durant le
quatorzième siècle, reconnurent tous que le commerce impur engendrait des maladies virulentes qui
étaient contagieuses et qui devaient être ainsi vénériennes.

Dans ces diverses maladies, la lèpre jouait inévitablement le principal rôle, avant comme après l'apparition du Mal de Naples. Les praticiens, qui ont
étudié la lèpre et qui ont publié leurs recherches à
ce sujet, sont tombés d'accord que la lèpre se communiquait par les relations sexuelles plutôt que par
toute autre voie. Ces relations étaient fort rares entre les personnes saines et les lépreux, mais l'imprudence ou la dissolution les déterminait parfois,
au grand préjudice de la personne saine, qui devenait lépreuse à son tour.

Bernard Gordon, que nous avons cité plus haut,
raconte qu'une certaine comtesse qui avait la lèpre
vint à Montpellier, et qu'il la traita sur la fin de sa

maladie. Un bachelier en médecine, qu'il avait mis auprès d'elle pour la soigner, eut le malheur de partager son lit : elle devint enceinte, et, lui, lépreux. *(Lilium medicinæ*, part. 1, ch. 22.) On trouverait quantité de faits analogues dans les écrits de Forestus, de Paulmier, de Paré, de Fernel, etc., qui écrivaient sur l'éléphantiasis ou la lèpre, d'après le sentiment unanime des écoles de médecine et de chirurgie.

Jean Manardi de Ferrare résume ainsi la question, au commencement du seizième siècle, sans s'apercevoir qu'il confond la lèpre et les maladies vénériennes : « Ceux, dit-il dans ses *Epistolæ medicinales*, publiées en 1525, ceux qui ont commerce avec une femme, laquelle a eu affaire un peu auparavant à un lépreux, tandis que la semence reste encore dans la matrice, gagnent quelquefois la lèpre et quelquefois d'autres maladies, plus ou moins considérables, selon qu'ils sont eux-mêmes disposés, aussi bien que le lépreux qui a infecté la femme. »

Dans toutes ces citations, nous reproduisons la traduction que le médecin Louis, annotateur du livre d'Astruc, pour ne pas altérer le sens médical du savant auteur du traité *De Morbis venereis*, avait cru pouvoir établir dans l'intérêt de son système ; mais ces citations mêmes nous paraissent souvent tout à fait contraires à ce système. En examinant ce passage de Jean Manardi, par exemple, il est impossible de ne pas reconnaître les maladies vénériennes dans ces *autres maladies plus ou moins considérables*, engendrées par un commerce plus ou moins

imprudent avec une personne plus ou moins lépreuse. Au reste, un commerce de cette nature, qui
eût entraîné la peine de mort, en certains cas, pour
le lépreux, avait sans doute été jugé impossible par
le législateur, qui ne l'a prévu nulle part dans le
droit criminel.

Le droit coutumier règle seulement tout ce qui
concerne l'institution des léproseries, dans lesquelles la lèpre était mise en charte privée, pour ainsi
dire. Selon la Coutume du Boulenois, quand on découvrait, après la mort d'un homme, qu'il était
ladre et qu'il avait néanmoins vécu en compagnie
de gens sains, ceux-ci devaient être considérés
comme ses complices; et tout le bétail à pied four-
chu, appartenant aux habitants du lieu où ce ladre
venait de mourir, était confisqué au profit du seigneur. Chaque paroisse se trouvait de la sorte responsable de ses ladres : elle était tenue de les nourrir,
après les avoir vêtus d'une espèce de livrée et con-
finés dans des *bordes,* où il y avait un lit, une table
et quelques menus ustensiles de bois et de terre.
(*Traité de la Police*, par Delamarre, t. I, p. 636 et
suiv.)

Les ladres, qui regardaient leurs maladies comme
des tombes anticipées, cherchaient sans cesse à
rentrer dans le sein de la société, et celle-ci les
expulsait sans cesse avec horreur. Chaque fois que
l'incurie de la police permettait à ces malheureux de
dissimuler leur triste condition et de participer à la
vie commune, il y avait dans les villes un réveil de
la lèpre, qui forçait les magistrats à remettre en

vigueur les anciennes ordonnances. En 1371, le prévôt de Paris fit publier les lettres patentes que lui avait adressées Charles V, pour enjoindre à tous les ladres de quitter la capitale dans le délai de quinze jours, « sous de très-grosses peines corporelles et pécuniaires. » En 1388, il défendit aux lépreux d'entrer dorénavant dans Paris, sans permission expresse signée de lui. En 1394 et 1402, mêmes défenses aux ladres, « sur peine d'estre pris par l'exécuteur et ses valets à ce commis, et détenus prisonniers pendant un mois, au pain et à l'eau, et ensuite bannis du royaume. » Ces défenses étaient toujours éludées à cette époque, et la population saine se relâchait de ses terreurs à l'égard des lépreux, qui vivaient parmi elle, comme s'ils n'étaient pas affectés d'un mal contagieux, car la lèpre diminuait tous les jours, ou du moins ses signes extérieurs devenaient moins manifestes.

Le parlement de Paris rendit un arrêt, en date du 11 juillet 1453, contre un lépreux qui avait épousé une femme saine. Cette femme, que la lèpre n'avait pas encore atteinte, à ce qu'il paraît, fut séparée de son mari, et défenses lui furent faites de *converser* avec lui, sous peine d'être mise au pilori et bannie ensuite. On la laissa toutefois habiter dans l'intérieur de la ville, mais on lui ordonna de cesser d'y vendre des fruits, de peur qu'elle ne communiquât à quelqu'un la contagion de la lèpre.

Cet arrêt est très-significatif ; il prouve que les règlements concernant la lèpre étaient mal observés au quinzième siècle, et que les lépreux pouvaient

résider hors des léproseries. La conséquence inévitable de ce relâchement de sévérité devait être le
retour de la lèpre et des maladies qui en résul-
taient.

En effet, peu d'années avant que le mal vénérien
eût été signalé en Italie et en France, les ladres
avaient de nouveau multiplié et ravivé le venin de
l'éléphantiasis, et la santé publique avait subi une
atteinte profonde, par l'intermédiaire de la prostitution, où lépreux et lépreuses osèrent apporter
leur odieux concours.

Par ordonnance du prévôt de Paris, datée du
15 avril 1488, il fut enjoint « à toutes personnes
attaquées du mal abominable, très-périlleux et contagieux, de la lèpre, de sortir de Paris avant la feste
de Pâques et de se retirer dans leurs maladreries
aussitost après la publication de ladite ordonnance,
sur peine de prison pendant un mois, au pain et à
l'eau; de perdre leurs chevaux, housses, cliquettes
et barillets, et punition corporelle arbitraire; leur
permet néanmoins d'envoyer quester pour eux leurs
serviteurs et servantes estant en santé. » Ces ladres,
qui avaient des chevaux et des housses, des serviteurs et des servantes en bonne santé, faisaient évidemment une effrayante diffusion de la lèpre dans
la partie saine de la population qu'ils fréquentaient;
et cette lèpre sourde, transmise de proche en proche par les plaisirs vénériens, corrompait physique-
ment ce que le vice avait gâté de sa souillure
morale.

Ce n'était déjà plus la lèpre proprement dite, c'é-

tait la lèpre de l'incontinence et des mauvais lieux ;
c'était une maladie horrible que la débauche avait
portée dans .ses flancs et qu'elle réchauffait sans
cesse en son sein ; c'était la *grosse vérole*, que les
Français nommèrent dès sa naissance le *mal de Naples*, et que les Italiens, par contradiction, appelé-
rent le *mal français*.

Il nous paraît démontré jusqu'à l'évidence, par le
simple rapprochement de quelques dates, que la
maladie vénérienne n'avait pas attendu la découverte de l'Amérique, pour s'introduire en Europe et
pour y faire de terribles progrès.

Cette maladie, comme nous avons cherché à le
prouver par des faits et par des inductions, existait
de toute antiquité ; mais elle s'était successivement
combinée avec d'autres maladies, et surtout avec la
lèpre, qui lui avait donné une physionomie toute
nouvelle. Ce fut la débauche qui, dans tous les
temps et dans tous les pays, servit d'auxiliaire énergique à ce fléau, que la police des gouvernements
s'appliquait à entourer, pour ainsi dire, d'un cordon
sanitaire. Quand ce cordon sanitaire fut rompu et
tout à fait abandonné, le mal prit son essor.

Voilà comment la lèpre vénérienne éclata en même
temps, avec la même fureur, en France, en Italie,
en Espagne, en Allemagne et en Angleterre, au
moment où Christophe Colomb était à peine de retour du premier voyage qu'il fit à l'île Espagnole.

Nous n'aurons pas de peine à établir que la *grosse
vérole*, ou du moins un mal analogue, avait été signalée en Europe dès l'année 1483 ; que ce mal, ou

tout autre, de même nature et de même origine, subsistait antérieurement aux Antilles et n'y produisait pas les mêmes accidents que sous les latitudes tempérées ; que l'expédition de Charles VIII en Italie concourut peut-être à répandre et à envenimer cette affreuse maladie, mais que l'Italie et la France, qui se renvoyaient l'une à l'autre la priorité de l'infection, n'eurent rien à s'envier sur ce point, et se donnèrent réciproquement ce qu'elles avaient de longue date, dans un échange de contagion mutuelle ; enfin, que, depuis son apparition constatée, la maladie changea souvent de symptômes, de caractères et de noms.

Parmi ces noms, qui furent très-multipliés et qui eurent chacun une origine locale, il faut distinguer les noms scientifiques des noms populaires. Les premiers étaient naturellement latins dans tous les livres et les *recipe* (ordonnances) de médecine, mais ils disparurent l'un après l'autre, en cédant la place au nom de syphilis, que Frascator inventa pour les besoins de sa fable poétique, dans laquelle le berger Syphile est atteint de cette vilaine maladie, parce qu'il avait offensé les dieux.

La plupart des médecins italiens ou allemands, qui écrivirent à la fin du quinzième siècle sur le mal nouveau *(morbus novus)* que les guerres d'Italie avaient fait sortir de son obscurité, Joseph Grundpeck, Coradin Gilini, Nicolas Leoniceno, Antoine Benivenio, Wendelin Hock de Brackenaw, Jacques Cataneo, etc., se servirent de la dénomination usuelle de *morbus gallicus* (mal français). Ce-

pendant, comme s'ils eussent été peu satisfaits d'admettre dans la langue médicale une erreur et une
calomnie à la fois, plusieurs d'entre eux forgèrent
des noms plus dignes de la science et moins éloignés
de la vérité historique.

Joseph Grundpeck, le plus ancien de tous, ajouta au
surnom vulgaire de *mala de Frantzos* la périphrase de
gorre pestilentielle (pestilentialis scorra) et la qualification de *mentulagra* (maladie du membre viril);
Gaspard Torrella, qui, comme Italien, se piquait de
savoir latiniser mieux qu'un Allemand, adopta *pu-
dendagra* (maladie des parties honteuses); Wendelin Hock préféra *mentagra*, parce qu'il crut reconnaître, dans ce prétendu *mal français*, la mentagre ou
lèpre du menton, décrite par Pline (*Hist. nat.*, lib.
XXVI, c. 1); Jean Antoine Roverel et Jean Almenar
se servirent du mot *patursa*, sans que la véritable
signification de ce mot leur fut connue; ce qui permet de supposer que c'était le nom générique de la
maladie en Amérique.

Chaque nation se défendait d'avoir engendré cette
maladie, en lui attribuant le nom de la nation voisine à laquelle l'opinion populaire attribuait le principe du mal.

Ainsi, les Italiens, les Allemands et les Anglais,
qui accusaient la France d'avoir été le berceau de
la *grosse vérole*, l'appelaient *mal français : mal fran-
cese, frantzosen* ou *frantzosichen poeken, french
pox ;* les Français s'avisèrent plus tard de se revan-
cher, en l'appelant *mal napolitain ;* les Flamands et
les Hollandais, les Africains et les Maures, les Por-

tugais et les Navarrais maudissaient le *mal espagnol*
ou *castillan* ; mais, en souvenir de cet odieux présent que chaque peuple refusait de croire émané de
son propre sein, les Orientaux le nommaient *mal des
chrétiens* ; les Asiatiques, *mal des Portugais* ; les
Persans, *mal des Turcs* ; les Polonais, *mal des Allemands*, et les Moscovites, *mal des Polonais* (Voy. le
Traité d'Astruc, *De Morbis venereis*, lib. I, cap. 1).
Les divers symptômes de la maladie lui imposèrent
aussi différents noms, qui rappelaient surtout l'état
pustuleux ou cancéreux de la peau des malades ;
ainsi, les Espagnols appelaient ce mal *las bubas* ou
buvas ou *boas* ; les Génois , *lo malo de le tavele* ; les
Toscans, *il malo delle bolle* ; les Lombards, *lo malo
de le brosule*, à cause des pustules ulcéreuses et mul-
ticolores qui sortaient de toutes les parties du corps
chez les individus atteints de cette espèce de peste.

Les Français la nommèrent *grosse vérole*, pour la
distinguer de la petite vérole, qu'on avait classée,
de temps immémorial, parmi les maladies épidémiques, et qui, moins redoutable que sa sœur cadette,
lui ressemblait cependant par la *variété* des pustules
et des ulcérations de la face ; de là, son nom générique de *vérole* ou *variole*, formé du latin *varius* et
du vieux mot *vair*, qui signifiait une fourrure blanche et grise, et qui s'entendait aussi d'un des métaux
héraldiques ; composé de pièces égales, ayant la
forme de cloches et disposées symétriquement. On
prétend que cette disposition des pièces du *vair* avait
quelque analogie d'aspect avec la peau bigarrée et
crevassée d'un malheureux *variolé*.

Enfin, on mit en réquisition tous les saints qui passaient pour guérir la lèpre, et qu'on invoquait comme tels; on les invoqua aussi contre les maux vénériens, et on ne se fit pas scrupule d'appliquer leurs noms respectés à ces maux déshonnêtes qu'on plaçait de la sorte sous leurs auspices. Il y eut alors entre la lèpre et la grosse vérole une confraternité avouée, qui se manifesta par les noms de saints attachés indistinctement aux deux maladies, qu'on appela *mal de saint Main, de saint Job, de saint Sement, de saint Roch, de saint Évagre*, et même de *sainte Reine*, etc. Il suffisait qu'un saint fût réputé comme ayant quelque influence pour la guérison des plaies et des ulcères malins: les vérolés s'adressaient à lui et se disaient ses malades privilégiés.

Les médecins et les historiens, qui ont parlé les premiers de l'épidémie vénérienne des dernières années du quinzième siècle, sont à peu près d'accord sur ce point, que la maladie ne s'est déclarée avec éclat qu'à la suite de l'expédition de Naples; mais ils rapportent presque tous à l'année 1494 cette expédition, qui n'eut lieu qu'en 1495.

Cette contradiction de dates ne constitue pourtant pas une erreur historique; car, avant Charles IX, l'année commençait à Pâques, selon la manière de dresser le calendrier en France. Les écrivains, qui ont fait un rapprochement d'époque entre l'invasion de Charles VIII en Italie et celle de la *grosse vérole* en Europe, n'ont pas hésité à ranger ces deux faits hétérogènes sous la même année 1494. Suivant eux, la maladie vénérienne aurait été signalée dès le com-

mencement de cette année-là; mais le roi de France
ne fit son entrée à Naples, où il trouva cette horrible maladie, glorieusement installée avant lui, que
le 22 février 1495, qui tombait en 1494, puisque la
fête de Pâques ne devait marquer la nouvelle année qu'au 19 avril. Il faudrait donc, pour justifier la
date de 1494 enregistrée par les médecins et les
historiens qui ont voulu préciser le moment où le
fléau éclata, il faudrait que ce *mal français* fût né
à Naples entre le 22 février et le 19 avril 1495.

On objectera difficilement que les autorités qui
fixent à l'année 1494 l'apparition de la maladie ont
pu faire erreur d'une année; cette erreur n'est pas
probable, quand il s'agit d'un fait si récent et si
remarquable. Ajoutons encore que les premiers qui
ont établi cette date de 1494, sont Italiens, et que
l'année en Italie commençait au premier janvier et
non à Pâques comme en France.

Il résulte de ces contradictions, que c'a été un
parti pris chez les Italiens d'attribuer à l'aventureuse
expédition des Français en Italie, un fléau qu'elle
développa et aggrava peut-être, mais qu'elle n'apporta point avec elle.

« Les médecins de notre temps, écrivait en 1497
Nicolas Leoniceno dans son traité *De morbo gallico*,
n'ont point encore donné de véritable nom à cette
maladie, mais ils l'appellent communément le *mal
français*, soit qu'ils prétendent que sa contagion a
été apportée en Italie par les Français, ou que l'Italie
a été en même temps attaquée par l'armée française
et par cette maladie. »

Gaspard Torrella, dans son traité *De Dolore in pu-dendagra*, est plus explicite encore : « Cette maladie, dit-il, fut découverte lorsque les Français entrèrent à main armée en Italie, et surtout après qu'ils se furent emparés du royaume de Naples et qu'ils y eurent séjourné. C'est pourquoi les Italiens lui donnèrent le nom de *mal français*, s'imaginant qu'il était naturel aux Français. »

Jacques Cataneo, dans son livre *De Morbo gallico*, qui parut en 1505, se borne à rappeler le même fait : « L'an 1494 de la Nativité de Notre-Seigneur, au temps que Charles VIII, roi de France, s'empara du royaume de Naples, et sous le pontificat d'Alexandre VI, on vit naître en Italie une affreuse maladie qui n'avait jamais paru dans les siècles précédents et qui était inconnue dans le monde entier. »

Jean de Vigo fait coïncider aussi avec le passage de Charles VIII en Italie l'irruption subite de cette maladie, qu'on n'avait jamais vue ou du moins jamais observée auparavant.

L'antipathie nationale des Italiens contre leurs vainqueurs ne manqua pas de fortifier et de propager cette opinion erronée, qui resta dans le peuple avec d'injustes ressentiments. Les Français furent moins empressés de se plaindre de la calomnie qui les accusait et de répandre la vérité qui les justifiait, en les montrant eux-mêmes comme des victimes du mal de Naples ; car les premiers auteurs français qui ont parlé de ce mal nouveau ne disent rien de son origine, et n'incriminent pas même les délices de Naples conquise par Charles VIII.

Il y eut cependant en Italie et en Allemagne
plusieurs hommes de l'art et plusieurs historiens
plus impartiaux, qui n'hésitèrent pas à proclamer
l'innocence des Français dans cette affaire, et à se
rapprocher ainsi d'une vérité que la science et l'histoire ne devaient pas envelopper d'un nuage. Les
uns infirmèrent la date de 1494 attribuée à la naissance de la peste vénérienne (lues venerea) ; les autres firent remonter beaucoup plus haut son origine
ou plutôt ses premiers ravages ; quelques-uns, moins
bien instruits que les autres ou peut-être feignant,
à ce sujet, une ignorance calculée, reportèrent à l'année 1496 la première invasion de la maladie, qu'ils
faisaient venir d'Espagne, et, par conséquent d'Amérique.

« L'an de notre salut 1496, écrivait Antoine Benivenio en 1507, une nouvelle maladie se glissa,
non-seulement en Italie, mais encore dans presque
toute l'Europe. Ce mal, qui venait d'Espagne, s'é-
tant répandu de tous côtés, premièrement en Italie,
ensuite en France et dans les autres pays de l'Europe, attaqua une infinité de personnes. »

Les historiens viennent ici à l'appui de la justifi-
cation des Français. Antoine Coccius Sabellicus, qui
savait ce que c'était que la grosse vérole puisqu'il
l'avait gagnée (voy. les Élogia de Paul Jove), dit
fermement dans son recueil historique publié à Venise en 1502 : « En ce même temps (1496), un
nouveau genre de maladie commença à se répandre
par toute l'Italie, vers la première descente que les
Français y avaient faite dès l'année précédente

(1495), et il est probable que c'est par cette raison qu'on la nomma le *Mal français*, car, comme je vois, on n'est pas sûr d'où est venue d'abord cette cruelle maladie qu'aucun siècle n'avait éprouvée jusque-là. »

Si la date de 1496 avait pu être établie et prouvée, la provenance du mal eût été tout naturellement renvoyée à la découverte de l'Amérique. Dans tous les cas, la date de 1496 se rapporterait évidemment à l'extension rapide et formidable de l'épidémie vénérienne.

Mais, pour les savants qni ne suivaient pas aveuglément la tradition populaire, il n'était pas douteux que le *Mal français* et le Mal de Naples avaient précédé la triomphante expédition de Charles VIII. « Les Français, dit judicieusement François Guicciardin dans l'Histoire de son temps, ayant été attaqués de cette maladie pendant leur séjour à Naples, et s'en retournant ensuite chez eux, la répandirent par toute l'Italie; or, cette maladie, absolument nouvelle ou ignorée jusqu'a nos jours dans notre continent, excepté peut-être dans les régions les plus reculées, a sévi si horriblement durant plusieurs années, qu'elle semble devoir être transmise à la postérité comme une des calamités les plus funestes. » Guicciardin était dans le vrai, en attribuant seulement à l'armée du roi de France la propagation du mal par toute l'Italie.

Il est clair que ce mal hideux avait pris racine à Naples, avant l'arrivée des Français. Ulrich de Hutten, docte écrivain allemand qui avait fait lui-même

une triste expérience de la contagion vénérienne,
assigne à ses commencements la date de 1493, qu'il
ne pouvait apprécier que par ouï-dire, puisqu'il rédigeait à Mayence en 1519 son livre intitulé *De
morbi gallici curatione:* « L'an 1493 ou environ,
de la naissance de Jésus-Christ, dit-il, un mal très-
pernicieux commença à se faire sentir, non pas en
France, mais premièrement à Naples. Le nom de
cette maladie vient de ce qu'elle commença à pa-
raitre dans l'armée des Français qui faisaient la
guerre dans ce pays-là sous le commandement de
leur roi Charles. » Puis, il ajoute cette intéressante
particularité qui nous explique comment on n'est
pas d'accord sur la date précise de l'invasion du mal :
« On n'en parla point pendant deux années entières,
à compter du temps qu'il avait commencé. »

Ulrich de Hutten partageait l'opinion des praticiens
allemands qui regardaient la maladie comme bien
antérieure à la conquête de Naples par les Français ;
ainsi, Wendelin Hock de Brackenaw, qui avait fait
ses études médicales à l'université de Bologne, ré-
pète ce qu'il avait entendu raconter en Italie sur
l'époque primitive du Mal de Naples : « Depuis l'an
1494 jusqu'à la présente année 1502, dit-il, une certaine maladie contagieuse, qu'on nomme le *mal
français*, a fait assez de ravages ; » mais, ailleurs,
dans le même ouvrage, il déclare ce que savaient à
cet égard tous ses confrères d'Allemagne : « Ce mal,
dit-il, qui avait commencé, pour parler juste, dès
l'an 1483 de Notre-Seigneur, » par suite des conjonctions de plusieurs planètes, au mois d'octobre

de cette année-là, annonçait « la corruption du sang
et de la bile, et la confusion de toutes les humeurs,
ainsi que l'abondance de l'humeur mélancolique
tant dans les hommes que dans les femmes. »

Les plus habiles médecins allemands, Laurent
Phrisius, Jean Benoist, etc., se rangèrent du côté
de ce système pathologique, et voulurent voir la
cause de la maladie dans les révolutions planétaires
et dans les désordres atmosphériques de l'année
1483.

Ce ne fut pas la seule cause ni la plus invrai-
semblable que supposèrent les historiens; ils se firent, en général, les échos du vulgaire qui a toujours, en Italie surtout, une histoire prête, pour
créer une origine merveilleuse à tout ce qu'il no
comprend pas. Le *mal français*, plus que toute autre chose, exerça l'imagination des Napolitains et se
prêta naturellement aux inventions les plus bizarres, à travers lesquelles pourtant il ne serait pas
impossible de découvrir quelque fait réel, enveloppé
de fables ridicules.

Gabriel Fallope, qui écrivait longtemps après
l'événement qu'il rapporte (1560), prétend que,
dans le cours de la première guerre de Naples, une
garnison espagnole qui défendait certaine place
forte, sur le passage de Charles VIII victorieux, aban-
donna la nuit les retranchements confiés à sa garde,
après avoir empoisonné les puits et conseillé aux
boulangers italiens de mêler du plâtre et de la
chaux à la farine avec laquelle ils feraient du pain
pour l'armée française. Ce plâtre, cette chaux et

l'eau empoisonnée auraient produit l'infection vénérienne, selon le récit de Gabriel Fallope.

André Cœsalpini d'Arezzo, qui fut médecin du
pape Clément VIII, pense que l'empoisonnement des
Français avait été accompli avec d'autres procédés,
et il assure que des témoins oculaires lui avaient
narré le fait : « Après la prise de Naples, les Français assiégèrent la petite ville de Somma, qui avait
une garnison d'Espagnols ; ceux-ci sortirent de la
place pendant la nuit, en laissant à la disposition
des assiégeants plusieurs tonnes d'excellent vin du
Vésuve, où l'on avait mêlé du sang fourni par les
lépreux de l'hôpital Saint-Lazare. Les Français entrèrent dans la ville sans coup férir, et s'enivrèrent
avec ce vin empoisonné ; ils furent aussitôt très-
malades, et les symptômes de leur maladie ressem-
blaient à ceux de la lèpre. »

On peut déjà entrevoir la vérité sous les voiles
qui la couvrent ici d'une manière assez transpa-
rente.

Viennent ensuite d'autres traditions qui s'exa-
gèrent et renchérissent l'une sur l'autre en s'écar-
tant toujours davantage de l'opinion la plus répandue
et la moins déraisonnable. Fioravanti, dans ses
Capricci medicinali qu'il publia en 1564, raconte
une singulière histoire qu'il disait tenir d'un certain
Pascal Gibilotto de Naples, encore vivant à l'époque
où il écrivait, et garant des faits qu'il révélait le
premier. Pendant cette expédition de Naples, qui
est partout complice de la maladie qu'elle vit com-
mencer, les vivandiers napolitains, qui approvision-

naient les deux armées, manquèrent de bétail, et
eurent l'infernale idée d'employer la chair des cadavres en guise de viande de bœuf ou de mouton;
- ceux qui mangèrent de la chair humaine, que la
mort et la corruption avaient empoisonnée, furent
bientôt attaqués d'une maladie qui n'était autre que
la syphilis. Fioravanti ne dit pas quel fut le théâtre
de ces épouvantables scènes d'anthropophagie; mais,
comme il place dans son récit les Espagnols en
présence des Français, il faut croire que ce fait
isolé aurait eu lieu durant le siège de quelque petite ville de la Calabre occupée par une garnison
espagnole.

On sait que toute chair corrompue à certain
degré et sous certaines influences, est capable de
produire l'effet d'un empoisonnement, mais il n'y
a pas possibilité de croire, avec Fioravanti, que
l'anthropophagie puisse créer une maladie analogue
au Mal de Naples. C'était pourtant un préjugé en-
raciné au moyen âge, qui voulait que l'usage de
la chair humaine causât des maladies aiguës, épidémiques et pestilentielles. L'illustre philosophe François Bacon, baron de Verulam, tout bon physicien
qu'il était, n'a point balancé à répéter dans son
Histoire naturelle l'horrible récit de Fioravanti : « Les
Français, dit-il, de qui le Mal de Naples a reçu son
nom, rapportent qu'il y avait au siège de Naples des
coquins de marchands qui, au lieu de thons, vendaient de la chair d'hommes tués récemment dans
la Mauritanie, et qu'on attribuait l'origine de la
maladie à un si horrible aliment. La chose paraît

assez vraisemblable, ajoute l'auteur de tant de lumineux traités sur les sciences, car les cannibales des côtes occidentales de l'Amérique, qui vivent de chair humaine, sont fort sujets à la vérole. »

Trouver dans l'anthropophagie l'origine du mal de Naples, ce n'était point encore attacher assez d'horreur aux causes de ce hideux mal, qu'on s'accordait à considérer comme un fruit monstrueux du péché mortel. Deux savants médecins du seizième siècle, qui n'avaient observé pourtant que les effets décroissants de cette terrible contagion, lui jetèrent, pour ainsi dire, la dernière pierre, en essayant de démontrer, avec plus de raison que de succès, qu'il fallait peut-être attribuer le mal vénérien à la sodomie et à la bestialité.

« Un saint laïque, dit Jean-Baptiste van Helmont dans son *Tumulus pestis*, tâchant de deviner pourquoi la vérole avait paru au siècle passé et non auparavant, fut ravi en esprit et eut une vision d'une jument rongée du farcin; d'où il soupçonna qu'au siège de Naples, où cette maladie parut pour la première fois, quelque homme avait eu un commerce abominable avec une bête de cette espèce attaquée du même mal, et qu'ensuite, par un effet de la justice divine, il avait malheureusement infecté le genre humain. »

Plus tard, en 1706, un médecin anglais, Jean Linder, ne craignit pas, en cherchant à démêler les causes secrètes de la syphilis américaine, d'avancer que « cette maladie provenait de la sodomie

exercée entre des hommes et de gros singes, dit-il,
qui sont les satyres des anciens. »

` Il est important de constater que, dans tous les
récits et les observations des médecins qui étu-
dièrent les premiers le Mal de Naples , soit en Italie,
soit en France, soit en Allemagne, on ne fait nullement mention de la maladie que Christophe
Colomb aurait rapportée des Antilles, et qui, en
tout cas, ne pouvait gagner de vitesse un mal analogue, né et acclimaté en Europe avant la découverte de l'Amérique.

Christophe Colomb, revenant de l'île Espagnole
qu'il avait habitée pendant un mois à peine, aborda
au port de Palos en Portugal, le 13 janvier 1493,
avec quatre-vingt-deux matelots ou soldats et neuf
Indiens qu'il ramenait avec lui. La santé de son
équipage pouvait être en mauvais état, mais les
historiens n'en parlent pas ; et l'on sait seulement
qu'il se rendit à Barcelone avec quelques-uns de ses
compagnons de voyage, pour rendre compte de sa
navigation à Ferdinand le Catholique et à Isabelle
d'Aragon. « La ville de Barcelonne, dit Roderic Diaz
dans son traité *Contra las bubas*, fut bientôt infectée de la vérole, qui y fit des progrès éton-
nants. »

Le 25 septembre de la même année, Christophe
Colomb repartait avec quinze vaisseaux chargés de
quinze cents soldats et d'un grand nombre de matelots et d'artisans ; quatorze de ces vaisseaux re-
vinrent en Espagne l'année suivante, pendant
laquelle Barthélemy Colomb, frère de Christophe,

partit avec trois vaisseaux qui ramenèrent en Espagne, vers la fin de 1494, Pierre Margarit, gentilhomme catalan, gravement atteint de la syphilis.
Probablement, il n'était pas le seul qui se trouvât
malade de la même maladie; mais le journal du bord
n'en cite pas d'autre.

L'année 1495 multiplia les rapports maritimes
entre les Antilles et l'Espagne. Aussi, lorsque
Christophe Colomb, accusé de crimes imaginaires,
retournait chargé de chaînes dans le vieux monde,
le navire où il était prisonnier transportait avec lui
deux cents soldats attaqués de la peste américaine.
Ces deux cents pestiférés, débarquèrent à Cadix, le
10 juin 1496. Neuf mois après, le parlement de Paris
publiait déjà une ordonnance relative aux malades
de la *grosse vérole*.

On pourrait, sans tomber dans un excès de paradoxe, soutenir que c'est l'Europe qui a doté l'A-
mérique d'une maladie à laquelle le climat des Antilles convenait mieux que celui de Naples; on
pourrait mettre en avant d'assez bonnes raisons
pour démontrer que les aventuriers espagnols qui
avaient pris du service dans l'armée du roi de Naples
retournèrent dans leur patrie gâtés par la contagion
vénérienne, et s'embarquèrent pour les Antilles,
sans avoir été guéris. On sait quelle terrible influence a toujours eue le changement d'air et d'habitudes sur cette maladie inexplicable, que la chaleur
endort et que le froid réveille avec un surcroît de
fureur. Enfin, il restera probable, sinon avéré, que
le mal vénérien, tel qu'il éclata en Europe vers 1494,

n'était qu'un infâme produit de la lèpre et de la débauche.

Tous les médecins reconnurent très-tard que le mal n'était peut-être pas aussi nouveau qu'on l'avait cru d'abord, et ils jugèrent que la lèpre et surtout l'éléphantiasis avaient plus d'une similitude avec cette affection virulente qui s'entourait de symptômes inusités, mais dont le principe ne variait pas. La voix populaire parlait assez haut d'ailleurs, pour que la médecine l'entendît.

On doit s'étonner que les plus hardis fondateurs de la science se soient bornés à répéter les bruits qui circulaient sur les origines syphilitiques, sans en déduire tout un système qu'il eût été facile d'appuyer sur des preuves et sur des expériences. Mais, dans les premiers temps de cette épidémie, qu'on regardait comme une plaie envoyée du ciel et odieuse à la nature (ce sont les termes dont se sert Joseph Grundbeck, auteur du plus ancien traité qu'on possède sur cette matière), les médecins et les chirurgiens se tenaient à l'écart et refusaient de soigner les malades qui réclamaient des secours.

« Les savants, dit Gaspard Torrella, évitaient de traiter cette maladie, étant persuadés qu'ils n'y entendaient rien eux-mêmes. C'est pourquoi les vendeurs de drogues, les herboristes, les coureurs et les charlatants se donnent encore aujourd'hui pour être ceux qui la guérissent véritablement et parfaitement. » Ulrich de Hutten s'exprime avec plus de vivacité encore, en avouant que le mal fut abandonné à lui-même et à ses forces mystérieuses, avant que la médecine et la chirurgie eussent repris courage : « Les médecins, dit-il, effrayés de ce mal, non-seulement se gardèrent bien de s'approcher de ceux qui en étaient attaqués, mais ils en fuyaient même la vue, comme de la maladie la plus désespérée... Enfin, dans cette consternation des médecins, les chirurgiens s'ingérèrent à mettre la main à un traitement si difficile. »

Ces circonstances expliquent suffisamment pourquoi les premières périodes de la lèpre vénérienne sont demeurées si obscures et si mal étudiées dans tous les pays où ce mal apparut presque à la fois.

On tenait pourtant la clef de l'énigme, et il n'aurait fallu que consulter les traditions des Cours des Miracles et des lieux de débauche, pour apprendre de quelle façon s'engendrait et se décuplait le monstre, le Protée de la syphilis. La vérité scientifique se trouvait sans doute renfermée dans ces anecdotes, que de grands médecins ne dédaignèrent pas de ramasser parmi les carrefours où elles avaient traîné.

Jean Manardi, de Ferrare, dans une lettre adressée vers 1525 à Michel Santana, chirurgien qui se mêlait de traiter les vénériens, lui dit que l'opinion la plus ancienne et la mieux établie place le commencement de la vérole à l'époque où Charles VIII se préparait à la guerre d'Italie (vers 1493) : « Cette maladie, dit-il, éclata d'abord à Valence en Espagne, par le fait d'une fameuse courtisane qui, pour le prix de cinquante écus d'or, accorda ses faveurs à

un chevalier qui était lépreux; cette femme, ayant
été gâtée, gâta à son tour les jeunes gens qui la
voyaient, et dont plus de quatre cents furent infectés
en peu de temps. Quelques-uns d'eux, ayant suivi le
roi Charles en Italie, y portèrent cette cruelle maladie. »

Manardi se borne à rapporter le fait, de même
que le savant médecin naturaliste Pierre-André
Mathiole, qui ne fait que changer les personnages
et le lieu de la scène. (Voy. son traité *De morbo gallico*).« Quelques-uns, dit-il, ont écrit que les Français avaient gagné ce mal par un commerce impur
avec des femmes lépreuses, lorsqu'ils traversaient
une montagne d'Italie.

L'identité de la syphilis avec la lèpre était claire-
ment indiquée dans ces simples réminiscences du
bon sens populaire; mais les hommes de l'art
restaient aveugles devant ces renseignements lumineux qui leur montraient la route.

Un autre médecin de Ferrare, Antoine Musa Brassavola, admettait probablement la préexistence des
maux vénériens et du virus qui les communique,
quand il raconte le fait suivant, dans son livre sur
le *Mal français :* « Au camp des Français devant
Naples, dit-il, il y avait une courtisane très-fameu-
se et très-belle, qui avait un ulcère sordide à l'orifice de la matrice. Les hommes qui avaient commerce
avec elle, contractaient une affection maligne qui
ulcérait le membre viril. Plusieurs hommes furent
bientôt infectés, et ensuite beaucoup de femmes,
ayant habité avec ces hommes, gagnèrent aussi le

mal, dont elle firent à leur tour présent à d'autres
hommes. » Ainsi, selon -Antoine Musa Brassavola,
le Mal de Naples n'était qu'une complication accidentelle du mal vénérien qui aurait existé isolé-
ment chez quelques individus, avant d'être épidé-
mique et d'avoir acquis sa prodigieuse activité.

Enfin, un des plus grands hommes qui aient porté
le flambeau dans les ténèbres de l'art médical,
Théophraste Paracelse, décréta toute une doctrine
nouvelle au sujet des maladies vénériennes, quand
il proclama leur affinité avec la lèpre, dans sa *Grande
Chirurgie* (liv. I, ch. 7) :

« La vérole, dit-il avec cette conviction que le génie peut seul donner, a pris son origine dans le
commerce impur d'un Français lépreux avec une
courtisane qui avait des bubons vénériens, laquelle
infecta ensuite tous ceux qui eurent affaire à elle.
C'est ainsi, continue cet habile et audacieux obser-
vateur, c'est ainsi que la vérole provenue de la lèpre
et du bubon vénérien, à peu près comme la race des
mulets est sortie de l'accouplement d'un cheval et
d'une ânesse, se répandit par contagion dans tout
l'univers. »

Il y a, dans ce passage de la *Grande Chirurgie*,
plus de logique et plus de science que dans tous les
écrits des quinzième et seizième siècles, concernant
la maladie vénérienne, dont aucun médecin n'avait
deviné la véritable origine.

Paracelse considérait donc la vérole de 1494 comme
un genre nouveau dans l'antique famille des maladies vénériennes.

Quels étaient les symptômes, quel fut le traitement médical du Mal de Naples, dans les premiers
temps de son apparition ?

Il ne faut pas croire que ce mal horrible, qui passa
d'abord pour incurable, ait eu, à son début, le même
caractère, le même aspect, qu'à l'époque de sa dé-
croissance et de sa période stationnaire. On pourrait
dire, sans craindre d'avancer un paradoxe, que la
maladie, à quelques exceptions près et hors de certaines circonstances excentriques, est redevenue aujourd'hui ce qu'elle était avant le monstrueux accouplement de la lèpre et du virus vénérien.

Dès l'année 1540, selon le témoignage de Guicciardin qui avait rapporté l'origine de l'épidémie à
l'année 1494, le mal « s'était fort adouci et s'était
changé lui-même en plusieurs espèces différentes
de la première. »

Dans les commencements, c'est-à-dire dans la période de temps qui suivit l'explosion subite et presque universelle de ce mal inconnu que les médecins
considéraient comme une *pestilence*, les symptômes
étaient bien dignes de l'effroi qu'ils inspiraient, et
l'on comprend que, dans tous les pays où la maladie
avait éclaté, des règlements de police, imités de
ceux qu'on avait jadis mis en vigueur contre la lèpre, retranchassent de la société des vivants les
malheureuses victimes de cette peste honteuse.

On supposait, d'ailleurs, que la contagion était
plus immédiate, plus prompte, plus inévitable que
dans toute autre maladie contagieuse ; on ne savait
pas non plus si la transmission du mal s'opérait seu-

lement par la conjonction charnelle ; on s'imaginait
que l'haleine, le regard même d'un syphilitique
pouvait communiquer l'infection.

Tous les médecins qui ont observé la maladie entre
les années 1494 et 1514, c'est-à-dire pendant sa première période d'invasion et de développement, semblent épouvantés de leurs propres observations ; ils
s'accordent et se répètent à peu près dans la description des symptômes, qui pouvaient ne pas se
rencontrer également chez tous les malades, mais
qui formaient néanmoins la constitution primitive
du mal de Naples.

Jérôme Fracastor a résumé admirablement les
traités de Léoniceno, de Torella, de Cataneo et
d'Almenar, ses contemporains, dans son livre *De
Morbis contagiosis*, où il décrit les symptômes qu'il
avait pu observer lui-même, lorsqu'il étudiait la
médecine et professait la philosophie à l'université
de Vérone. Fracastor résume en ces termes la peinture affreuse du Mal de Naples à son origine :

« Les malades étaient tristes, las et abattus ; ils
avaient le visage pâle. Il venait, chez la plupart, des
chancres aux parties honteuses : ces chancres étaient
opiniâtres ; quand on les avait guéris dans un endroit, ils apparaissaient dans un autre, et c'était
toujours à recommencer. Il s'élevait ensuite, sur la
peau, des pustules avec croûte : elles commençaient,
dans les uns, par attaquer la tête, et c'était le plus
ordinaire ; dans les autres, elles paraissaient ailleurs. D'abord elles étaient petites, ensuite elles
augmentaient peu à peu jusqu'à la grosseur d'une

coque de gland, dont elles avaient la figure; d'ailleurs, assez semblables aux croûtes de lait des enfants ; chez quelques-uns , ces pustules étaient
petites et sèches; chez d'autres, elles étaient grosses
et humides; chez les uns, livides; chez les autres,
blanchâtres et un peu pâles ; chez d'autres, dures
et rougeâtres. Elles s'ouvraient au bout de quelques
jours et rendaient continuellement une quantité incroyable d'une liqueur puante et vilaine. Dès
qu'elles étaient ouvertes, c'étaient de vrais ulcères
phagédéniques, qui consumaient non-seulement les
chairs, mais même les os. Ceux dont les parties su-
périeures étaient attaquées, avaient des fluxionʳ
malignes, qui rongeaient tantôt le palais, tantôt la
trachée artère, tantôt le gosier, tantôt les amygdales.
Quelques-uns perdaient les lèvres ; d'autres, le nez;
d'autres, les yeux ; d'autres, toutes les parties honteuses. Il venait à un grand nombre, dans les membres, des tumeurs gommeuses qui les défiguraient,
et qui étaient souvent de la grosseur d'un œuf ou
d'un petit pain. Quand elles s'ouvraient, il en sortait
une liqueur blanche et mucilagineuse. Elles attaquaient principalement les bras et les jambes; quelquefois, elles s'ulcéraient; d'autres fois, elles devenaient calleuses jusqu'à la mort. Mais, comme si
cela n'eût pas suffi, il survenait encore, dans les
membres, de grandes douleurs, souvent en même
temps que les pustules: quelquefois, plus tôt, et
d'autres fois, plus tard. Ces douleurs, qui étaient
longues et insupportables, se faisaient sentir principalement dans la nuit, et n'occupaient pas propre.

ment les articulations, mais le corps des membres et les nerfs. Quelques-uns néanmoins avaient des pustules sans douleurs ; d'autres, des douleurs sans pustules ; la plupart avaient à la fois des pustules et des douleurs. Cependant tous les membres étaient dans un état de langueur ; les malades étaient maigres et défaits, sans appétit, ne dormaient point, étaient toujours tristes et de maussade humeur, et voulaient toujours demeurer couchés. Le visage et les jambes leur enflaient. Une petite fièvre se mettait quelquefois de la partie, mais rarement. Quelques-uns souffraient des douleurs de tête, mais des douleurs longues, et qui ne cédaient à aucun remède. »

Nous regrettons d'avoir employé la traduction lourde et incorrecte du bonhomme Jault, qui, pour avoir été faite sous les yeux d'Astruc, donne une bien faible idée du style ferme, élégant et poétique de Fracastor, mais nous voulions laisser à un homme de l'art le soin de présenter ici une traduction médicale plutôt que littéraire.

Conçoit-on, après la lecture de cette description si caractéristique, que le savant Fracastor ait nié, dans le même ouvrage, l'analogie frappante qui existait entre la lèpre et le mal de Naples?

Ce dernier, n'étant qu'une complication de la lèpre sous l'influence du virus vénérien, devait avoir des rapports intimes avec la *peste inguinale*, du sixième siècle, et le *mal des ardents*, du neuvième, qui ne furent aussi que des transformations épidémiques de l'éléphantiasis. Mais le Mal de Naples, à partir de l'année 1514, eut aussi ses métamorphoses, causées sans doute par ce que nous nommerons le croisement des races de la maladie.

Jean de Vigo cite le premier les squirres osseux qui survenaient chez les malades, un an au moins après d'atroces douleurs internes dans tous les membres. Ces squirres, qui tourmentaient beaucoup le patient, surtout pendant la nuit, aboutissaient toujours à la carie de l'épine dorsale. Pierre Manardi, qui traitait avec habileté les maladies syphilitiques, vers le même temps que Jean de Vigo (1514 à 1526), signale de nouveaux symptômes qui dénotent le virus vénérien : « Le principal signe du *Mal français*, dit-il au chapitre 4 de son traité *De Morbo gallico*, consiste en des pustules qui viennent à l'extrémité de la verge chez les hommes, à l'entrée de la vulve ou au col de la matrice chez les femmes, et en une démangeaison aux parties qui contiennent la semence. Le plus souvent ces pustules s'ulcèrent ; je dis *le plus souvent*, parce que j'ai vu des malades chez qui elles s'étaient durcies comme des verrues, des clous et des poireaux. »

Il paraît que, durant cette seconde période, le Mal de Naples, malgré quelques variations symptomatiques, conserva toute son intensité. Mais, de 1526 à 1540, il entra dans une période décroissante, quoiqu'il fut alors caractérisé par la tumeur des glandes inguinales et par la chute des cheveux. « Quelquefois le virus se jette sur les aines et en tuméfie les glandes, dit un médecin français, Antoine Lecocq, qui publia en 1540 son opuscule *De Ligno*

sancto ; si la tumeur suppure, c'est souvent un bien.
Cette maladie s'appelle *bubon ;* d'autres la nomment
poulain, par un trait de raillerie contre ceux qui
en sont attaqués, d'autant qu'ils marchent en écar-
tant les jambes comme s'ils étaient à cheval. » Quant
à la chute des cheveux et des poils, on doit
l'attribuer moins à la maladie qu'au traitement
mercuriel qu'on lui faisait subir.

« Depuis environ six ans, disait Fracastor en
1546, la maladie a encore changé considérablement.
On ne voit maintenant des pustules, que chez très-
peu de malades, presque point de douleurs ou des
douleurs bien plus légères, mais beaucoup de tumeurs gommeuses. Une chose qui a étonné tout le
monde, c'est la chute des cheveux et des autres
poils du corps..... Il arrive encore pis à présent :
les dents branlent à plusieurs, et tombent même à
quelques-uns. » C'était là évidemment la conséquence de l'emploi du mercure dans la médication
italienne; mais, en France, où l'usage des remèdes
végétaux et surtout du bois de gaïac avait prévalu,
les accidents de la maladie différaient d'une manière essentielle; ce qui nous permet d'avancer que le
Mal de Naples, en s'éloignant de sa source, était re-
devenu exclusivement vénérien et s'était dégagé de
la lèpre, ou du farcin, ou de toute autre affection
contagieuse avec laquelle il avait fait une alliance
adultère.

Nous ne suivrons pas plus loin les dégénérescences du Mal de Naples; nous avons voulu seulement faire comprendre que la lèpre persistait tou-

jours sous le masque de ce mal nouveau, et que
les climats, les tempéraments, les circonstances locales agissaient intimement sur ses causes et ses effets. On ne niera pas que le mal était d'une nature
si communicative, que la contagion pouvait exister,
dans une foule de cas, sans que l'acte vénérien
lui servit de véhicule; on conçoit donc que si le
fléau pénétrait, on ne sait par quelle voie, dans l'intérieur des ménages honnêtes, il devait être inévitablement attaché aux faits et gestes de la débauche.

La fréquentation des femmes dissolues ne fut
jamais plus dangereuse que dans les cinquante années qui suivirent la première apparition du fléau,
car on ne s'avisa que fort tard de soupçonner que
ce fléau, né d'un commerce impur quelconque, se
transmettait plus rapidement et plus sûrement par
les rapports sexuels, que par tout autre contact ou
accointance. Les mœurs étaient plus régulières en
France qu'en Italie, et les débauchés, pour les besoins de qui on laissait ouverts les lieux mauvais,
vivaient absolument en dehors de la vie commune.

Ce fut parmi eux que le Mal de Naples exerça
d'abord ses fureurs et ses ravages, sans que la médecine et la chirurgie daignassent s'occuper d'eux et
leur donner des soins, qu'on jugeait inutiles pour
le malade et honteux pour le praticien. Quelques
écoliers mal famés, des apothicaires, de vieilles
entremetteuses, qui se faisaient largement payer
leurs consultations et leurs drogues, s'aventurèrent
à traiter les *pauvres vérolés*, comme on les appelait,

et ils opérèrent quelques guérisons à l'aide de recettes empiriques connues de temps immémorial pour le traitement des maladies pustuleuses.

Ce n'est qu'en 1527, qu'un véritable médecin, Jacques de Bethencourt, osa se compromettre, au point de publier des recherches et des conseils sur la syphilis dans un petit livre intitulé : *Nouveau Carême.de pénitence ou purgatoire du mal vénérien* (*Nova penitentialis Quadragesima necnon Purgatorium in morbum gallicum seu venereum*). Avant Jacques de Bethencourt, un seul médecin français, qui a gardé l'anonyme, s'était aventuré à joindre un *remède contre la grosse vérole* à sa paraphrase française du *Regimen sanitatis* d'Arnauld de Villeneuve, publié à Lyon en 1501.

On aurait pu penser, à voir combien l'art médical restait étranger au Mal de Naples, que ce mal formidable n'avait pas encore pénétré en France, tandis qu'il s'y était partout répandu, malgré tous les efforts de l'autorité religieuse, politique et municipale. Il faut faire observer cependant que la maladie attaquait rarement les honnêtes gens, et qu'elle se concentrait, pour ainsi dire, dans les classes réprouvées de la société, parmi les femmes et les hommes de mauvaise vie, les vagabonds, les mendiants, les truands et les infâmes hôtes des Cours des Miracles.

On trouve, dans les Registres du parlement de Paris, à la date du 6 mars 1497, une ordonnance qui nous apprend que l'évêque de Paris (c'était alors un prélat vénérable, nommé Jean Simon) avait pris l'initiative des mesures de salubrité, que réclamait la propagation de la *grosse vérole*. Cette maladie contagieuse, « qui, puis deux ans en çà, a eu grant cours en ce royaume, dit l'ordonnance, tant de ceste ville de Paris, que d'autres lieux, » faisait craindre aux hommes de l'art, qu'elle ne se multipliât encore à la faveur du printemps. En conséquence, l'évêque avait convoqué, à l'évêché, les *officiers du roi en Châtelet*, pour leur soumettre ses appréhensions à cet égard; il fut décidé qu'on en référerait au parlement, et la Cour, s'étant réunie pour délibérer, commit un de ses conseillers, Martin de Bellefaye et son greffier, pour seconder les vues charitables de l'évêque, et pour s'entendre à ce sujet avec le prévôt de Paris. Le parlement rendit une ordonnance qui fut publiée dans les rues et carrefours, et qui renfermait la *police* concernant la maladie nouvelle. Cette police avait été discutée, en présence de l'évêque de Paris, par plusieurs *grands et notables personnages de tous estatz*.

Les étrangers, tant hommes que femmes, malades de la grosse vérole, devaient sortir de la ville, vingt-quatre heures après la publication de l'ordonnance, sous peine de la hart; qu'ils retournassent, soit dans leur pays natal, soit dans l'endroit où ils faisaient leur résidence quand la maladie les avait attaqués. Pour faciliter leur prompt départ, on délivrerait à chacun d'eux, lorsqu'ils sortiraient par les portes Saint-Denis ou Saint-Jacques, la somme de 4 sols parisis, en prenant leur nom par écrit et en leur faisant défense de rentrer dans la ville, avant leur guérison. Quant aux malades qui résidaient et demeuraient à Paris lorsqu'ils avaient été atteints de la maladie, injonction leur était faite de se retirer dans leurs maisons, « sans plus aller par la ville, de jour et de nuit, » sous peine de la hart. Si ces malades, relégués dans leur domicile, étaient pauvres et indigents, ils pouvaient se recommander aux curés et marguilliers de leurs paroisses, qui les pourvoiraient de vivres. Au contraire, les malades, qui n'auraient pas d'asile, étaient sommés de se retirer au faubourg de Saint-Germain-des-Prés, où une maison avait été louée et disposée pour leur servir d'hôpital. D'autres *demourances* seraient préparées ailleurs pour les pauvres femmes malades, qui étaient moins nombreuses que les hommes, mais qui, par honte, cachaient sans doute aussi longtemps que possible leur état de santé. On prévoyait déjà que l'hospice provisoire de Saint-Germain-des-Prés ne suffirait pas, à cause de l'augmentation du nombre des malades, et l'on promettait d'y adjoindre des granges et autres lieux voisins de cet hospice, afin de recevoir tous les pauvres qui se présenteraient pour se faire panser. Les dépenses de ces nouvelles maladreries étaient à la charge de la ville, dans laquelle on ferait des quêtes et où l'on établirait au besoin un impôt spécial. Deux agents comptables devaient être placés, l'un à la porte Saint-Jacques, l'autre à la porte Saint-Denis, pour délivrer les 4 sols parisis et pour inscrire les noms de ceux qui toucheraient cette indemnité, en sortant de la ville ; des surveillants seraient placés à toutes

les portes de Paris, pour que les malades n'y ren-
trassent pas *apertement* ou *secrètement*.

L'article le plus important de l'ordonnance est le
huitième, ainsi conçu : « item, sera ordonné par
le prévost de Paris, aux examinateurs et sergents,
que, ès quartiers dont ils ont la charge, ils ne
soufirent et permettent aucuns d'iceulx malades
aller, converser ou communiquer parmi la ville. Et
où ils en trouveront aucuns, ils les mettent hors
d'icelle ville, ou les envoient et mènent en prison,
pour estre pugnis corporellement, selon ladite ordonnance. »

Cet article prouve que la grosse vérole était regardée comme une sorte de peste, et que, dès cette
époque, on avait organisé dans Paris un service de
santé avec des *examinateurs* et des *sergents*, attachés
à chaque quartier de la ville, et chargés de faire
observer rigoureusement les règlements sanitaires.
Cependant, on ne croyait pas à l'infection de l'air
durant le règne de la maladie, puisque les malades
étaient autorisés à rester dans la ville, pourvu qu'ils
fussent enfermés chez eux. Il est probable que les
maisons où logeaient ces malades étaient signalées
à l'attention publique par quelque signe extérieur,
tel qu'une botte de paille suspendue à une des
fenêtres, ou bien une croix de bois noir clouée à la
porte. Une désignation de ce genre fut du moins
exigée de ceux qui habiteraient des maisons *infec-
tées de peste*, par une ordonnance du prévôt de Paris,
en date du 16 novembre 1510.

Quoique cette ordonnance et celles d'une date

postérieure, relatives aux épidémies, ne prescrivent
aucune mesure de prudence à l'égard des lieux de
débauche, il est certain qu'on les faisait évacuer et
qu'on en scellait la porte jusqu'à ce que la santé publique fût améliorée. Il en était de même des étuves,
qu'on fermait pendant toute la durée de la contagion.

Dans le cours du printemps de 1497, le nombre
des malades de la grosse vérole s'accrut considérablement, selon les prévisions du bon évêque de
Paris. « Le vendredi 5 mai, la Cour de parlement
prélevoit une somme de 60 livres parisis (environ
600 fr. de notre monnaie) sur le fonds des amendes,
et faisoit remettre cette somme à sire Nicolas Po-
tier et autres, commis touchant le faict des malades de Naples, pour icelle somme estre employée
ès affaires et nécessitez desdits malades. »

Les Registres du parlement, où nous trouvons ce
fait consigné, mentionnent aussi, à la date du
2⁻ mai de la même année, des *remontrances* que
l'évêque de Paris adressa derechef à Messieurs, pour
leur demander une *aumône en pitié*, attendu que,
si, des malades reçus dans l'hospice du faubourg
Saint-Germain, « y en avoit de garis en bien grant
nombre, » les autres souffraient de cruelles privations, car « l'argent estoit failly, et y faisoit-l'on de
petites aumosnes pour le présent. » Le greffier de la
Cour offrit de consacrer à ces *œuvres pitéables* quinze
ou seize écus (environ 300 fr.), qui étaient déposés
au greffe depuis dix ans au moins, et qu'on n'avait
jamais réclamés. La Cour ordonna de remettre cette
somme à l'évêque.

Ce document prouve que la charité publique commençait à se lasser, probablement parce que la cause ordinaire de la maladie n'était pas faite pour édifier les bonnes âmes. Quant aux malades guéris, il est à présumer que ce n'étaient point de véritables vénériens, et que bien des mendiants s'étaient fait passer pour malades, afin de participer aux aumônes.

En effet, les espérances qu'on aurait pu concevoir d'après la lettre de l'évêque au parlement, ne se réalisèrent pas, et les nombreuses guérisons que cette lettre annonçait amenèrent un surcroît de malades. La population saine de Paris s'effraya et demanda hautement l'expulsion de ces étranges pestiférés, qui faisaient horreur à voir. Le prévôt de Paris se rendit à ces réclamations unanimes, et il fit crier à son de trompe l'ordonnance suivante (regist. bleu du Châtelet, fol. 3) :

«Combien que par cy devant ait esté publié, crié et ordonné, à son de trompe et cry public, par les carrefours de Paris, à ce qu'aucun n'en peut prétendre cause d'ignorance · que tous les malades de la grosse vérole vuidassent incontinent hors la ville et s'en allassent, les estrangers ès lieux dont ils sont natifs, et les autres vuidassent hors la ville, sur peine de la hart : néanmoins, lesdits malades, en contemnant lesdits crys, sont retournez de toutes parts et conversent parmy la ville avec les personnes saines : qui est chose dangereuse pour le peuple et la seigneurie qui à présent est à Paris. L'on défent derechef, de par le Roy et monsieur le prévost de Paris, à tous lesdits malades de ladite maladie, tant hommes que femmes, que, incontinent après ce présent cry, ils vuident et se départent de ladite ville et forsbourgs de Paris, et s'en voisent (s'en aillent), sçavoir lesdits forains faire leur résidence ès pays et lieux dont ils sont natifs, et les autres hors ladite ville et forsbourgs, sur peine d'estre jectez en la rivière, s'ils y sont prins, le jour d'huy passé. Enjoint-l'on à tous commissaires, quarteniers et sergents, prendre ou faire prendre ceulx qui seront trouvez, pour en faire exécution. Fait le lundy 25ᵉ jour de juin l'an 1498. »

Cette ordonnance, qui n'admettait ni excuse, ni délai, ni exception, avait été motivée par la présence à Paris de toute la noblesse (*seigneurie*), qui venait offrir ses hommages au nouveau roi Louis XII, et qui s'effrayait de la rencontre des malades, que l'on avait bien de la peine à retenir dans leurs maisons; car leur mal, si horrible qu'il fût, ne les empêchait pas de se donner du mouvement et de l'air.

On avait fermé les yeux sur les infractions aux lois de police, quand ces malades étaient des bourgeois aisés et bien apparentés, mais leur aspect avait de quoi faire détester le séjour de Paris à quiconque les voyait apparaître comme des pourritures vivantes : « Ce n'étoient qu'ulcères sur eux, dit Sauval en s'appropriant les expressions de Fernel, et qu'on auroit pris pour du gland, à en juger par la grosseur et par la couleur, d'où sortoit une boue vilaine et infecte qui faisoit bondir le cœur; ils avoient le visage haut d'un noir verdâtre, d'ailleurs si couvert de plaies, de cicatrices et de pustules, qu'il ne se peut rien voir de plus hideux. » (*Antiq. de Paris*, t. III, p. 27).

Le savant Fernel, qui vivait à la fin du seizième siècle, ajoute que cette première maladie vénérienne ressemblait si peu à celle de son temps, qu'on a peine à croire que ce fût la même. « Icelle maladie, disait en 1539 l'auteur pseudonyme du *Triumphe de très-haulte et très-puissante dame Vérole*, a remis beaucoup de sa férocité et aigreur première, et n'en sont les peuples si travaillez, qu'ils souloient. »

L'arrêt du parlement du 6 mars 1497 (sa date est de l'année 1498, suivant le calendrier pascal) ne permet pas de douter que le Mal de Naples n'ait régné dans tout le royaume depuis l'année 1494, mais on n'a pas encore recherché l'époque de son invasion dans chaque province et dans chaque ville. Les archives municipales et consulaires fourniraient des documents précis à cet égard.

Astruc, dans son grand traité monographique, a cité seulement deux faits qui constatent l'introduction du Mal de Naples à Romans en Dauphiné et au Puy en Velay, dans l'année 1496 : « La maladie de *las bubas*, disent les registres de l'université de Manosque, a été apportée cette année, par certains soldats de Romans en Dauphiné, qui étoient au service du roy et de l'illustrissime duc d'Orléans, dans la ville, leur patrie, qui étoit encore saine et qui ne connoissoit point cette sorte de maladie, laquelle ne régnoit point encore dans la Provence. » Dans une chronique inédite de la ville du Puy en Velay, l'auteur, Estèves de Mèges, bourgeois de cette ville, rapporte que la grosse vérole a paru pour la première fois, au Puy, dans le cours de l'année 1496.

L'extrait des registres de Manosque est très-précieux en ce qu'il sert à prouver que l'armée de Charles VIII, au retour de l'expédition de Naples, était infectée de la nouvelle maladie, et, en effet, cette maladie se manifesta, en l'année 1495, sur toute la route que parcouraient les débris de cette armée, qui rentrait en France, par bandes désorganisées, après la bataille de Fornoue. Les soldats qui apportèrent le Mal de Naples à Romans avaient fait partie sans doute de l'arrière-garde, qui s'enferma dans Novare avec le duc d'Orléans et qui y soutint un siège mémorable pendant plusieurs mois.

Depuis l'époque où Astruc recueillait les matériaux de son encyclopédie des maladies vénériennes, une étude plus consciencieuse des archives municipales, sur tous les points de la France, a permis de constater que le Mal de Naples s'était étendu de ville en ville jusqu'au fond des plus petits hameaux dès l'année 1494, ce qui s'accorde avec l'arrêt du parlement de Paris, où il est dit, à la date du 6 mars 1497, que « la grosse vérole a eu grant cours en ce royaume, puis deux ans en çà (c'est-à-dire en 1495 et 1496). »

Dans les grandes villes seulement, à l'exemple de Paris, on usa de rigueur contre les malades, on les chassa en les menaçant du fouet ou de la potence : mais, ailleurs, on se contenta de les éviter et de les

fuir, on les laissa mourir en paix. Nous ne croyons
pas, comme l'assure un contemporain, que la ving-
tième partie de la population fut enlevée par l'épidémie, en France et en Europe; mais, comme l'écrivait Antoine Coccius Sabellicus en 1502 : « Peu de
gens en moururent, eu égard au grand nombre des
malades, mais beaucoup moins de malades s'en gué-
rirent. « Ulric de Hutten, qui s'était cru guéri et qui'
à l'âge de trente-six ans, succomba aux progrès la-
tens du mal disait lui-même que, sur cent malades,
à peine en guérissait-on un seul, et encore celui-là
retombait-il le plus souvent dans un état pire que le
premier. (*De Morbi gall. curatione*, cap. 4.) Car la
vie était plus affreuse que la mort, pour ces malheureux qui n'avaient pas droit de vivre dans la société de leurs semblables, et qui ne trouvaient ni remède physique ni soulagement moral à leurs atroces souffrances.

Dans les premiers temps de l'apparition du Mal
de Naples, on peut dire qu'il ne fut traité nulle part
selon les règles de l'art; les médecins s'abstenaient
presque partout, en déclarant, à l'instar de Barthé-
lemi Montagnana, professeur de médecine à la Faculté de Paris, que ce mal était inconnu à Hippo-
crate, à Galien, à Avicenne et autres anciens
médecins; ils avaient, d'ailleurs, un préjugé
d'aversion insurmontable contre la lèpre, à laquelle
survivait la syphilis. En outre, ce mal honteux
semblait se concentrer dans la classe abjecte, qui
couvait tant de vilaines infirmités dans son sein,
et il n'y aurait eu, pour un docteur de faculté, que

peu d'avantages pécuniaires à retirer du traitement
de ces infirmités, nées du vice, de la misère et de
la crapule. « Pour la cure des maladies, disaient-ils
en se drapant dans leur majesté doctorale, la première indication devant être prise dans l'essence même de la maladie, on ne pouvait tirer aucun indice d'un mal qui était absolument inconnu.»

Les médecins français se montrèrent plus indiffé-
rents ou plus ignorants encore que ceux d'Allemagne
et d'Italie : ils abandonnèrent entièrement aux charlatans de toute espèce la *curation* de ce mal qui leur
semblait un problème insoluble. Ce fut cette déser-
tion générale des hommes de l'art, qui fit intervenir
une foule d'intrus dans le traitement vénérien ;
après les barbiers et les apothicaires, on vit les étu-
vistes, les baigneurs, les cordonniers et les savetiers
se changer en opérateurs.

De là, tant de drogues diverses, tant de méthodes
différentes, tant d'essais infructueux, tant de procédés ridicules. Avant qu'on osât employer le mercure ou vif-argent, avant qu'on eût connaissance
des vertus du bois de gaïac, la saignée, les lave-
ments, les emplâtres, les purgatifs, les tisanes
jouaient leur rôle plus ou moins neutre, comme
dans la plupart des maladies ; mais les frictions,
les bains et les sudorifiques réussissaient mieux, du
moins en apparence. « Le meilleur moyen que j'ai
trouvé de guérir les douleurs et même les pustules,
écrivait Gaspard Torrella, qui avait expérimenté en
France cette médication anodine, c'est de faire suer
le malade dans un four chaud ou du moins dans une

étuve, pendant quinze jours de suite, à jeun.» On faisait aussi, en France, un prodigieux usage de la panacée qu'on prétendait tirer de la vipère ; vin où l'on avait laissé mourir et infuser des vipères ; bouillon de vipères ; chair de vipères, bouillie ou rôtie ; décoction de vipères, etc.

Ce furent les chirurgiens qui se servirent du mercure pour obtenir un traitement énergique contre un mal qu'on voyait résister à tout. Le succès répondit à leur hardiesse, mais l'ignorance ou l'imprudence des opérateurs, qui usèrent du mercure à forte dose, occasionna des accidents terribles, et plusieurs malades qui ne fussent pas morts de la maladie, moururent du remède. Gaspard Torrella attribue ainsi aux effets du mercure la mort du cardinal de Segorbe et d'Alphonse Borgia.

On chercha donc un remède moins dangereux et plus certain ; on crut l'avoir trouvé, quand le hasard fit découvrir en Amérique les propriétés antisyphilitiques du bois de gaïac. Ulric de Hutten, qui avait éprouvé un des premiers la puissance de ce remède, raconte qu'un gentilhomme espagnol, trésorier d'une province de l'île de Saint-Domingue, étant fort malade du *Mal français,* apprit d'un indigène le remède qu'il fallait employer contre ce mal, et apporta en Europe la recette qui lui avait rendu la santé. Ulric de Hutten place en 1515 ou 1517 l'importation du gaïac en Europe.

Ce fait est rapporté différemment, d'après les traditions locales, dans les notes des curieux Voyages de Jérôme Benzoni (édit. de Francfort, 1594) :

20

« Un Espagnol, qui avoit pris la vérole avec une concubine indienne et qui souffroit de cruelles douleurs, ayant bu de l'eau de gaïac que lui donna un serviteur indien qui faisoit le médecin, fut non-seulement délivré de ses douleurs, mais encore parfaitement guéri. »

Depuis cette époque (1515 à 1517), on publia, par toute l'Europe, que le Mal de Naples pouvait enfin se guérir avec une drogue que fournissait l'Amérique, et dès lors le peuple, qui fait d'étranges confusions dans ses chroniques orales, se persuada que le remède et le mal devaient être originaires du même pays. Les noms de *mal de Naples* et de *mal français* ne pouvaient survivre longtemps à cette préoccupation qui mettait le berceau de la maladie auprès de l'arbre qui la guérissait; les noms de *grosse vérole* et de *vérole*, par excellence, prévalurent, pour restituer à l'Amérique ce qu'on pensait lui appartenir.

Les premières cures dues à l'usage du bois de gaïac furent merveilleuses. Nicolas Poll, médecin de Charles-Quint, affirme que trois mille malades désespérés furent guéris presque à la fois, sous ses yeux, grâce à la décoction de gaïac, et que leur guérison ressemblait à une résurrection. Le grand Érasme, qui avait été attaqué d'une syphilis terrible avec douleurs frénétiques, exostoses, ulcères et carie des os, après avoir essayé onze fois le traitement mercuriel, fut radicalement guéri par le bois de gaïac, au bout de trente jours. Le bois de gaïac fut donc reçu comme un bienfait du ciel, mais on

ne tarda pas à s'apercevoir que ce bienfait avait
aussi de graves inconvénients : aux accidents vénériens succédait souvent une consomption mortelle.
Néanmoins, le bois de gaïac conserva de nombreux
partisans jusqu'à ce qu'il fût détrôné par un autre
bois, provenant aussi de l'Amérique, et nommé par
les naturels du pays *hoaxacan*, que les Européens
appelèrent *bois saint* (*sanctum lignum*).

Ce dernier remède eut plus de vogue en France
que partout ailleurs; et, pendant une partie du seizième siècle, on y fit une immense consommation de
ce bois aromatique, qui justifia fréquemment son
bienheureux nom par des cures extraordinaires. On
faisait infuser pendant vingt-quatre heures une livre
de saint-bois coupé en morceaux ou râpé ; la décoction se prenait à jeun, quinze ou trente jours de
suite, et procurait des sueurs abondantes qui diminuaient l'âcreté du mal et l'entraînaient quelquefois avec elles.

Les médecins français ont écrit plusieurs traités
sur l'efficacité du bois saint; ils en parlent avec une
sorte de respect et de pieuse admiration , mais ils
ne font, d'ailleurs, que répéter les éloges qu'Ulric
de Hutten, en Allemagne, et François Delgado , en
Italie, avaient accordés les premiers à ce merveilleux spécifique, en reconnaissance de leur propre
guérison. « O saint-bois ! disait dans ses oraisons un
patient qui se trouvait soulagé , sinon guéri, par les
heureux effets de ce médicament; ô saint-bois,
n'es-tu pas au propre le bois bénit de la croix du
bon larron ! »

La guérison obtenue par le saint-bois ou par le gaïac n'était pourtant pas si radicale, que les traces de la maladie disparussent tout à fait : on reconnaissait toujours à des signes trop certains les infortunés qui avaient échappé à l'action aiguë du mal, sans pouvoir se soustraire à son travail incessant et mystérieux.

Voici le sombre tableau que fait de ces prétendus convalescents l'auteur anonyme du *Triumphe de la très-haute et très-puissante dame Vérole :* «. Les uns boutonnants, les autres refonduz et engraissez, les autres pleins de fistules lachrimantes, les autres tout courbez de gouttes nouées. » Le même auteur, qui s'efforçait d'enseigner la continence et la sagesse à ses lecteurs, en leur offrant « l'exemple des malheureux qui tombent par leur luxure dissolue aux accidents dessusdits, » leur représente ainsi les préliminaires non moins effrayants du Mal de Naples : « Les aultres estant encore aux faulxbourgs de la Vérole, bien chargez de chancres, pourreaux, filets, chauldespisses, bosses chancreuses, carnositez superflues et aultres menues drogues, que l'on acquiert et amasse au service de dame Paillardise. »

Longtemps avant que ce singulier ouvrage eût été publié à Lyon (1539) sous le pseudonyme de Martin Dorchesino, la poésie française s'était emparée de ce lamentable sujet, que Jérôme Fracastor devait célébrer dans son beau poëme virgilien et vénérien, qui porte le nom de la maladie elle-même (*Syphilis sive morbus gallicus*): Jean Droyn, d'Amiens, bachelier ès lois, poëte connu par deux poëmes moraux et chrétiens: *la Nef des fols du monde et la Vie des Trois Maries*, composa une ballade en l'honneur de la grosse vérole, et cette ballade, après avoir fait le tour de la France avec la maladie nouvelle, fut imprimée à Lyon, en 1512, à la fin des poésies morales de frère Guillaume Alexis, moine de Lyre et prieur de Bussy.

La ballade de maître Jean Droyn est fort curieuse en ce qu'elle accuse la prostitution d'avoir répandu en France le Mal de Naples, que le poëte met sur la conscience des Lombards. D'où l'on peut conclure que les guerres de Louis XII en Italie avaient été encore plus funestes à la santé de ses sujets, que la première expédition de Charles VIII.

Nous croyons que la citation de cette pièce de vers ne sera pas déplacée ici, comme un monument de la joyeuse philosophie de nos ancêtres en matière de peste et de plaisir.

> Plaisants mignons, gorriers, esperrucats,
> Pensez à vous, amendez vostre cas:
> Craignez les...... car ils sont dangereux.
> Gentilshommes, bourgeois et advocats,
> Qui déspendez escus, salus, ducas,
> Faisant banequetz, esbattement et jeux,
> Ayez resgard que c'est d'estre amoureux,
> Et le mettez en vostre protocole,
> Car, pour hanter souvent en obscurs lieux,
> S'est engendrée ceste grosse vérole.
>
> Menez amours sagement, par compas:
> Quand ce viendra à prendre le repas,
> Veue ayez nette devant les yeux
> Fuyez soussi et demenez soulas,

Et de gaudir jamais ne soyez las,
En acquerant hault renom vertueux.
Gardez-vous bien de hanter gens rongneux,
Ne gens despitz, qui sont de haulte colle ;
Car. . . . .
S'est engendrée ceste grosse vérole.

Hantez mignones qui portent grans estas,
Mais gardez-vous de . . . . .
Sans chandelle ; ne soyez point honteux,
Fouillez, jectez, regardez hault et bas,
Et, en après, prenez tous vos esbats ;
Faites ainsi que gens aventureux,
Comme dient un grand tas de baveux,
Soyez lettrez sans aller à l'eschole,
Car, par Lombards soubtils cauteleux,
S'est engendrée ceste grosse vérole

ENVOI :

Prince, sachez que Job fut vertueux,
Mais si fut-il rongneux et grateleux :
Nous luy prions qu'il nous garde et console !
Pour corriger mondains luxurieux,
S'est engendrée ceste grosse vérole.

Suivant les règles poétiques de la ballade française, ces trois strophes symétriques devaient se terminer par un *envoi* de cinq vers, adressés à un *prince ;* nous serions en peine de dire à quel prince fut envoyée la ballade de Droyn, et nous pensons que pas un prince, à cette époque, si austère qu'il fût, n'aurait protesté contre un pareil envoi, d'autant mieux que les nombreux traités médicaux, qu'on faisait paraître alors sur le mal vénérien, étaient dédiés à des cardinaux, à des évêques et aux plus augustes personnages. Ne possède-t-on pas, de l'ouvrage de Thomas de Hery : *Méthode curative de la maladie vénérienne*, un exemplaire offert pas l'auteur à Diane de Poitiers, et relié aux armes de cette belle dame ?

Mais nous trouverions matière à d'autres observations historiques, en examinant cette ballade, qui est certainement la plus ancienne poésie que le Mal de Naples ait inspirée à un Français : nous y verrions, par exemple, que le mal se trahissait toujours par quelque signe extérieur, et que les malades portaient sur eux le stigmate de leur souillure; nous y verrions, en outre, que, dans l'opinion des *mondains luxurieux*, cette espèce de *rogne* obscène s'engendrait seulement par conjonction charnelle, etc.

– Il est étonnant de rencontrer tant de justesse d'observation physiologique chez un poëte, à cette époque où les médecins croyaient à la propagation du mal par l'air et par le simple contact: le préjugé, à cet égard, était encore mieux établi dans le peuple, qui assimilait, en son bon sens, la *grosse vérole* à la lèpre, la fille à la mère. Deux siècles plus tard, l'abbé de Saint-Martin, qui fut la vivante expression de tous les préjugés populaires, répétait naïvement ce qu'il avait ouï dire par sa nourrice, et ce dont il rendait responsable son ami Jean de Lorme, premier médecin du roi : « Il est à remarquer que le verolle se gaigne en touchant une personne qui l'a, en couchant avec un verollé, en marchant pieds nus sur son crachat et en bien d'autres manières. » [*Moyens faciles et éprouvez dont M. de Lorme, pre-*

*mier médecin et ordinaire de trois de nos roys....,
s'est servy pour vivre près de cent ans.* Caen, 1682,
in-12, p. 341.)

Jean Droyn ne fut pas le seul poëte français qui
chanta le Mal de Naples, avant Fracastor. Jean Lemaire de Belges, l'ami de Clément Marot et de François Rabelais, historiographe et poëte *indiciaire* de
Marguerite d'Autriche, traduisit en *rithmes* un conte
intitulé *Cupido et Atropos*, que Séraphino avait publié en vers italiens, sur les étranges et hideux effets
de cette contagion née du plaisir; il ajouta au conte
original deux autres *contes* de son *invention*, également allégoriques et consacrés au différend de
l'Amour et de la Mort.

Nous empruntons, à l'œuvre de Jean Lemaire,
qui parut en 1520, un portrait vigoureusement tracé
des ravages de la maladie chez ceux qui en étaient
atteints :

> Mais, en la fin, quand le venin fut meur,
> Il leur naissoit de gros boutons sans fleur,
> Si très hideux, si laids et si énormes,
> Qu'on ne vit onc visages si difformes;
> N'onc ne receut si très mortelle injure
> Nature humaine en sa belle figure.
> Au front, au col, au menton et au nez,
> Onc on ne vit tant de gens boutonnez.
> Et, qui pis est, ce venin tant nuisible,
> Par sa malice occulte et invisible,
> Alloit chercher les veines et artères,
> Et leur causoit si estranges mystères,
> Dangier, douleur de passion et goutte,
> Qu'on n'y sçavoit remède, somme toutte,
> Hors de crier, souspirer, lamenter,
> Plorer et plaindre et mort souhaiter.

Jean Lemaire, qui fut, comme poëte, le précurseur élégant de Clément Marot, son élève, fait entrer dans ses vers, souvent bien tournés, la nomen-
clature omnilingue de cette vilaine *gorre*, que les
beaux-esprits du temps appelaient le *souvenir*, en
mémoire de la conquête de Naples, où l'armée des
Français l'avait prise. Les trois contes allégoriques
de Cupidon et d'Atropos furent réimprimés en 1539,
en tête du *Triumphe de très haute et très puissante
dame Vérole, royne du Puy d'amours.*

Ce *Triumphe* n'est autre qu'une série de 34 figures en bois, représentant les principaux accessoires
du Mal de Naples et de son traitement : ici, Vénus,
la Volupté, Cupidon; là, les médecins ou *refondeurs*,
la diète, etc. Ces figures, composées et exécutées
dans le goût d'une danse macabre, sont accompagnées de rondeaux et de dixains et huitains très-sa-
vamment versifiés; tellement que l'auteur, Martin
Dorchesino, pourrait bien n'être que Rabelais, dont
l'esprit et le style ont un cachet si reconnaissable, et
qui, vers la même époque, était fixé à Lyon, où il pratiquait la médecine, et composait de joyeuses chroniques au profit des *pauvres goutteux et vérolés très-
précieux.*

Martin Dorchesino ou d'Orchesino, qui se qualifie
inventeur des menus plaisirs honnêtes, faisait dire au
héraut d'armes du *Triumphe*, publié, en 1539, à
Lyon, chez François Juste, libraire, *devant Nostre-
Dame de Confort :*

> Sortez, saillez des limbes ténébreux,
> Des fournaulx chauds et sepulchres umbreux,

Où, pour suer, de gris et verd on gresse
Tous verolez ! Se goutte ne vous presse,
Nudz et vestuz, fault delaisser vos creux,
        De toutes parts !

François Rabelais, qui se qualifie *abstracteur de
quinte essence*, avait dit, dans le prologue de son
Pantagruel, publié pour la première fois en 1535,
chez François Juste, qui fut aussi l'éditeur du
Triumphe : « Que diray-je des paovres verollez et
goutteux ? O quantes fois nous les avons veus, à
à l'heure qu'ilz estoient bien oingtz et engressez à
point, et le visaige leur reluisoit comme la claveure
d'un charnier, et les dents leur tressailloient comme
font les marchettes d'un clavier d'orgues ou d'espi-
nettes quand on joue dessus, et que le gosier leur
escumoit comme à un verrat que les vaultres ont
aeulé entre les toilles : que faisoient-ils alors ! Toute
leur consolation n'estoit que d'oïr quelques pages
dudit livre. Et en avons veu qui se donnoient à cent
pipes de vieulx diables, en cas qu'ils n'eussent senty
allègement manifeste à la lecture dudit livre, lorsqu'on
les tenoit ès limbes, ni plus ni moins que les femmes estant en mal d'enfant quand on leur list la Vie
de sainte Marguerite. »

Ces passages, tirés de deux ouvrages différents
que nous attribuons au même auteur, prouvent que
les malades étaient nombreux à Lyon dans la clien-
téle de Rabelais, et qu'il les traitait, dans les *limbes*,
par les frictions mercurielles plutôt que par le gaïac
et le bois-saint.

C'est dans le *Triumphe* que nous trouvons aussi

la mention de l'épidémie vénérienne qui avait désolé la ville de Rouen et la Normandie en 1527 , et que Jacques de Bethencourt avait traitée avec succès, en n'employant que le mercure. « Vérolle, la belliqueuse emperière, dit Martin Dorchesino dans son prologue, traîne après son curre triumphal plusieurs grosses villes, par force prinses et reduictes en sa sucjection, mesmement la ville de Rouen, capitalle de Normandie, où elle a bien fait des siennes, comme l'on dict, et publié ses loix et droits diffusément. »

Cette invasion de la maladie, qui se présentait cette fois avec de nouveaux symptômes, puisque les enfants eux-mêmes en étaient attaqués, laissa trace dans la langue proverbiale, où l'on dit longtemps *vérole de Rouen*, pour désigner la pire espèce et la plus rebelle aux remèdes. On lit ces vers, au-dessous de l'image de la *Gorre de Rouen*, dans le *Triumphe* :

> Sur toutes villes de renom
> Où l'on tient d'amour bonne guyse,
> Midieux Rouen porte le nom
> De veroller la marchandise.
> La fine fleur de paillardise,
> On la doit nommer meshouen *(maintenant)*:
> Au Puy d'Amour prens ma devise :
> Je suis la Gorre de Rouen !

Rabelais, dans sa vieillesse, se rappelait encore, en écrivant son cinquième livre de *Pantagruel*, cette terrible *gorre*, qu'il avait peut-être observée sur les lieux en 1527 ; car il cite, parmi les choses impossibles, le fait d'un jeune abstracteur de quinte-es-

sence, qui se vantait de « guarir les verollez, je dy
de la bien fine, comme vous diriez de Rouen. » Un
siècle plus tard, le proverbe avait survécu à l'épidémie, et Sorel, dans son roman de *Francion* (bv.
x), attestait que « vérole de Rouen et crottes de
Paris ne s'en vont jamais qu'avec la pièce. »

Quoique des personnages éminents et du plus honorable caractère aient été, on ne sait comment,
victimes reconnues de cette maladie impudique, il
est difficile de nier que la débauche fût le principal intermédiaire de la contagion, et que les mauvais lieux servissent de foyer permanent à ses plus
redoutables accidents. La prostitution n'était nulle part
réglementée sous le rapport sanitaire, et il faut descendre jusqu'en 1684, pour trouver une ordonnance
qui semble avoir en vue la salubrité des établissements de débauche. On peut donc apprécier les
fâcheux effets que cette insouciance de la police ne
manqua pas d'exercer sur la santé publique ; car, en
abandonnant aux hasards de leur incontinence les
malheureux libertins, qui s'en allaient, pour ainsi
dire, à la source du mal, on exposait à d'inévitables
dangers les femmes légitimes de ces imprudents et
leurs pauvres enfants, auxquels ils léguaient un virus
héréditaire et incurable. Dans les commencements
de l'épidémie, comme nous l'avons vu, on enfer-
mait les malades dans des espèces de ladreries, et on
les expulsait des villes, où leur présence seule passait pour contagieuse. Cette expulsion générale des
paovres vérolés, contribua nécessairement à répandre
l'infection dans les campagnes.

Mais, quand l'expérience eut démontré que le mal vénérien ne pouvait se gagner que par le commerce charnel ou par quelque contact intime et immédiat, on ne vit plus d'inconvénients à laisser séjourner dans les villes et parmi les personnes saines ces tristes et honteuses infirmités, dont l'aspect était bien fait pour effrayer le libertinage. Il n'y a pas de date certaine qu'on puisse attacher à ce changement d'opinion et de police, vis-à-vis du Mal de Naples et des infortunés qui en étaient atteints.

Dans les Registres du parlement de Paris, on lit, à la date du 22 août 1505, un arrêt, qui autorise à prendre sur le fonds des amendes la somme nécessaire à la location d'une maison « pour y loger les vérolez. » Cet arrêt, le dernier qui fasse mention de ces hospices spéciaux et temporaires, nous apprend que l'asile ouvert aux malades dans le faubourg Saint-Germain n'était déjà plus suffisant.

On peut supposer que, peu d'années après, sous la garantie de la médecine, qui avait mieux étudié le principe des maux vénériens, on admit, indifféremment avec les autres malades, à l'Hôtel-Dieu, ceux qui avaient contracté à Paris, soit la grosse vérole, soit quelque teigne ou rogne syphilitique. On passa ainsi d'une extrémité à l'autre, et l'on tomba d'un excès dans un pire. A l'Hôtel-Dieu, les malades étaient couchés au nombre de quatre et même six dans le même lit : la syphilis en gâta un grand nombre, qui étaient entrés à l'hôpital, fiévreux ou catarrheux, et qui en sortaient perclus ou *courbassés* par le virus et par le mercure. Cette catégorie de malades se multipliait donc, quoique le mal diminuât de gravité.

L'Hôtel-Dieu de Paris ne fut bientôt plus assez vaste pour les contenir tous : il fallut songer à créer des hôpitaux spécialement destinés au traitement vénérien. Le premier hôpital fut établi en 1536, par un arrêt du parlement, sur le rapport des commi saires chargés de la police des pauvres. Deux salles du grand hôpital de la Trinité reçurent cette destination : la grande salle haute, « où l'on a accoustumé de jouer farces et jeux, » fut appliquée « à l'hébergement des infectz et verollez : la salle basse, à l'hébergement et retrait de ceux qui sont malades de teignes, du mal que l'on dict *saint Main, saint Fiacre*, et autres maladies contagieuses. »

Quelques mois après l'ouverture de cet hospice, la place manquait pour y recueillir tous les malades qui se présentaient. Le parlement, par arrêt du 3 mais 1537, ordonna aux marguilliers de l'église de Saint-Eustache, de consacrer l'hôpital de la paroisse, au logement des « pauvres malades vérollez et des maladies que l'on dict de saint Main, saint Fiacre et autres de cette qualité contagieuse. » Mais il n'y avait pas encore à Paris, malgré ces diverses fondations, un hôpital exclusivement réservé à la maladie vénérienne, tandis que la ville de Toulouse en possédait un, depuis l'année 1528, appelé dans le langage du pays l'*houspital das Rognousés de la rongno de Naples*. (Voy. les *Mém. de l'hist. du Languedoc*, par Guill. de Catel, p. 237.)

A mesure qu'on ouvrait de nouveaux refuges aux

pauvres malades de vérole, on constatait de la sorte
les ravages du mal dans les classes inférieures, et
surtout parmi les vagabonds ; l'humanité conseilla
d'aviser au soulagement de cette multitude souf-
frante, en délivrant, de la vue et du contact de ces
malades, les gens sains et les honnêtes gens. On fit
partout des hôpitaux, et on y accumula comme dans
des prisons tous les pauvres qu'on jugeait affligés
de maladies contagieuses. On commençait à se repentir d'avoir supprimé trop légèrement les mesures de police relatives aux lépreux et aux vérolés:
on s'aperçut un peu tard que la différence n'était
peut-être pas si grande entre ces deux sortes de
malades, et l'on eut la pensée de reconstituer l'ancien régime des léproseries.

Ce fut dans cette pensée qu'on organisa, pour les
povres vérollez, à Paris, le grand hôpital de Saint-
Nicolas, près de la Bièvre, sur la paroisse de Saint-
Nicolas-du-Chardonnet. Mais les ressources de cet
hôpital n'avaient pas été calculées d'après l'accrois-
sement journalier du nombre des malades, et ce
nombre s'élevait à 660, en 1540 ; le *linge et autres
choses nécessaires*, que les maîtres et gouverneurs
de l'Hôtel-Dieu étaient tenus de leur fournir, vinrent à manquer tout à fait.

Le parlement de Paris eut pitié de ces malades,
qui estoient en grosse nécessité; il cita devant lui
les maîtres et gouverneurs de l'Hôtel-Dieu, et les
somma de pourvoir aux besoins de l'hôpital de
Saint-Nicolas. (Voy. les *Preuves de l'Hist. de Paris*,
de Félibien et Lobineau, t. IV, p. 689 et 697.)

Cet hôpital prit le nom d'*hôpital de Lourcines*, et on y envoyait tous les *vérollez* qui se présentaient au Bureau des pauvres et à l'Hôtel-Dieu de Paris , où jusqu'alors ils étaient « couchez au mesme lit que ceux qui ne sont atteints de cette maladie. » Telle fut l'origine de l'Hôpital des Vénériens, et un arrêt du parlement, en date du 25 septembre 1559, nous apprend que M. Pierre Galandius « naguère souloit tenir » ledit hôpital de Lourcines, où l'on nourrissait, logeait, pensait et médicamentait les *gens vérolés*. (*Preuves de l'Hist. de Paris*, t. IV, p. 788.)

En même temps qu'on cherchait à mettre en chartre privée tous les malades de cette espèce, on s'occupait de faire rentrer dans les maladreries ou léproseries les lépreux errants, qui n'avaient que trop contribué à corrompre la santé publique, en vivant librement au milieu de la population saine. François Iᵉʳ, par une ordonnance du 19 décembre 1543, voulut *remédier au grand désordre* de ces établissements, et il essaya d'y faire renfermer, comme autrefois, les lépreux qui mendiaient et *cliquetaient* par les villes et villages.

Il était trop tard pour restituer au domaine de l'État les biens appartenant à la charité publique, envahis et accaparés depuis plus d'un siècle par des particuliers : d'ailleurs, à quoi bon des léproseries, quand il n'y avait plus de lépreux ? En effet, même les porteurs de cliquettes et de barils, ce n'étaient que vénériens récents ou invétérés. Lèpre et vérole avaient fait cause commune : si bien qu'Henri IV, par un édit de 1606, attribua ce qui

restait des léproseries « à l'entretenement des pauvres gentilshommes et soldats estropiez. « Mais on
ne voit pas qu'Henri IV, malade lui-même des
suites d'une gonorrhée virulente, qui le fit souffrir
pendant plus de dix ans, ait considéré la grosse vérole comme l'héritière naturelle de la lèpre, et lui
ait assigné quelques revenus pour soigner ses malades. A cette époque, tous les syphilitiques n'étaient
pas dans les hôpitaux, et l'on peut dire que la
débauche, qui peuplait les Cours des Miracles, se
chargeait aussi de les dépeupler, en y ravivant sans
cesse l'ancien virus de la lèpre et le nouveau virus
du Mal de Naples.

BIBLIOGRAPHIE.

De morbo gallico omnia quæ extant apud omnes medicos
cujuscumque nationis (collecta per Aloys· Luisinum)· *Ve-*
netiis, 1566-67, 2 vol. in-fol.

Réimpr. avec des notes de Herm. Boerhaave, sous ce titre ; *Aphrodisiacus*
sive de lue venerea (Ludg.-Bat., 1728, 2 vol. in-fol.).

Jos GRUNPECK. Tractatus de pestilentiali scora sive Mala
de Franczos, originem remediaque ejus continens. *S. n. et s.*
a. (Augsb., (1496), in-4 de 12 ff. goth·

Ejusdem libellus de Mentulagra alias morbo gallico. *S. n.*
et s. a. (Memmingen, 1503), in-4.

GASP.TORRELLA· Tractatus cum consiliis circa pudendagram
seu morbum gallicum. *Roma, per Petrum de La Turre,* 1497, in-
4 de 24 ff. goth·

J. WIDMAN dictus MEICHINGER·Tractatus de pustulis quæ vulga-
to nomine dicantur Mal de Franzos. *S. n. et s. a. (Argentorati,*
1497), in-4 de 10 ff.

Nic. Leonicenus. Libellus de epidemia, quam vulgo morbum gallicum vocant. *Venetiis, Aldus Manutius,* 1497, in-4 de 29 ff.

Barth. Steber. A malafranczos morbo Gallorum preservatio ac cura. *Vienne,* s. a. (1498), in-4 goth.

Nath. Monthesauro. De dispositionibus, quas vulgares Mal Franzoso appellant. *S. n. et s. a.* (circa 1498), pet. in-4 goth.

Ant. Scanaroli. Disputatio utilis de morbo gallico, et opinionis Nicolai Leoniceni confirmatio contra adversarium eam lem opinionem oppugnantem. *Bononiæ,* 1498, in-4 de 16 ff.

Petr. Pintor. Tractatus de morbo fœdo et occulto his tem poribus affligente. *Romæ, Euch. Silber,* 1500, in-4 goth. de 40 ff

Conr. Schellig. In pustulas malas, morbum quem Malum de Francia vulgus appellat, salubre consilium. *S. n. et s. a.* (circa 1500), in-4.

Ulric. de Hutten. L'expérience et approbation touchant la médecine du bois dict guaïacum, pour circonvenir et déchasser la maladie induement appelée françoyse, ainçoys par gens de meilleur jugement est dicte et appelée la maladie de Naples, trad. et interprestée par maistre Jehan Cheradame, Hypocrates, estudyant. *Paris, J. Trepperel* (s. d.), in-4, goth.

> Souvent réimp. à cette époque. L'original latin, souvent réimp. auss:, est intitulé *De guaiaci medicina et morbo gallico liber unus* (Mog., J. Schœffer. 1519), in-4).

Th. de Hery, La méthode curative de la maladie vénérienne. *Paris,* 1532, in-8.

Jac. a Bethencourt. Nova pænitentialis quadragesima nec non purgatorium in morbum gallicum sive venereum ; una cum dialogo Aquæ argenti ac Ligni Guiaci colluctantium super dicti morbi curationis prælatura. *Parisiis, Nic. Savetier* 1527, in-8.

(Jos. Pascale.) Liber de morbo composito vulgo gallico appellato. *Neapolis,* 1534, in-4.

Wendel. Hoec de Brackenaw. Mentagra sive tractatus

excellens de causis preservativis, regimine et cura morbi gallici, ut Galli dicunt neapolitani. *Lugduni*, 1529, in-8 goth.

H. SAUVAL. Le Mal de Naples, son origine et ses progrès en France. Voy. ce traité à la suite des *Mém. histor. sur les Amours des Rois de France* (Paris, 1739, in-12).

JEAN ASTRUC. De morbis venereis. Paris, 1740, 2 vol. in 4.
La première édit. (1736) ne forme qu'un seul volume . Trad. par Boudon et Jault, sous les yeux de l'auteur, 1734, 3 vol in-8. et réimpr. avec des augmentations, par Louis, en 1777, 4 vol. in-12.

RAYMOND. Histoire de l'Elephantiasis, contenant aussi l'origine du scorbut, du feu saint Antoine, de la vérole, etc. *Lausanne*, 1767, in-8.

Voy. une bibliographie raisonnée de tous les auteurs qui ont écrit sur ce sujet, au double point de vue de l'histoire et de la thérapeutique, dans le second volume de l'ouvrage d'Astruc.

FIN.

TABLE DES MATIÈRES

FIN

JACOB (P. L.). L'Heptaméron de Marguerite d'Angoulême, 1 vol. in-16. . . . . 5 fr.
1 vol in-18 Jésus, 2 fr.

CYRANO DE BERGERAC. Histoire comique des états et empires de la lune et du soleil. 1 vol. in-16. . . . . 4 fr.
1 vol. in-18 jésus, 2 fr. 50. — *Vélin*, 5 fr.

— Œuvres comiques, galantes et littéraires. 1 vol. in-16 . . . . 4 fr.
1 vol. in-18 jésus, 2 fr. 50. — *Vélin*, 5 fr.

LA VRAIE HISTOIRE COMIQUE DE FRANCION, composée par Charles Sorel. 1 vol. in-16. . . . . 5 fr.
. 1 vol. in-18 jésus, 2 fr. 50. — *Vélin*, 7 fr. 50.

CONTES ET NOUVELLES DE LA FONTAINE. 1 vol. in-16 . . . . 5 fr.
1 vol. in-18 jésus, 2 fr. 50. — *Vélin*, 7 fr. 50.
— Papier de Hollande, 10 fr.

LES AVENTURES BURLESQUES DE DASSOUCY. 1 vol. in-16 . . . . 5 fr.
1 vol. in-18 jésus, 2 fr. 50. — *Vélin*, 7 fr. 50.

LES CENT NOUVELLES NOUVELLES. 1 vol. in-16. . . . . 5 fr.
1 vol. in-18 jésus, 2 fr. 50. — *Vélin*, 5 fr.

CYMBALUM, précédé des Récréations et joyeux Devis de Bonaventure Des Periers. 1 vol. in-16, pap. vergé . . . . 5 fr.
1 vol. in-18 jésus, 2 fr. 50. — *Vélin*, 5 fr.

LES VAUX-DE-VIRE d'Olivier Basselin, poëte normand du quinzième siècle, et de Jean Le Houx. 1 vol. in-16, papier vergé . . 4 fr.
1 vol. in-18 jésus, 2 fr. 50. — *Vélin*, 5 fr.

ŒUVRES DE TABARIN. 1 v. in-16. 5 fr.
1 vol. in-18 jésus, 5 fr. — *Vélin*, 7 fr. 50.
Cette édition est tirée à très-petit nombre.

ŒUVRES POÉTIQUES (Les) de Philippe Desportes. 1 vol. in-16, papier vergé. . 5 fr.
1 vol. in-18 jésus, 5 fr. — *Vélin*, 7 fr. 50.

VIRGILE TRAVESTI (Le), par P. Scarron. 1 vol. in-16, papier vergé . . . . 5 fr.
1 vol. in-18 jésus, 5 fr. — *Vélin*, 7 fr. 50.

BIBLIOTHÈQUE DE POCHE

CURIOSITÉS LITTÉRAIRES, par Ludovic Lalanne. 1 vol. . . . . 2 fr.

CURIOSITÉS BIBLIOGRAPHIQUES, par le même. 1 vol. . . . . 2 fr.

CURIOSITÉS BIOGRAPHIQUES, par le même. 1 vol . . . . 2 fr.

CURIOSITÉS DES TRADITIONS, des mœurs et des légendes. 1 vol. . . . . . 2 fr.

CURIOSITÉS MILITAIRES. 1 vol. 2 fr.

CURIOSITÉS DE L'ARCHÉOLOGIE et des beaux-arts. 1 vol. . . . . 2 fr.

CURIOSITÉS PHILOLOGIQUES, géographiques et ethnologiques. 1 vol . . 2 fr.

CPSIA information can be obtained
at www.ICGtesting.com
Printed in the USA
BVHW08s2026050818
523477BV00044B/571/P

9 780259 560869